Knaur
MensSana

Über die Autorin:

Dr. Anita Johnston ist Psychologin und hat sich auf Ess-Störungen bei Frauen spezialisiert. Sie ist Mitbegründerin des Zentrums für Anorexie und Bulimie und lebt auf Hawaii.

Anita Johnston

Die Frau, die im Mondlicht aß

Die uralte Weisheit von Märchen
und Mythen hilft Frauen, Ess-Störungen
zu überwinden

Aus dem Englischen von
Annette Charpentier

Knaur
MensSana

Die amerikanische Originalausgabe erschien 1996 unter dem Titel
Eating in the Light of the Moon
als Birch Lane Press Book bei Carol Publishing Group,
Secaucus, New Jersey

Besuchen Sie uns im Internet:
www.droemer-knaur.de
Alle Titel aus dem Bereich MensSana finden Sie im Internet unter
www.knaur-mens-sana.de

Vollständige Taschenbuchausgabe 2003
Knaur Taschenbuch. Ein Unternehmen der Droemerschen Verlagsanstalt
Th. Knaur Nachf. GmbH & Co. KG, München

Umschlaggestaltung: ZERO Werbeagentur, München
Geamtherstellung: Nørhaven Paperback A/S
Printed in Denmark
ISBN 3-426-87204-8

2 4 5 3 1

Aber die Klarheit der Sonne ist eine
und eine andere des Mondes Klarheit.
Thomas Mann

Für meine Mutter
Emilie Anita Green Johnston
und meine Töchter
Liana Anita Orenstein und
Ariel Emilie Orenstein

Inhalt

Vorwort

Mein Interesse an Eßstörungen entwickelte sich aus meiner therapeutischen Arbeit mit Frauen und meiner wissenschaftlichen Beschäftigung mit der Frage, was es bedeutet, in der heutigen Gesellschaft Frau zu sein. Gestörtes Eßverhalten taucht als Problem vornehmlich bei Frauen auf. Ich interessierte mich zunehmend für Mädchen und Frauen mit diesen Störungen, denn im Gegensatz zur Überzeugung meiner Kollegen und dem, was die Literatur darüber sagt, handelt es sich nicht um furchtbar schwierige Klientinnen, sondern um besonders intelligente, begabte und kreative Menschen. Sie sehen sich selber allerdings nicht so, sondern betrachten sich vielmehr als inkompetent, wertlos und unattraktiv. Mich reizte diese Diskrepanz zwischen meiner Wahrnehmung und ihrer, und so hörte ich ihren Geschichten mit größter Aufmerksamkeit zu.

Diese Frauen erzählten mir ihre Lebensgeschichten in der Hoffnung, dadurch einen Schlüssel zu finden, eine Antwort auf die Fragen nach dem Ursprung jener geheimnisvollen Obsession, die ihr Leben beherrscht. Eine Frau berichtete von dem Mißbrauch durch ihren Vater, während eine andere einen Vater beschrieb, der sie stets ermutigte, förderte und ihre Leistungen lobte. Eine Frau beschrieb eine alkoholsüchtige Mutter, die ums bloße Überleben kämpfte und ihr nur wenig Zuwendung geben konnte, während eine andere ihr Leben mit einer sie abgöttisch liebenden, manchmal überfürsorglichen Mutter schilderte. Ich behandelte Frauen, die einen Elternteil durch Tod oder Scheidung verloren hatten und andere, deren Familien eng zusammenhiel-

ten. Auf jede Leidensgeschichte kam eine Lebensgeschichte mit nur wenig augenfälligen Schwierigkeiten.
Die Lebensberichte ergaben kein bestimmtes Muster, doch fiel mir in den so unterschiedlichen Erfahrungen allmählich ein unterschwelliges Thema auf. Der rote Faden, der sich durch sie hindurchzuziehen schien, war das beherrschende Gefühl, nicht richtig in die Familie hineinzupassen, die Dinge nicht so zu sehen wie die anderen, das Gefühl, Außenseiterin zu sein.
Ich erfuhr, daß diese Frauen als kleine Mädchen sehr aufgeweckt und intelligent gewesen waren und ein ungewöhnliches Gespür für die Vorgänge in ihrer Umgebung aufgewiesen hatten. In den meisten Fällen waren die Frauen, die heute mit einer Eßstörung kämpften, einst Mädchen, die Unsichtbares wahrnahmen, die zwischen den Zeilen lesen konnten und spürten, wenn etwas nicht stimmte. Sie bemerkten es, wenn Leute das eine sagten, aber etwas anderes taten. Sie durchschauten Verhaltensmuster und ahnten, wozu sie führten. Sie wußten, wenn sich jemand unehrlich und unaufrichtig gegenüber ihnen verhielt.
Aus irgendeinem Grund wurde diese Fähigkeit in der Familie aber nicht geschätzt. Man wollte mit dem eigenen widersprüchlichen Verhalten nicht konfrontiert werden, noch sich mit dem auseinandersetzen müssen, was als seltsame Sorgen oder ungewöhnliche Erwartungen erschien. Man wollte sich nicht mit der Hypersensibilität für emotionale Zwischentöne befassen. Manchmal fühlten sich die Erwachsenen offensichtlich durch die Frühreife des Kindes geradezu bedroht. Immer wenn es die Wahrheit aussprach oder Dinge in Frage stellte, bekam es die deutliche (oft nonverbale) Botschaft, daß dieses aufrichtige, neugierige Verhalten nicht in Ordnung sei und sogar die Stabilität der Familie gefährde.
Das Überleben des Kindes hing davon ab, sich an die Familie anzupassen. Es mußte einen Weg finden, sein Licht unter den

Scheffel zu stellen, damit die Eltern sich von ihm nicht überfordert fühlten, damit Brüder und Schwestern nicht eifersüchtig waren und ernsthafte Probleme nicht aufgedeckt wurden, die vielleicht ein Auseinanderbrechen der Familie ausgelöst hätten. Das Mädchen kollaborierte daher mit den anderen Familienmitgliedern, indem es so tat, als stimme etwas mit *seiner* Wahrnehmung nicht, als sei *es selbst* nicht in Ordnung. Immerhin sah kein anderer in der Familie die Dinge so wie sie.

Auf der Suche nach etwas, was sie von ihrem Unbehagen ablenken und ihre Wahrnehmungen abschwächen konnte, stieß das Mädchen erstmals auf die Bedeutung des Essens.

Vielleicht handelte es sich um ein junges Mädchen, das am Verhalten seiner Mutter erkannte, daß die elterliche Ehe lieblos war. Das ängstigte sie so sehr, daß sie zwanghaft zu essen begann – versuchte, die Wahrheit in sich hineinzustopfen, die drohte, die Familie auseinanderzureißen. Obwohl sie in der Schule unter den Hänseleien über ihr Dicksein stark litt, konnte sie doch immerhin verhindern, daß das Geheimnis im normalen Alltag in ihr Bewußtsein drang und den anderen Familienmitgliedern enthüllt wurde.

Vielleicht war es ein Mädchen, das entdeckte, daß es seine natürliche künstlerische Begabung unterdrücken mußte, um seinem arbeitsamen, ehrgeizigen Vater zu gefallen. Sie entdeckte, daß sie mit einem ständigen Hungergefühl alle Bedürfnisse nach kreativem Ausdruck verdrängen konnte, die zwischen dem Vater und ihr zum Konflikt führten. Ihre Anorexie bereitete der Familie zwar schließlich große Sorgen und Probleme, aber so konnte sie immerhin die für sie wichtige Bindung zum Vater aufrechterhalten, weil sie die Verschiedenheit von ihm vor sich selbst und vor ihm verbarg.

Sie war vielleicht ein schönes und intelligentes Mädchen, das viele Freunde hatte und merkte, daß ihre alleinstehende Mutter ihr jedesmal die Zuneigung entzog, wenn sie aufgeregt von ihren Verabredungen erzählte, und ihre ältere Schwester mit Abneigung reagierte, wenn sie gute schulische Leistungen erzielte. Sie entdeckte, daß sie die Eifersuchtsgefühle der anderen eindämmen konnte, wenn sie selbst ein »Essensproblem« hatte, weil diese sich dann nicht mehr von ihrer Perfektion bedroht fühlten. Nachdem sie mit einem Problem zu kämpfen hatte, konnte sie in den Chor einstimmen: Das Leben ist ungerecht. Das reduzierte die Wahrscheinlichkeit, daß die anderen sie ablehnten.

Für alle diese Mädchen bedeutete die Obsession mit Essen ein neues Zentrum für ihr Leben. Sie konnten nun Kalorien zählen und über jedes neue Kilo klagen, statt ihre tiefer sitzenden Qualen und Ängste zu empfinden. Die zunehmende Beschäftigung mit dem Körper setzte ihrer Angst Grenzen, anders zu sein und Dinge zu sehen, die andere nicht wahrnahmen. Das Gefühl von Einsamkeit, weil man nirgendwo richtig hineinpaßte, rückte so in den Hintergrund.

Im Vergleich zu den anderen Problemen in ihrem Leben schienen die Schwierigkeiten mit dem Essen und Dicksein – so quälend sie sein konnten – einfacher. Sie brauchte nur eine Diät zu halten, und alles würde wieder gut. Die Botschaften der Medien in einer Kultur, die vom Schlanksein besessen ist, bestätigten diese Denkweise.

Je mehr sie sich aber in den Kampf gegen Essen, Dicksein und Diäten verstrickte, desto unklarer wurde diese »einfache Lösung«. Sie wußte, *was* sie tun mußte (weiter abnehmen), wußte aber nicht, *wie*. So entwickelte das Mädchen eine Selbsteinschätzung, in der sie sich als minderwertig, inkompetent und hilflos sah – und die Gesellschaft bestätigte ihre Selbstverdammung, weil sie nicht die Willenskraft besaß, ihren Körper zu kontrollieren. Die Gabe ihrer Einsicht wurde unter vielen Schichten des Selbstzweifels und des Selbsthasses vergraben.

Als Frau fühlte sie zwar in sich die Fähigkeit zu spüren, wenn etwas nicht stimmte, Zwischentöne herauszuhören, Spannungen in Beziehungen zu erkennen und Differenzen zwischen dem, was andere sagten, und ihrem Verhalten, aber die *Interpretation* ihrer Wahrnehmung wurde nun durch ihre Selbstzweifel und ihre niedrige Selbstachtung verzerrt. Wenn sie hinter der »hilfsbereiten« Kritik einer Freundin Feindseligkeit spürte, dachte sie, sie sei zu sensibel. Wenn ihr Mann ihr besorgt und in sich gekehrt erschien, glaubte sie, er habe sich über sie geärgert oder fände sie nicht mehr attraktiv. Wenn sie über die Manipulationsversuche ihrer Mutter wütend wurde, nahm sie an, übertrieben zu reagieren. Und ihr emotionales Unbehagen überdeckte sie mit Gedanken an Essen.

Mit außer Kontrolle geratenem Eßverhalten und praktisch ohne Selbstachtung fanden viele der Frauen schließlich den Weg ins *Zentrum für Anorexie und Bulimie* auf Hawaii, das ich mit zwei anderen Frauen gegründet habe – und begaben sich ins Labyrinth der Gesundung.

Ein Labyrinth ist ein uraltes, geheimnisvolles Sinnbild. Es besteht aus einem Weg, der sich in verschiedene Richtungen windet, Schlaufen dreht, ein Zentrum erreicht und sich dann wieder zurück schlängelt. In vielen Religionen war das Labyrinth ein Symbol für den Weg durchs Leben, für Tod und Wiedergeburt. Es wurde als Meditationshilfe benutzt, führte zum eigenen Zentrum und wieder zurück in die Welt.

Die Frauen auf dem Weg zur Heilung von ihren Eßstörungen begannen eine Reise, bei der sie einem gewundenen, sich schlängelnden und komplizierten Pfad zu ihrem Zentrum folgten. Dazu mußten sie alte Einschätzungen ihres Selbst, die sie von anderen übernommen hatten, zurücklassen und die eigene innere Autorität wiedergewinnen. Sie mußten auf die Stimme in ihrem Innern lauschen, die sie auf dieser Suche nach den wahren Ge-

danken, Gefühlen und Bedürfnissen leitete und stützte. Sie stellten dabei fest, daß sie die Erwartung eines geradlinigen Fortschritts aufgeben, den Verstand außer Kraft setzen und sich der Macht ihrer Emotionen und Intuitionen anvertrauen mußten.
Durch die Beschäftigung mit Mythen, Märchen und alten Legenden lernten sie die Sprache der Metapher, eine Sprache, die sie für das Verständnis und das Akzeptieren der inneren Wahrheit brauchten, um die eigene mythische Realität zu finden und die tiefe Weisheit ihrer eigenen Geschichte zu verstehen.
Unterwegs in diesem Labyrinth fühlten sie sich zuweilen gefangen, verloren, gelangweilt, desorientiert, frustriert oder voll Angst, aber sie gingen weiter, immer einen Fuß vor den anderen setzend. Doch das Finden der Mitte, der Essenz dessen, wer sie als Frau sind, stellte nicht das Ende der Reise dar. Sie mußten das Labyrinth auch wieder verlassen und mit der neuen Erkenntnis zu einer neuen Lebensweise in der Welt kommen.
Dieses Buch ist all denjenigen gewidmet, die sich trauten, ihr gestörtes Eßverhalten in einem anderen Licht zu betrachten, um ihre Visionen und ihre Macht wiederzugewinnen. Es enthält alte Mythen, Geschichten und Märchen, die ich bei meiner Arbeit verwende und die durch die Jahrhunderte genutzt wurden, um Frauen zu helfen, ihre innere Wahrheit zu finden.
Dieses Buch ist für alle Frauen, die sich getraut haben, sich ihrem vollen Potential zu öffnen, der weisen Frau in sich zu lauschen, die Wahrheit zu sprechen und zu helfen, diese Erde zu heilen – und für diejenigen, die dies vorhaben.

1
Weibliche Kraft
Die Ursache des Hungers

Mehr Frauen als je zuvor kämpfen mit ihrem Körpergewicht. Diätbücher und komplizierte Programme zum Abnehmen sind ein Millionengeschäft. Magersucht, Bulimie und zwanghaftes Essen haben epidemische Ausmaße angenommen. In Amerika allein kämpfen Millionen von Frauen gegen Magersucht und Bulimie, und Tausende davon sterben an den Komplikationen aus diesen Eßstörungen. Die Statistiken besagen, daß 95 % der Personen mit diagnostizierter Eßstörung Frauen sind.

Die Besessenheit vom eigenen Körper, ständiges Diäthalten und übertriebene Fitneßprogramme sind unter Frauen heute so verbreitet, daß man sie als Normalverhalten empfindet. Ein von der kosmetischen Chirurgie so gestalteter Körper, daß er dem eines Jungen vor der Pubertät, aber mit Busen ähnelt, ist zum Maßstab für die ideale weibliche Figur geworden. Da Fotomodelle oder Schauspielerinnen häufig schlanker sind als fast die gesamte restliche Bevölkerung, ist den meisten Frauen die Frustration vertraut, in einem Körper zu leben, der sich einfach nicht dem Ideal anpassen will.

Man kann unmöglich die Ursachen für gestörtes Eßverhalten diskutieren, ohne danach zu fragen, was es heißt, als Frau in der heutigen Gesellschaft zu leben. Umfragen haben ergeben, daß es amerikanischen Frauen wichtiger ist, dünn zu sein, als geliebt zu werden, und daß die meisten dreizehnjährigen Mädchen mit ihrem Körper unzufrieden sind. Aber warum gefällt so vielen Frauen ihr eigener Körper nicht? Liegt es daran, daß dünne, kantige Formen en vogue sind, die nur wenige Frauen von Natur aus aufweisen?

Und wenn das zutrifft, wie konnte die natürlich-männliche Gestalt – breite Schultern, schmale Hüften, keine Taille und flacher Bauch – zum Ideal für den weiblichen Körper werden? Was hat jene Aspekte des weiblichen Körpers, den Bauch und die Hüften, die am engsten mit der natürlichen Fähigkeit verbunden sind, Leben zu tragen und zu nähren, in der Einschätzung unserer Gesellschaft von weiblicher Schönheit so entwertet?

Die Antwort ist leichter zu erkennen, wenn wir einen Blick aus einer breiteren Perspektive auf die Geschichte werfen als üblich. Die Geschichte, die wir in der Schule lernten, gehört dem Patriarchat. Es ist eine Geschichte, in der es um den Kampf um Macht und Oberherrschaft geht. Unsere Geschichtsbücher sind voller Sieger und Verlierer in großen Kriegen und den Namen der Männer, die darin kämpften.

Die Geschichte des Patriarchats beschränkt sich auf die vergangenen fünftausend Jahre. Anstatt nur Jahrhunderte der Zivilisation zu betrachten, haben die Wissenschaftler Merlin Stone, Marija Gimbutas, Riane Eisler und andere den Prozeß der Zivilisation über viele Jahrtausende hinweg untersucht. Sie gehen über dreißigtausend Jahre zurück, noch vor die Entstehung von Judaismus, Christentum und Antike.

Damals, so sagen uns diese Forschungsarbeiten, waren die Erfahrungen von Frauen auf dieser Erde über Tausende von Jahren hinweg ganz anders als heute. In der damaligen Welt wurden alles Weibliche und alle Manifestationen von Weiblichkeit geehrt und die weibliche Seite Gottes in Gestalt der Großen Göttin angebetet und verehrt. Das Weibliche galt als die kreative Lebenskraft der Erde.

Das Symbol dafür war der Kreis, eine Form ohne Anfang und ohne Ende. Alles Runde oder Geschwungene wurde als schön betrachtet: die Gestalt der Erde, das Ei, die natürlich gerundete, weiche Gestalt des weiblichen Körpers. Alles, was sich zyklisch bewegte, wurde als Quelle von Weisheit respektiert und geachtet: Die Jahreszeiten, die Mondphasen, Ebbe und Flut und der Zyklus von Leben-Tod-Wiedergeburt stellten die Antworten auf die Geheimnisse des Lebens dar.

Weibliche Weisheit, die die Frau aus ihrer Verbindung zur Natur mittels des Menstruationszyklus gewann, wurde hochgeschätzt. Frauen wurden wegen ihrer Intuition und ihres Verständnisses für irdische Dinge respektiert. Diese Weisheit wurde Tausende von Jahren lang von Frau zu Frau weitergegeben, von der Mutter an die Tochter.

Aber die Zeit verging, und die Dinge änderten sich. Allmählich schälte sich eine neue Art der Wahrnehmung heraus. Die Linie wurde nun als dem Kreis überlegen betrachtet. Es entwickelte sich eine Hierarchie: Von Menschenhand Geschaffenes galt nun dem, was die Natur schuf, als überlegen.

Der Kreis war nun nicht mehr ein Objekt der Verehrung und wurde durch das Symbol der Linie ersetzt, die einen Anfang und ein Ende hat, ein Oben und ein Unten, einen überlegenen Teil und einen unterlegenen. Und alle Dinge wurden nun entsprechend ihrer Position geschätzt: Die oben hatten mehr Macht als die unten.

Die Göttin wurde verbannt. Nur die männliche Seite des Gottes durfte weiter verehrt werden. Die Erde war nicht mehr die heilige Quelle der Schöpfung – sie wurde zum Objekt, das man für die Männer, die die meiste Macht hatten, in Stücke aufteilte, um sie zu besitzen und zu nutzen. Die Bindung der Frauen an Weisheit durch ihren Körper und den natürlichen Zyklus wurde abgelehnt. Man verspottete die Kraft ihrer Intuition und Emotionen.

Frauen, die weiter das Kreisdenken lehrten, die ihre Bindung an die Erde für Heilzwecke nutzten, die die weibliche Kraft feierten, wurden gefangengenommen oder umgebracht. Eine Generation nach der anderen sah zu, wie die Mütter und Schwestern auf dem Scheiterhaufen verbrannt wurden, weil sie die weibliche Kraft geachtet und genutzt hatten.

Es ist viel Zeit vergangen, aber nur wenig hat sich geändert. Frauen leben immer noch in einer Gesellschaft, in der man alles, was maskulin, geradlinig, rational und logisch ist, dem Weiblichen, Kreisförmigen, Intuitiven und Emotionalen als überlegen betrachtet. Die heutige Frau ist ein runder Stab, der verzweifelt versucht, in ein viereckiges Loch zu passen, damit sie überleben und sich wohl fühlen kann.

Und wie stellt sie das an? Indem sie versucht, ihren Körper in eine kantige, maskuline Form ohne ein Gran Fett zu pressen. Indem sie sich ihres Menstruationsblutes (durch das sie sich einst mit der Erde verbunden fühlte) so schämt, daß sie tut, als existiere es nicht. Indem sie ihre stärksten Emotionen verleugnet und ihre intuitive Stimme zum Schweigen bringt.

Sie lebt, weil sie ihre weibliche Kraft verbannt hat, in einem Zustand ständiger spiritueller Sehnsucht. Ihre ausgehungerte Seele sehnt sich nach Nahrung. Aber die Speisen der Göttin, der Frauenseele, stehen ihr nicht mehr zur Verfügung. Es gibt nur noch Nahrung, die ihren Körper erhält. Wundert es da, daß sie diesen Hunger stillen will? Wundert es, daß sie vor Frustration streikt und beschließt, überhaupt nichts mehr zu essen? Wundert es, daß ihr Körper zum Kampfschauplatz im Krieg zwischen Essen und Schlanksein wird?

2
Der vergrabene Mond
Die Wiederentdeckung des Weiblichen

Die folgende Geschichte heißt »Der vergrabene Mond«. Es geht darin um die Natur des Weiblichen, wie sie durch den Mond verkörpert wird. Mondlicht ist weich und subtil. Es beleuchtet auf sanfte Weise das Verborgene und leitet uns durch die dunklen Ecken unseres Unbewußten.

Vor langer, langer Zeit gab es ein wunderbares Land, in dem die Menschen einander liebten und alle Dinge in der Natur geehrt und respektiert wurden. Dieses Land war jedoch von Sümpfen und Marschland umgeben, und die Menschen fürchteten die großen Tümpel mit schwarzem Torfwasser, die glitschigen Büschel Sumpfmoos, aus denen grünliches Wasser in dünnen Rinnsalen quoll, wenn man darauf trat.

In diesem Land schien der Mond, genau wie er heute scheint, und die Menschen brauchten sein Licht, wenn sie sich sicher zwischen den Tümpeln und Sümpfen bewegen wollten. Wenn nämlich der Mond nicht schien, tauchten unheimliche, böse Kreaturen auf, die im Dunkeln lebten und ihnen schaden wollten.

Als der Mond von dieser Bedrohung hörte und welchen Schrekken das Land in seiner Abwesenheit überkam, wurde er sehr traurig und beschloß, selbst nachzuschauen, ob es wirklich so schlimm war, wie die Leute meinten. Bei der nächsten dunklen Mondphase verwandelte sich der Mond in eine Frau, wickelte sich in einen dunklen Umhang mit einer Kapuze, verbarg sorgfältig ihr golden glänzendes Haar und ging zum Rand des Marschlands.

Und nun war es dunkel – abgesehen vom Schimmern der Sterne, die sich in den Tümpeln spiegelten, und dem Licht, das von den weißen Füßen der Mondfrau ausging und sich unter dem Saum des dunklen Umhangs hervorstahl. Zitternd machte die Mondfrau sich auf den Weg und trat zwischen den gierig gurgelnden Wasserlöchern vorsichtig von einer Grassode zur nächsten. Nahe bei einem großen, dunklen Teich glitt sie aus und wäre fast hineingestürzt, wenn sie sich nicht an einer knorrigen Wurzel festgehalten hätte. Doch als sie die Wurzel berührte, schlang diese sich rasch um ihre Hand und ihren Arm und hielt sie fest. Je heftiger die Mondfrau daran zog und zerrte, um so fester wurde der Griff.

Als sie überlegte, was sie tun konnte, hörte sie in weiter Ferne eine schwache, schluchzende Stimme, die um Hilfe rief. Dann hörte sie Schritte und sah in der Dunkelheit ein Gesicht mit vor Schreck weitaufgerissenen Augen. Es war ein Mann, der sich im Sumpf verlaufen hatte. Benommen vor Angst hatte er sich auf das flackernde Licht zugekämpft, das ihm Hilfe und Sicherheit zu versprechen schien. Doch merkte er nicht, wie er dabei immer weiter vom Pfad ab und in die Nähe der schwarzen Teiche geriet.

Die Mondfrau versuchte sich nun mit aller Kraft zu befreien, um ihm zu helfen, schaffte es jedoch nicht; aber sie drehte und wand sich dabei so sehr, daß ihre Kapuze von dem hellglänzenden Haar herabrutschte: Das strahlende Licht, das es verströmte, vertrieb sogleich die Dunkelheit. Der arme Wanderer war sehr erleichtert, als sich die bösen Kreaturen wieder in die Dunkelheit zurückzogen, fand seinen Pfad aus dem Sumpf heraus und rannte so schnell er konnte nach Hause.

Die Mondfrau war zwar froh, daß die verlorene Seele den Weg gefunden hatte, doch sie wollte ebenfalls dem Sumpf entkommen und begann heftiger als zuvor, sich gegen den Griff der Wurzel zu wehren. Schließlich brach sie jedoch erschöpft zusammen, und dabei fiel die Kapuze wieder über ihr Haar.
Da ging das gesegnete Licht wieder aus, und die Dunkelheit und mit ihr alle bösen Kreaturen kehrten zurück. Sie griffen die Mondfrau nun wütend und höhnisch an und trieben sie tief in den Morast. Als sich am Himmel ein fahles Morgenlicht zeigte, rollten die Bösen einen großen Felsbrocken auf sie und huschten fort.
Die Zeit verging, aber der Mond kehrte nicht wieder. Ohne das Licht des Mondes war es nachts nun nicht mehr sicher. In der großen Dunkelheit verirrten sich Wanderer, wurden Dinge gestohlen, und böse, schreckliche Wesen versetzten das Land in Angst und Schrecken. Viele Menschen hatten darunter zu leiden. Alle bekamen Angst vor der Finsternis, die das Land nachts einfach zu verschlucken schien.
Da suchten die Menschen dieses Landes Hilfe bei der weisen Frau, die in einer alten Mühle wohnte, und sie verriet ihnen, wie sie den verlorenen Mond finden konnten. Bewaffnet mit Steinen und Haselruten und voll Angst zogen sie in das unheimliche Sumpfland, bis sie schließlich zu dem Teich gelangten, wo der Mond neben der Wurzel begraben lag. Als sie rings um den Felsbrocken eine helle Linie entdeckten, rollten sie mit vereinten Kräften den Stein fort.
Einen kurzen Augenblick lang sahen sie ein seltsames, wunderschönes Gesicht, das sie froh aus dem schwarzen Wasser heraus anblickte, und hörten das wütende Geheul der fliehenden bösen Wesen. Und dann sahen sie, wie der Mond so schön und strahlend wie eh und je in den Himmel stieg und die Marschen und Wege des Nachts wieder sicher beleuchtete.

Der Mond ist seit uralten Zeiten ein Symbol von Weiblichkeit. Er ist voller Geheimnis: seine Zyklen, sein sich ständig veränderndes Bild. Sein Licht ist kühl, indirekt und diffus im Gegensatz zum hellen, direkten und intensiven Licht der Sonne, die man oft mit dem maskulinen Prinzip in Verbindung bringt.
Wir in unserer Kultur schätzen die Sonne, das Tageslicht und den Sommer mehr als Mondlicht, Nächte und Winter. Wir bemerken, ob die Sonne auf- oder untergeht, ob der Tag sonnig oder bedeckt ist, aber achten kaum auf den Mond und seine Phasen. In gleicher Weise schätzen wir heute die männlichen Prinzipien der direkten Aktion, der zielgerichteten Handlung, des logischen Denkens, des zielstrebigen, rivalisierenden Verhaltens, die geradlinige Struktur, Produktivität und Leistung. Wir empfinden Unbehagen angesichts der weiblichen Eigenschaften der Stille, der Zwiespältigkeit, der Emotion. Wir werden ungeduldig bei kooperativer, beziehungsorientierter Haltung und betrachten Ästhetik, Intuition, Nähren und Erdverbundenheit als unwichtig.
Viele traditionelle Kulturen erkennen die Notwendigkeit von sowohl maskulinen wie femininen Aspekten im Leben als notwendig an. Die Geschichte vom vergrabenen Mond erinnert uns daran, daß es einst eine Zeit gab, in der das Mondlicht sehr wichtig war, als man weibliche Eigenschaften schätzte und achtete, eine Zeit, in der Fühlen ebensoviel galt wie Denken, Intuition ebenso wertvoll war wie Logik, Sein ebensosehr geschätzt wurde wie Tun und die Reise ebenso wichtig war wie das Ziel selbst.
Fernöstlicher Philosophie zufolge beruht alles im Universum auf der Polarität von Yin- (weiblich/rezeptiven) und Yang- (männlich/aktiven) Energien. Yin ist alles, was offen, nachgiebig und miteinander verbunden ist. Yin verkörpert Intuition, Gefühl und tiefe Weisheit von innen heraus. Es ist die weibliche Macht, die mit den subtilen und scheinbar unsichtbaren Kräften und

Rhythmen der Natur und der Harmonie in allen Beziehungen verbunden ist. Yin wird durch einen Kreis, eine Spirale oder ein Labyrinth, das keinen Anfang und kein Ende hat, symbolisiert. Yang hingegen ist aktiv und direkt. Es ist die logische, intellektuelle Energie, die Informationen sucht und Kontrolle anstrebt. Seine Macht rührt vom Tun und Erstellen her. Es hat mit Trennung, Identität, Autonomie und Individualität zu tun. Yang wird oft durch einen Pfeil dargestellt.

Die Geschichte vom vergrabenen Mond warnt vor der Gefahr für die Menschheit, wenn das Gleichgewicht zwischen Weiblichem und Männlichem nicht geachtet wird, wenn das Weibliche vergraben wird und die männlichen Eigenschaften als wichtiger gelten. Es können dann zwar große technologische Fortschritte erzielt werden, aber wenn die weibliche Betonung der Gefühle, von Beziehungen und Harmonie ignoriert wird, folgen daraus leicht Gewalt und Leid.

Die Botschaft dieses Märchens gilt wie die vieler Legenden und Sagen nicht nur für die Menschheit allgemein. Sie spricht auch direkt unsere individuelle Psyche an und warnt uns vor der Gefahr, das Weibliche in uns selbst zu verleugnen. Wir alle, Männer wie Frauen, tragen in uns das männliche wie das weibliche Prinzip und stehen ständig vor der Herausforderung, beide Aspekte zu fördern, damit sie harmonisch zusammenwirken können. Keine der beiden Eigenschaften ist richtig oder falsch. Keine ist besser oder wertvoller als die andere. Probleme entstehen aber, wenn zwischen den beiden ein Ungleichgewicht herrscht, wenn ein Aspekt höher geschätzt wird als der andere oder wenn eine Seite von der anderen beherrscht wird.

Der weibliche Aspekt in uns fördert unsere nährenden, helfenden Beziehungen, der männliche Aspekt Autonomie, Trennung und Individualität. Wenn wir die weibliche Seite zuungunsten der männlichen entwickeln, finden wir uns vielleicht in einer

Beziehung, in der wir uns vornehmlich um andere kümmern, ohne Grenzen zu setzen, und verlieren möglicherweise das Gefühl für uns selbst. Wenn wir nur die maskuline Seite entwickeln, werden wir vielleicht in rivalisierende Machtkämpfe verwickelt und empfinden ein starkes Gefühl von Entfremdung, das entsteht, wenn wir uns nicht mit anderen verbunden fühlen. Unser Leben ist dann kaum besser als ein Wettkampf. Eine Person, die ihr größeres Umfeld wahrnehmen und seine oder ihre innere Stimme empfangen, aber nicht ausagieren kann, erlebt ebenso viele Schwierigkeiten wie jemand, der bloß handelt und Impulsen nachgeht – ohne ein inneres Gefühl für ein Ziel oder einen Sinn im Leben.

Das Weibliche in uns ist die weise, intuitive Stimme, die die Wahrheit erkennt. Es ist die offene, empfängliche Seite, die von innen wie außen Informationen aufnimmt und über ein tiefverwurzeltes Wissen verfügt. Seine Aufgabe ist es, ein Gefäß für unsere Wahrheit, unsere Vision und unser innerstes Wesen zu sein.

Das Männliche in uns ist der Teil unseres Selbst, der handelt. Es ist eigenwillig, konzentriert und zielgerichtet; es ist die intellektuell-rationale Seite, die unsere Gedanken und Gefühle logisch ordnet und erklärt. Die Aufgabe des Männlichen besteht darin, unsere Wahrheit kühn und auf direktem Weg in die Welt zu bringen.

Wenn zwischen diesen beiden Seiten Gleichgewicht herrscht und sie harmonisch miteinander wirken, erleben wir eine sogenannte »göttliche Verbindung«, in der das Männliche das Weibliche achtet und unterstützt und ihm Schutz auf dem Weg in die Welt bietet. Sagt das Weibliche: »Ich bin einsam«, dann setzt sich die männliche Seite nieder und schreibt einen Brief an einen Freund. Hat das Weibliche einen Traum, übersetzt und deutet ihn das Männliche.

Ist das Weibliche aufgebracht, wenn ein Freund etwas tut, das seine Gefühle verletzt, dann faßt das Männliche diese Gefühle in Worte und erklärt, warum das Verhalten verletzend war.

Sagt das Weibliche: »Ich habe Hunger«, dann reagiert das Männliche darauf, indem es Nahrung besorgt und zubereitet, oder indem es fragt: »Ist es körperlicher oder emotionaler Hunger?«

Wir leben in einer Gesellschaft, in der das Gleichgewicht zwischen dem Femininen und dem Maskulinen nicht gefördert wird. Maskuline Prinzipien werden übertrieben betont, weibliche unterdrückt. Es wird heute viel Wert auf zielgerichtete Aktivitäten gelegt, auf Leistung und Produktivität. Tun ist wichtiger als Sein. Was wir erreichen, ist wichtiger als unsere Absicht. Verstandesdinge haben Vorrang vor Herzensdingen. Finanzieller Erfolg wird höher bewertet als Erfolg in Beziehungen, technologischer Fortschritt mehr als innere Weisheit. Unsere Zivilisation hat »ihren Mond verloren«. Wir stehen am Abgrund zu einer Katastrophe, weil aktive, aggressive, nach außen gerichtete Energie nicht im Gleichgewicht gehalten wird mit den inneren, tiefen, nährenden Kräften, die das Leben erhalten und vor allem harmonische Beziehungen fördern.

Dieses Ungleichgewicht haben wir seelisch internalisiert. Als Folge des Lebens in einer solchen Kultur sollen wir der männlichen Seite erlauben, zu dominieren, zu kontrollieren und unsere weibliche Natur zu verurteilen. Statt unsere Gefühle zu erleben und auszudrücken, lehrt man uns, sie zu verdrängen und zu kontrollieren, weil sie irrational sind. Statt auf unsere Träume und Intuitionen zu achten, ignorieren oder verspotten wir sie, weil sie nicht logisch sind. Statt unserem Körper zu vertrauen, daß er uns mitteilt, wenn wir physische Nahrung oder Anregung brauchen, folgen wir komplizierten Diätplänen und starren Sportübungen. Wir konzentrieren uns auf Fakten und Zahlen und mißachten unsere Bauchreaktion, wenn es darum geht, unsere Wahrneh-

mung zu bestätigen. Wenn deine innere Weiblichkeit sagt: »Ich bin einsam«, besteht die maskuline Seite darauf, daß du keinen Grund zu diesem Gefühl hast.
Wenn du einen Traum hattest, der dich nachdenklich macht, dann lacht deine männliche Seite darüber und tut ihn als »bloßen« Traum ab.
Wenn du dich über das Verhalten eines Freundes aufregst, sagst du dir, du seist überempfindlich.
Wenn du Hunger empfindest, kritisierst du dich, weil du zuviel ißt.

Die Epidemie der Eßstörungen unter Frauen ist eindeutig eine Folge des Ungleichgewichts zwischen dem Weiblichen und dem Männlichen innerhalb unserer Gesellschaft und uns selbst. Viele Frauen erleben eine Verzweiflung und Entfremdung, die nicht nur aus der Unterdrückung des Weiblichen in unserer Welt herrührt, sondern auch aus der Verleugnung des eigenen inneren weiblichen Wesens. Indem wir immer wieder unsere weibliche Stimme ignorieren, gehen wir das Risiko ein, sie zu verlieren oder im Morast zu vergraben wie den Mond in dem Märchen. Wenn wir aufhören, auf unsere Gefühle und Eingebungen zu lauschen, stürzt unsere Seele in eine Dunkelheit, die erschrekkend sein kann. In dieser Finsternis werden unsere Gefühle, unser Hunger und unsere Bedürfnisse zu geheimnisvollen, destruktiven Kräften, die in unserem Körper und Verstand Chaos anrichten können.
Frauen, die unter gestörtem Eßverhalten leiden, haben häufig einen zu dominanten männlichen Aspekt, der beständig versucht, ihre innere Weiblichkeit zu beherrschen. Ihre maskuline Seite ist gegenüber der weiblichen Seite gnadenlos kritisch oder sogar feindselig. Daher ist ihr Leben voller Aktivitäten, Pflichten und endloser Listen von Dingen, die erledigt werden müssen. Augen-

blicke der Tagträumerei, der Entspannung und der Ruhe werden als Zeitverschwendung verdammt und gemieden. Es könnten ja Gefühle oder Bedürfnisse an die Oberfläche steigen, die ihre Ziele und Wünsche vielleicht infrage stellen oder sonstwie beeinträchtigen. Die Nacht wird da besonders gefährlich, weil ohne die Geschäftigkeit und Betriebsamkeit des Tages, des ständigen Tuns, der gefürchtete Trieb zu essen den Raum einnimmt, der nicht einfach leer und still bleiben darf.

Wenn das Männliche das Weibliche beherrscht, erfolgen zahlreiche Taten ohne Sinn. Wir essen womöglich zwanghaft oder zählen obsessiv Kalorien, statt uns auf unseren Körper einzustimmen und zu essen, wenn wir hungrig sind, und aufzuhören, wenn wir satt sind. Und wir hören auch nicht auf innere Führung, durch die wir herausfinden könnten, warum wir essen wollen, wenn wir gar keinen Hunger haben. Wir spielen das nach außen gerichtete Zahlenspiel um Pfunde und Kalorien, an dem wir ablesen, wie gut unser Tag verläuft. Wir nehmen an einem endlosen Kreislauf verschiedener Diäten teil, mit denen wir versuchen, unsere inneren Bedürfnisse und unseren Appetit zu kontrollieren, statt diese zu achten. Wir versuchen, unseren weiblichen Körper so zu gestalten, daß er gradliniger und kantiger wird, weniger rund und geschwungen. Wir glauben, daß hartnäckiges Streben die beste Methode für alles ist, daß große Willenskraft (die sich durch Gewichtsabnahme ausdrückt) die größte Auszeichnung darstellt. Wir versuchen, unsere Gefühle und Instinkte zu kontrollieren, indem wir die Nahrungsaufnahme einschränken. Wenn man Hunger hat, ist es sehr schwer, sich anderen Gefühlen zu widmen. Und wenn unsere innere Weiblichkeit zu rebellieren beginnt, dann beschuldigen wir sie, irrational, überempfindlich, außer Kontrolle zu sein und nicht genügend Willenskraft zu haben.

Die Gesundung von gestörtem Eßverhalten erfordert den bewußten, zielstrebigen Versuch, unsere weibliche Seite wiederzugewinnen, damit die männliche Seite wieder ins Lot gerät. Wie die Menschen in der Vergangenheit müssen wir uns an unsere innere weise Frau wenden, die uns sagen kann, wie wir den Mond zurückholen.

3
Selbstüberprüfung

In Hans Christian Andersens Märchen »Des Kaisers neue Kleider« geht es um einen sehr eitlen Kaiser, dem es nicht sonderlich am Herzen liegt, sein Volk gut zu regieren. Statt dessen interessiert er sich nur für kostbaren Schmuck und schöne Kleider.

Eines Tages kamen zwei Betrüger in die Stadt, die behaupteten, sie könnten die ausgefallensten Kleidungsstücke herstellen – so fein, daß nur diejenigen sie sehen konnten, die für das Amt, das sie ausübten, auch geeignet waren. Dumme, unwissende Menschen konnten diese Kleider nicht sehen.
Der Kaiser ließ sich von den beiden überzeugen und beauftragte sie, ihm eine vollständige, neue Garderobe zu schneidern. Die beiden Betrüger taten so, als würden sie das Tuch auf Rahmen weben und den Stoff zusammennähen. Die Höflinge im Dienst des Kaisers redeten begeistert über die schönen Muster und Farben, denn sie wagten nicht zuzugeben, daß sie vielleicht für ihr Amt nicht geeignet waren. Der Kaiser selbst drückte seine größte Zufriedenheit aus – denn auch er wollte seine Dummheit nicht preisgeben – und legte die neuen Kleider für die Prozession durch die Stadt an. Als er durch die Straßen zog, jubelten und klatschten alle Bürger, damit ihre Nachbarn nicht meinten, sie seien dumm. Nur ein kleines Kind wandte sich an seine Mutter und rief mit lauter Stimme: »Aber der Kaiser hat ja gar nichts an!« Diese Bemerkung wurde rasch in der Menge weitergetragen, und schließlich erkannten alle Städter die Wahrheit.

Dieses Märchen hat für eine Frau, die mit einer Eßstörung kämpft, große Bedeutung. Irgendwann zu Beginn ihres Lebens (gewöhnlich mit etwa vier Jahren) war sie wie das kleine Kind in der Geschichte. Sie sah die Dinge, wie sie tatsächlich waren, und ließ sich nicht von der Realitätswahrnehmung anderer beeinflussen. Sie erkannte die Unterschiede zwischen dem, was die Leute sagten, und dem, was sie taten. Sie spürte, wenn etwas nicht richtig war, auch wenn alle in ihrer Umgebung behaupteten, es sei in Ordnung.
Aber im Gegensatz zu dem Kind in der Geschichte wurde die Wahrheit nicht mit Wohlgefallen aufgenommen, wenn das junge Mädchen sie aussprach oder Dinge ans Licht brachte, die nicht so waren, wie sie erschienen. Statt dessen wurden ihre Bemerkungen entweder ignoriert, oder Familienmitglieder und Autoritätspersonen reagierten darauf mit Angst und Feindseligkeit. Sie erhielt die Botschaft (gewöhnlich nonverbal), daß ihre Fähigkeit, die Wahrheit zu erkennen, ihre besondere Sensibilität für das, was außerhalb der Wahrnehmung der anderen lag, gefährlich war und sie sich damit nur Spott und Zurückweisung, Mißbrauch oder sogar die Auflösung der Familie einhandelte (eine sehr gefährliche Folge aus der Perspektive einer Vierjährigen).
Das brachte das kleine Mädchen in eine sehr unangenehme Lage. Um zu überleben, mußte sie eine Möglichkeit finden, zu verbergen, wie sie wirklich war, ihre Fähigkeit einschränken, Unsichtbares zu sehen, die Stimme, die die Wahrheit sprach, in sich zum Schweigen bringen. Sie mußte ihren sechsten Sinn, ihre weibliche Intuition, verstecken – und zwar nicht nur vor den anderen, sondern auch vor sich selbst. Denn wenn sie ihr Anderssein (auch bloß vor sich selbst) akzeptiert hätte, wären starke emotionale Probleme die Folge gewesen: das Gefühl, nicht dazuzugehören, nicht dazuzupassen. Das wäre für sie unerträglich

gewesen. Und so begann der Prozeß, die kluge Frau in sich selbst zu verleugnen.
Wie fing sie das an? Sie schaffte es, indem sie die Realitätswahrnehmung anderer akzeptierte und die eigene abstritt. Das war leicht; wenn ihre Wahrnehmung ohnehin nicht von den fünf Sinnen oder der Logik verifiziert werden konnte und andere in ihrer Umgebung behaupteten, ihr Realitätssinn sei der einzig richtige. Sie hörte nicht mehr auf ihre innere Stimme, die sie vorher geleitet hatte, und begann, den Regeln anderer zu folgen. Sie verweigerte sich ihre Herzenswünsche und ersetzte sie durch lange Listen des Müssens und Sollens. Sie strebte danach, ein ausschließlich rational denkender Mensch zu sein, ohne jegliche Berücksichtigung der emotionalen und spirituellen Aspekte ihres Seins. Sie betrachtete ihren Appetit und ihre anderen körperlichen Gelüste als böse und sah daher ihren Körper und dessen weibliche Ausdrucksformen als Feind statt als ihre faßbare Verbindung mit einer mächtigeren Erkenntnisquelle.
Diese Verdrängung von einem Großteil ihres Wesens verlangt jedoch ihren Zoll. Im Laufe der Jahre überkommt sie ein verschwommenes, unbehagliches Gefühl von Leere. Sie versucht also, sich zu füllen. Da ihr nun nicht mehr klar ist, nach was sie sich sehnt, nimmt sie an, ihr Hunger sei körperlicher Natur. Und daher ißt sie entweder zwanghaft oder reagiert entsetzt auf ihren vermeintlich unstillbaren Appetit und beginnt zu hungern.
Sie bewegt sich weiter durchs Leben in der Annahme, daß etwas mit *ihr* nicht stimmt. Schließlich muß etwas mit ihr nicht in Ordnung sein, wenn sie die Dinge auf eine Weise betrachtet wie sonst niemand. Ihr Kampf mit dem Essen bestätigt, daß in der Tat etwas bei ihr nicht normal ist. Essen wird daher zum Brennpunkt, zum Zentrum ihrer Obsession: Wenn sie dieses Problem in den Griff bekommen könnte, dann würde alles wieder gut werden.

Eine Frau auf dem Weg zur Heilung von einer Eßstörung muß als erstes die Vorstellung davon ändern, wie und wer sie wirklich ist. Sie muß ihre kluge, intuitive Gabe erkennen, auch wenn sie ihr Kämpfe und emotionale Wunden zugefügt hat, weil anderen dabei unbehaglich wurde. Sie muß beginnen, sich selbst und der Welt ringsum zu versichern, daß sie nicht minderwertig ist. Sie muß anfangen, ihre Lebensgeschichte zu betrachten und neu zu erzählen, und sie muß davon ausgehen, daß alles mit ihr in Ordnung ist und sie keine zweite Wahl darstellt, auch wenn sie stark verletzt wurde. Ihre Eßstörung ist nicht Beweis dafür, daß sie ein minderwertiger Mensch ist, der dringend geheilt werden müßte. Die Frau muß für ihre Gesundung erkennen, daß ihre Besessenheit mit Essen und Dicksein nicht ihr Selbst definiert. Sie muß ihre Perspektive ändern, so daß sie diese Obsession nicht mehr als einen furchtbaren Charaktermangel betrachtet, sondern als einen einfachen, aber stark benötigten Mechanismus, den sie auf ihrem Lebensweg irgendwann gelernt hat. Ein Verhalten, das sie lernte, um mit der emotionalen Qual fertig zu werden, weil sie anders war oder sich mißverstanden, unakzeptiert oder überwältigt fühlte. Sie muß die Möglichkeit erwägen, daß die Entwicklung von gestörtem Eßverhalten nicht unbedingt eine so schlechte Wahl war – angesichts der begrenzten Möglichkeiten, die ihr in den Phasen der Überbelastung oder Krise zur Verfügung standen.

Stell dir vor, du stehst im Regen am Ufer eines tosenden Flusses. Plötzlich rutscht die vom Wasser aufgeweichte Böschung unter dir ab. Du fällst ins Wasser und wirst von den Stromschnellen mitgerissen. All deine Bemühungen, dich über Wasser zu halten, sind vergeblich, und du wirst wohl ertrinken. Doch zufällig schwimmt ein großer Balken vorbei, an den du dich klammern kannst. Dieser Balken hält deinen Kopf über Wasser und rettet dir das Leben. An den Balken geklammert, schwimmst du stromabwärts und gelangst schließlich wieder in ruhigeres Wasser. In der Ferne erblickst du das Ufer, und du versuchst, dorthin zu schwimmen. Doch das gelingt dir nicht, weil du dich immer noch mit einem Arm an den dicken Balken klammerst und mit dem anderen Schwimmzüge machst. Wie ironisch, daß das, was dir das Leben rettete, dir jetzt im Wege steht. Am Ufer stehen Menschen, die deinen Kampf mit ansehen und brüllen: »Laß den Balken los!« Aber das kannst du nicht, denn du hast kein Vertrauen in deine Fähigkeit, es bis zum Ufer zu schaffen.

In einer ähnlichen Lage befinden sich viele Menschen, wenn ihnen ihr gestörtes Eßverhalten zum ersten Mal bewußt wird. Sie fühlen sich bestenfalls albern – schlimmstenfalls gedemütigt, weil sie nicht in der Lage sind, ein Verhalten aufzugeben, das im Konflikt liegt mit ihrem Wunsch, im Leben das zu erreichen, was sie erstreben. Angesichts ihrer Scham vergessen sie rasch die Rolle, die die Eßstörung bei ihrem Überleben gespielt hat. Die Eßstörung, die ihnen half, in stürmischen Zeiten den Kopf über Wasser zu halten, weil sie damit Konflikte, Gefühle und schwierige Situationen bewältigen konnten. Wenn sie sich weiterhin so »destruktiv« verhalten, nehmen sie an, daß etwas mit ihnen nicht stimmt. Diese Sicht wird leider von wohlmeinenden Freunden, Angehörigen und Experten bestärkt, die vorschlagen, man solle »einfach damit aufhören«, sich nicht mehr zu Tode hungern, überessen und erbrechen, einfach aufhören, zwanghaft zu essen und weiter zuzunehmen.

Den Balken einfach nur loszulassen ist aber vielleicht nicht der beste Weg. Was passiert, wenn man losläßt, aufs Ufer zuschwimmt und auf halber Strecke merkt, daß man nicht die Kraft hat, es zu schaffen? Das heißt, man hat auch nicht mehr die Kraft, zurück zum Balken zu schwimmen. Viele Menschen fühlen sich albern, weil sie sich an den Balken klammern, und viele ihrer Freunde, Angehörigen und selbst Therapeuten sind frustriert von ihrem »Widerstand«, einfach aufzuhören. Sie halten die Hartnäckigkeit, mit der die Betroffenen sich an ihre Eßstörung klammern, für einen Charakterfehler statt für ein Zeichen von innen heraus, daß noch mehr Vorbereitung nötig ist.

Wenn man von einer Eßstörung geheilt werden will, muß man den Widerstand dagegen respektieren, statt ihn zu verdammen. Man muß anerkennen, daß jedes Verhalten, das den Weg zur Heilung versperrt, verzögert oder behindert, einen Sinn und eine bestimmte Bedeutung hat, die sehr wichtig und sogar essentiell sein können.

Eine Frau, die geheilt werden will, muß eindeutig verstehen, wie ihre Eßstörung ihr bisher gedient hat, damit sie aufhört, sie als bloßes Hindernis auf ihrem Weg zum Glück zu betrachten. Erst dann kann sie die Fähigkeiten erkennen, die sie entwickeln muß, um ein von Völlerei, Diäten und Obsessionen freies Leben zu führen.

Die eine Frau findet vielleicht heraus, daß ihr Dicksein ihr geholfen hat, unerwünschte sexuelle Annäherungsversuche von Männern zu vermeiden. Das sagt ihr, daß sie ihr Selbstbewußtsein entwickeln muß, ehe sie sich von ihrem »Gewichtsproblem« befreien kann. Eine andere entdeckt vielleicht, daß sie sich vollgegessen und dann wieder entleert hat, um die inneren Spannungen loszuwerden, die sie immer bei Konflikten erlebt. Das bedeutet, daß sie, um die Bulimie loszuwerden, lernen muß, wie man Konflikte besser bewältigt. Wiederum eine andere Frau erkennt vielleicht, daß ihre Besessenheit mit Diäten ihr geholfen hat, mit der aufdringlichen, alkoholsüchtigen Mutter umzugehen; sie muß bei der Gesundung lernen, wie man in Beziehungen Grenzen setzt.

Wenn man von einer Eßstörung geheilt werden will, muß man

diejenigen Fähigkeiten ausbilden, die man braucht, um den Balken zu ersetzen. Wenn diese Fähigkeiten sich entwickelt haben, entdeckt die Frau, daß sie viel wirksamer und effektiver sind als ihr gestörtes Eßverhalten, und sie bedient sich nun lieber dieser, um mit allen Schwierigkeiten fertig zu werden, die das Leben ihr präsentiert. Sie kann den Balken nun loslassen und sich auf ihre neugefundenen Fähigkeiten verlassen, die sie über Wasser halten und ihr die Kraft verleihen, es zum Ufer zu schaffen.

Und sehr, sehr langsam und vorsichtig läßt du den Balken fahren und übst ein paar Schwimmzüge. Wenn du drohst unterzugehen, klammerst du dich rasch wieder an. Dann läßt du den Balken wieder los und übst Wassertreten, und wenn du müde wirst, hältst du dich wieder fest. Nach einer Weile versuchst du, einmal um den Balken herumzuschwimmen, dann zweimal, dann zehnmal, zwanzigmal, hundertmal, bis du genügend Kraft und Vertrauen hast, um bis zum Ufer zu gelangen. Erst dann kannst du den Balken vollständig loslassen.

Die Gesundung von einer Eßstörung beginnt mit dem Verständnis, daß das gestörte Eßverhalten dir diente, als dein einziges Ziel Überleben hieß. Dieser Erkenntnis folgt die Entwicklung neuer Fähigkeiten, die dir ermöglichen, nicht bloß zu überleben, sondern auch das vom Leben zu bekommen, was du dir wünschst: Wohlbefinden. Überleben ist nicht mehr das einzige Ziel. Das Ziel heißt nun, ein reiches, erfülltes Leben zu führen. Es handelt sich um einen allmählichen Prozeß, der erfordert, daß man das Fehlurteil: »Es stimmt etwas nicht mit mir« aufgibt, wichtige Lebensfähigkeiten entwickelt und lernt, der inneren Stimme zu vertrauen, die einem schon sagen wird, wenn man bereit ist.

4
Ablenkungsmanöver
Um Essen geht es nicht

Wenn man gegen eine Eßstörung ankämpft, fällt es oft schwer zu glauben, daß das eigentliche Problem gar nicht das Essen ist. Sicher, unser Kampf scheint sich um das zu drehen, das wir tun oder unterlassen (zwanghaft essen, erbrechen, hungern). Es scheint, als dächten wir ausschließlich ans Essen, ob wir nun eine Diät einhalten oder eine Freßtour machen.

Eine Frau, die magersüchtig ist, verleugnet zwar ihren Hunger und nimmt nichts zu sich, aber sie ist insgeheim von Essen und Dicksein besessen. Einen Großteil des Tages verbringt sie mit Kalorienzählen, auf der Waage stehen, übertriebenen Sportübungen, damit, Essen für andere zuzubereiten und an das Essen zu denken, das sie nicht ißt. Zwanghafte Esser denken ununterbrochen an das Essen, das sie eigentlich nicht essen dürften, und wie dick sie aussehen. Diejenigen, die in einem Teufelskreis aus Heißhungerattacken und Erbrechen gefangen sind, verbringen sehr viel Zeit mit der Planung und Vorbereitung ihrer Freßgelage und der Frage, wie sie sich wieder erbrechen können, ohne daß es jemand merkt. Betroffene Familienmitglieder und Freunde betrachten Essen als das ausschließliche Problem bei einer Eßstörung. Aber um Essen geht es eigentlich nicht. Das ist nur ein Vorwand, ein Ablenkungsmanöver.

Nehmen wir an, wir sehen einen Krimi, und es stellt sich die Frage: Wer hat die alte Lady umgebracht? War es die Zofe, der Butler oder der Chauffeur? Im Verlauf des Films richtet sich sämtliche Aufmerksamkeit auf die Zofe, weil sie sich fast ständig bei der alten Dame aufgehalten hat und sich sehr verdächtig verhält. Am Ende der Geschichte erleben wir eine Überraschung, weil es nämlich gar nicht die Zofe war, die den Mord beging, sondern der Butler, den niemand in Verdacht hatte, weil alle Augen nur auf die Zofe gerichtet waren. Die Zofe ist das Ablenkungsmanöver, ist die falsche Spur.

Bei Eßstörungen wird das Essen zur falschen Spur. Es kann diejenigen, die sich mit einer solchen Störung abmühen, ebenso ablenken wie die besorgten Angehörigen und Freunde und sogar Ärzte, die versuchen zu helfen. Wenn wir uns darauf konzentrieren, wie jemand mit Essen umgeht, erkennen wir oft nicht den wahren Schurken. Wir erliegen einer Illusion, die vom Pfad der Heilung wegführt, weil wir an der falschen Stelle nach einer Lösung suchen.

Im folgenden englischen Märchen »Die Sterne im Himmel« geht es um ein Mädchen, das sich danach sehnt, die Sterne im Himmel anzufassen.

Jeden Abend lag sie vor dem Einschlafen im Bett und starrte durch ihr Fenster hinauf zu den Sternen. In klaren Nächten freute sie sich, wenn sie ganz hell blitzten. In anderen Nächten sah sie zu, wie sie mit den Wolken Versteck spielten. In Sturmnächten zeigten sie ihre Gesichter überhaupt nicht, wenn auch das Mädchen vermutete, daß sie hinter den Wolken versteckt und trotzdem da waren.

An einem warmen Sommerabend, als der Mond gerade voll war, beschloß das Mädchen, seine Sehnsucht zu stillen und sich auf die Suche nach den Sternen zu machen. Sie lief und lief, bis sie an einen klaren, spiegelglatten Teich gelangte.

»Guten Abend«, sagte das Mädchen. »Ich bin unterwegs, die Sterne im Himmel zu besuchen. Kannst du mir sagen, wie ich dorthin komme?«

»Sie sind doch direkt hier in meinem Antlitz«, sagte der Teich. »Spring hinein und fang sie.«

Das Mädchen blickte auf die Sterne, die im Teich glänzten, und sprang hinein. Dabei hielt sie die Hände auf, um vielleicht einen zu fangen. Aber sie fand keinen Stern.

Da ging sie weiter, bis sie an einen sprudelnden Bach gelangte.

»Guten Abend«, sagte das Mädchen. »Ich will die Sterne im Himmel besuchen. Kannst du mir helfen?«

»Aber ja«, antwortete der Bach. »Sie sind immer hier bei mir und tanzen im Wasser zwischen den Steinen. Komm doch herein und fang dir einen.«

Das Mädchen watete mit gewölbten Händen in den Bach hinein, um einen herauszufischen. Aber sie fand keinen einzigen Stern.

»Ich glaube, die Sterne sind nicht wirklich hier«, rief sie enttäuscht.

»Nun, es sieht aber so aus, als wären sie hier, und das ist doch das gleiche«, gab der Bach zurück.

»Nein, das ist es nicht«, widersprach das Mädchen.

Sie ging weiter, bis sie ein paar Elfen sah, die auf einem Hügel tanzten. »Guten Abend«, sagte das Mädchen, als es sich dem kleinen Völkchen näherte. »Ich will die Sterne im Himmel besuchen. Könnt ihr mir dabei helfen?«

»Sie sind doch hier, im Tau auf dem Gras, wo wir tanzen. Komm und tanz mit uns, dann fängst du sicher einen.«

Das Mädchen tanzte und tanzte mit dem Elfenkreis und fuhr immer wieder mit den offenen Händen zum Boden, um einen Stern zu schnappen. Aber sie fing keinen einzigen. Entmutigt setzte sie sich auf einen moosigen Baumstumpf und sagte zu den fortwirbelnden Elfen: »Ich habe die Sterne gesucht und gesucht, aber ich kann sie nicht finden. Könnt ihr mir nicht helfen?«

Da begann eine der Elfen, um sie herumzutanzen, und sagte mit ihrer hohen, süßen Stimme: »Da du so wild entschlossen bist, die Sterne zu finden, werde ich dir verraten, wie du zu ihnen kommst: Wenn du nicht rückwärts gehen willst, geh vorwärts. Achte darauf, daß du den richtigen Weg einschlägst. Bitte Vierfuß, dich zu Ohnefuß zu tragen, der dich wiederum zur Treppe ohne Stufen bringen wird. Wenn du sie hochsteigen kannst, gelangst du zu den Sternen.«

Das Mädchen erhob sich rasch und begann, vorwärts zu gehen, und achtete auch darauf, daß sie auf dem richtigen Weg war. Dann traf sie ein Pferd, das unter einem Baum graste.

»Guten Abend«, sagte sie. »Ich will die Sterne im Himmel besuchen. Kannst du mich dorthin tragen?«

»Ich weiß nicht, wie man zu den Sternen im Himmel gelangt«, antwortete das Pferd. »Meine Aufgabe ist es, den Elfen zu helfen.«

»Ich habe gerade eben mit den Elfen getanzt«, rief das Mädchen, »und sie haben mir gesagt, ich solle Vierfuß bitten, mich zu Ohnefuß zu tragen.«

»Nun, ich bin Vierfuß, und wenn die Elfen sagen, ich soll dich zu Ohnefuß bringen, dann steig auf meinen Rücken, und wir reiten los«, sagte das Pferd.

Das Mädchen ritt und ritt, bis sie ans Ende des Landes kamen, wo sich bis zum Horizont das Meer vor ihnen ausbreitete. Weit hinten in der Ferne sahen sie ein Band aus strahlend bunten Farben, das den Himmel überspannte.

Da glitt das Mädchen vom Rücken des Pferdes und blieb am Ufer stehen. Ein sehr großer Fisch schwamm heran. »Guten Abend«, sagte das Mädchen. »Ich suche die Treppe ohne Stufen. Kannst du mich dorthin bringen?«

»Ich stehe nicht jedem zur Verfügung, der mich bittet. Ich gehorche nur den Elfen«, antwortete der Fisch.

»Ich habe gerade mit ihnen getanzt, und sie haben mir gesagt,

ich solle Vierfuß reiten, der mich zu Ohnefuß bringt, und der würde mich zur Treppe ohne Stufen tragen.«
»Na, dann steig auf meinen Rücken. Ich bin Ohnefuß, und ich bringe dich zur Treppe ohne Stufen«, sagte der Fisch.
Und so schwammen sie los: Das Mädchen hielt sich am Rücken des Fischs fest, bis sie zum Horizont gelangten, wo sich die strahlend bunten Farben hoch in den Himmel bogen.
»Hier sind wir«, sagte der Fisch. »Paß auf beim Aufstieg – es ist keine leichte Treppe.«
Das Mädchen glitt vom Rücken des Fischs herab und begann, den hohen Bogen aus vielen Farben hochzusteigen. Der Fisch hatte recht gehabt: Es war keine leichte Treppe. Aber das Mädchen bewegte sich langsam und vorsichtig und schob sich Zoll für Zoll hinauf. Als sie müde wurde, verlor sie ab und zu den Halt und rutschte zurück. Es war kalt, und sie war von Dunkelheit umgeben, aber sie ging weiter, bis sie oben auf dem Bogen ankam, wo sie ein strahlendes Licht umgab. Endlich! Da waren sie – die Sterne des Himmels! Sie streckte die Hand aus, um einen der leuchtenden Sterne anzufassen. Sie streckte die Hand weiter und weiter, bis sie plötzlich das Gleichgewicht verlor und mit einem Seufzer, der halb bedauernd, halb zufrieden klang, immer schneller abwärts in die Dunkelheit unter ihr fiel.
Als sie die Augen wieder öffnete, war es Morgen, und sie lag in ihrem eigenen Bett. Ich bin doch zu den Sternen gekommen, oder? fragte sie sich. Oder habe ich es bloß geträumt?
Dann sah sie auf ihre Hand, die immer noch zur Faust geballt war, und als sie sie langsam öffnete, sah sie ein Sternenstäubchen darin.

Die Befreiung von dem Kampf gegen Essen, Dicksein und Diäten kann einem manchmal ebenso unmöglich erscheinen wie der Griff nach den Sternen. Diese Geschichte erzählt uns, daß, wer sich seinen Traum erfüllen will, seine Zeit nicht mit Trugbildern verschwenden soll. Das Mädchen wurde anfangs vom Spiegelbild der Sterne im Teich, im Bach und im Tau getäuscht, aber sie erkannte bald, daß die Abbilder nicht das gleiche waren wie die Sterne selbst.

Probleme mit Essen sind Spiegelbilder der wahren Themen, mit denen wir uns abmühen. Es ist sehr wichtig, zu erkennen, daß Essen nicht das eigentliche Problem darstellt. Wenn ich besessen an Essen, Dicksein, Fett und Diäten denke, ist das eine Ablenkung von den wirklichen Problemen, mit denen ich in meinem Leben zu kämpfen habe. Dicksein ist zwar ein schreckliches Gefühl, und es ist schwierig, gegen Übergewicht anzukämpfen. Aber die Aufmerksamkeit, die ich auf mein Dicksein richte, gibt mir etwas Faßbares, verleiht meinem unbehaglichen Gefühl, das mir sonst unüberwindbar erschien, einen Namen. Eßstörungen scheinen der »Kern« des Problems zu sein. Aber das ist, wie die Sterne im Teich, eine bloße Illusion.

Denken wir an eine »Fett-Attacke«. Allen, die sich mit Eßstörungen abmühen, sind solche Fett-Attacken vertraut: So bezeichnen wir das unvermittelte Gefühl, plötzlich extrem dick geworden zu sein, so als hätte man über Nacht zwanzig Pfund zugelegt. Rational erkennt man, daß man nicht über Nacht zwanzig Pfund zugenommen hat, aber es fühlt sich ganz eindeutig so an. Man hat sich gestern vielleicht nicht gerade phantastisch gefühlt, aber immerhin in Ordnung. Und heute fühlt man sich entsetzlich dick. Was geht hier vor?

Eine Fett-Attacke ist ein Zeichen dafür, daß etwas anderes vor sich geht, das dich beunruhigt. Vielleicht bist du wütend über etwas, das deine Mutter sagte, vielleicht bist du nervös wegen einer bevorstehenden Verabredung, fühlst dich frustriert von einem Vorgesetzten im Büro oder schämst dich wegen etwas, was du zu einem Freund gesagt hast. Wenn es sich um

Dinge handelt, die dir ein unbehagliches Gefühl geben, das du nicht gut bewältigen kannst, konzentrierst du dich unter Umständen intensiver auf dein Gewicht – und das ursprüngliche Problem verschwindet im Hintergrund. So schlimm du dich als Dicke fühlst, du kennst zumindest die Lösung dafür: abnehmen.

Eine Fett-Attacke ist etwas anderes als ein negatives Grundgefühl gegenüber dem eigenen Körpergewicht. Sie ereignet sich unvermittelt und ist sehr intensiv. Sie beruht nicht auf einer tatsächlichen Situation, obwohl die Gefühle, die sie auslöst, echt sind. Für dich ist Dicksein die einzige Ursache deines Unglücks, aber wie die Sterne im Tau ist es bloß ein Abbild von etwas anderem, das dir Sorgen macht.

Vielleicht ist dein wirkliches Problem, daß du eine schlechte Beziehung zu deiner Mutter hast, daß du in einer unerträglichen Ehe lebst, du deine Arbeit haßt oder dich auch in einem Zimmer voller Menschen einsam fühlst? Das alles sind große, komplexere Situationen, die einen oft überwältigen können.

An dieser Stelle kommt das Essen ins Spiel. Wenn du hungerst, denkst du nur noch ans Essen. Wenn du deinen Heißhungerattacken nachgibst und dich anschließend wieder erbrichst, verbringst du viel Zeit mit der Planung deiner Mahlzeiten und der Frage, wie du alles wieder loswirst. Und die Probleme zu Hause, in der Schule, bei der Arbeit, in Beziehungen scheinen wie durch Zauberei zu verschwinden.

Die Bewältigung der wirklichen Probleme erfordert vielleicht Fähigkeiten, die du nicht hast, und so erscheint dir ihre Lösung unter Umständen unmöglich – ebenso schwer, wie einen Regenbogen hinaufzuklettern. Wenn du dich auf die Reise einläßt, um deine unterschwelligen Konflikte und Gefühle zu entdecken und freizulegen, und dir nicht erlaubst, dich dabei von Trugbildern täuschen zu lassen, dann kannst du etwas Wichtiges über die

Ursache und den Zweck deines gestörten Eßverhaltens lernen. Du entdeckst vielleicht, wie dieses hilft, dich von den Themen in deinem Leben abzulenken, die dich überfordern und mit denen du noch keinen wirksamen Umgang gelernt hast.
Vielleicht entdeckst du auch, wie wirkungsvoll dich dein Eßproblem von der Angst ablenkt, dich dem Schmerz vergangener Verletzungen zu stellen. Kein Wunder also, daß Eßstörungen so süchtig machen.
Doch die Erleichterung ist nur vorübergehend. Gestörtes Eßverhalten lenkt nur vorübergehend von den emotionalen Belastungen ab, die wir alle erfahren. Es kann den Druck nicht auflösen. Die Beschäftigung mit Essen lenkt vielleicht von Traurigkeit, Wut oder Angst ab, hilft aber nicht, die zugrundeliegenden Probleme zu lösen. Sie werden nur schlimmer. Der Druck in dir wird stärker, und das gestörte Eßverhalten nimmt zu. Die echten Probleme aber werden nicht gelöst.
Wenn wir unserem Traum folgen und uns von unserem gestörten Eßverhalten befreien wollen, müssen wir uns nicht nur nach den Sternen sehnen, sondern auch bereit sein, auf dem richtigen Weg vorwärts zu gehen. Wir dürfen uns nicht von der Illusion ablenken lassen, daß Dünnsein Glück bedeutet oder wir nur genügend Willenskraft brauchen, um eine Diät durchzuhalten. Kalorienzählen ist nicht die Antwort, denn Essen ist nicht das Problem.

5
Süchtig nach Essen

Viele Frauen verkennen das Suchtpotential von Eßstörungen. Sie werden gnadenlos von dem Zwang getrieben, dünn zu sein, und von einem Appetit verfolgt, der unersättlich scheint. Sie können weder die Stimme des Tyrannen in sich zum Schweigen bringen, der ständig nach mehr brüllt, noch den Despoten besänftigen, der nur eine absolut perfekte Figur als gut genug akzeptiert.

Diese Frauen, die verzweifelt versuchen, sich von ihrer Sucht zu befreien, verachten ihre Eßgier und hassen ihren nicht ganz so perfekten Körper. Fälschlicherweise deuten sie ihren Hunger als körperlich und betrachten daher Essen als ihren Feind und den eigenen Körper als Verräter im Krieg gegen das Dicksein. Sie sind Opfer einer Verleugnung geworden, die typisch für alle Suchtarten ist. Sie erkennen nicht, daß sie spirituell ausgehungert sind, und sehen die Leere in ihrem Herzen nicht. In einem fundamentalen Irrtum trennen sie das Symbolische vom Konkreten und werden immer besessener vom konkreten Objekt, dem Essen selbst. Sie sehen nicht, daß das Suchtobjekt für etwas anderes, Größeres steht und nur ein Symbol für das ist, was sie wirklich begehren. Die entsetzliche Leere, die sie empfinden, ist in Wirklichkeit spiritueller oder emotionaler Natur und nicht körperlich bedingt.

Suchtobjekte sind manchmal austauschbar. Frauen wechseln oft von einer Sucht zur nächsten. Eine Frau mag sich gerade auf dem Weg der Heilung von einer Alkohol- oder Drogensucht befinden und feststellen, daß sie bereits tief in die Eßsucht abgetaucht ist.

Eine andere ersetzt vielleicht die Eßsucht durch die Sucht nach übertriebenem Körpertraining oder läßt einer Heißhungerattakke eine Einkaufsorgie folgen. Solange sie den wahren Hunger nicht erkennt, kann sie sich nicht aus dem Suchtprozeß lösen, und eine Sucht wird durch die nächste ausgetauscht.

Eine Sucht löst uns aus einer Realität, die wir unerträglich finden. Sie bietet eine Fluchtmöglichkeit vor den Konflikten und Dilemmas, die sich uns als unlösbar darstellen. Wenn wir es in der eigenen Haut, im eigenen Körper nicht mehr aushalten, wo wir das Wunder und das Leid erleben, ein Mensch zu sein, kann einen die Sucht in einen Zustand von Bewußtlosigkeit bringen. Bewußtlos spüren wir nichts, wissen wir nichts von unseren Qualen, Verwirrungen und Kämpfen. Jeder, der einmal eine Heißhungerattacke mitgemacht hat, kennt den tranceähnlichen Zustand, den sie mit sich bringt. Die Realität verschwimmt im Hintergrund – zumindest solange man ißt. Und alle, die Hungerkuren machen, kennen das damit verbundene berauschende »High«, dem man sich immer schwerer entziehen kann. Menschen, die nach Jogging süchtig sind, ist das Gefühl von Euphorie, das Joggen auslösen kann, vertraut.

Frauen mit einer Eß- oder Diätsucht haben Angst vor ihrem Körper. Sie entziehen ihm ihre Fürsorge und versuchen, ihn zu verlassen, denn in diesem Körper ist auch ihr Gefühl zu Hause. In Kontakt mit dem Körper zu stehen bedeutet, in Kontakt zu den Gefühlen zu sein, und das ist möglicherweise schmerzhaft und beunruhigend. Emotionen lassen sich oft nicht ordnen und eindeutig begreifen wie Gedanken. Im Gegensatz zu unserem Verhalten können wir sie nicht kontrollieren.

Alle Arten von Sucht stellen den Versuch dar, Gefühle unter Kontrolle zu halten. Aber darüber hinaus wollen sie auch das »Leben selbst« unter Kontrolle bringen. Wer süchtig ist, kann die Dinge nicht einfach so laufen lassen, kann nicht zulassen, daß alles seinen natürlichen Gang geht. Für ihn gibt es immer nur eine einzige Methode, eine perfekte Art, wie alles zu sein hat.

Eine Sucht verhindert, daß wir voll mit uns selbst, unseren Gefühlen, unseren Freunden, geliebten Menschen oder wem und was auch immer unsere Aufmerksamkeit gilt, eins sind. Statt dessen grübeln wir darüber nach, wie viele Kalorien wir an diesem Tag schon zu uns genommen haben. Statt in engem Kontakt mit dem Leben zu stehen, ziehen wir uns davor zurück in unsere besessenen Gedanken an Essen und Diäten. Indem wir alle Energien in die Planung unseres nächsten Freßanfalls stecken oder wieder eine neue Diät vorbereiten, entfernen wir uns aus der Gegenwart, projizieren unsere Gedanken in die Zukunft und verpassen das Leben, das sich in diesem Moment vor unseren Augen entfaltet.

Das Paradoxe daran ist, daß wir nur im Hier und Jetzt, in der Gegenwart, vom Leben erfüllt und genährt werden können. Das Leben findet immer in der Gegenwart statt. Wenn man sich besessen Gedanken um das Gestern oder Morgen macht, kann man nicht erkennen und empfangen, was sich einem dartut und Erfüllung bringt: das Lächeln eines Kindes, das Kompliment eines Freundes, der Duft einer Rose, eine Lieblingsmelodie, ein strahlender Sonnenuntergang. Der Hunger dauert daher an. Und die Leere in uns nimmt zu.

Im Gegensatz zu Alkoholismus und Drogensucht ist eine Eßstörung ein *Suchtverhalten.* Eine Frau mit Eßstörungen ist nach einem bestimmten *Eßverhalten* süchtig, nicht nach Essen selbst.

Bei Substanzmißbrauch wie Alkoholismus ist die Vermeidung der süchtigmachenden Substanz notwendig für die Heilung. Der Alkoholiker ist nach Alkohol süchtig, nicht nach seinem Trinkverhalten. Alkohol ist im Gegensatz zu Essen nicht lebensnotwendig. Ohne Alkohol kann man leben, ohne Essen nicht.

Es wird immer wieder versucht, Eßstörungen auf die gleiche Weise zu behandeln wie Alkohol- oder Drogensucht. Die Betroffenen werden aufgefordert, »Abstinenz« zu halten, und es werden Eßpläne aufgestellt. Aber dieser Ansatz scheitert meist, weil zu viel Betonung auf das Essen gelegt wird und nicht auf den Suchtprozeß selbst, das gestörte *Eßverhalten.* Das gleiche gilt für Diäten. Bei einer strengen Diät, Kalorienzählen, Nahrungsergänzungsmitteln und Eßplänen steht viel zu sehr die Nahrung selbst im Vordergrund, als sei diese das Problem.

Essen ist aber nicht das Problem.

Wenn man von einer Eßstörung geheilt werden will, muß man bereit sein, über das Essen hinauszugehen und den echten Hunger zu entdecken, der hinter dem zwanghaften Drang zu essen liegt. Bei gestörtem Eßverhalten verstecken sich unsere wahren Bedürfnisse und innersten Wünsche hinter einem Zwang, der diese Bedürfnisse und Wünsche bloß symbolisiert. Wenn unser Eßverhalten gestört ist, müssen wir herausfinden, wo der wirkliche Hunger liegt, denn da bekommen wir ihn in symbolischer Form präsentiert. Wenn wir einfach nur bestimmte Nahrungsmittel weglassen oder versuchen, das Essen insgesamt einzuschränken, verpassen wir die Gelegenheiten, die wahre Bedeutung hinter jenem Symbol für uns zu entdecken.

Jemand, der süchtig nach Essen ist, hungert in Wirklichkeit auf der spirituellen und emotionalen Ebene. Die Sehnsucht nach Essen ist eine Sehnsucht nach emotionaler und spiritueller Nahrung. Oft ist es eine Sehnsucht nach der archetypischen Guten Mutter, die uns nährt, tröstet, liebt und genau so akzeptiert, wie wir sind. Häufig sucht die Süchtige genau das, wenn sie vor dem Kühlschrank steht. Das ist es, was sie in Wirklichkeit verfolgt, wenn sie sich auf den Weg in den Supermarkt macht. Egal, wieviel Eiskrem sie verzehrt, wie viele Plätzchen sie verdrückt oder wie viele Rosinenbrötchen sie ißt, diese Sehnsucht kann sie nicht stillen, denn sie füllt ihren Magen und nicht das Herz und die Seele.

Eine Frau auf dem Weg zur Heilung von ihrer Eßstörung muß erkennen, daß sie hungert. Sie muß begreifen, daß die Nahrung, die sie sucht, nicht materieller Natur ist. Sie muß ihren Hunger benennen und sein symbolisches Wesen erkennen können, um sich richtig zu ernähren.

In der folgenden Geschichte der Bantu, die vor langer, langer Zeit in Afrika spielt, geht es auch um Hunger.

Nach einer Dürre war das Land trocken und unfruchtbar geworden, und die Tiere fanden kaum noch Futter.

Eines Tages beschlossen alle Tiere, außer dem Löwen, den Dschungel zu verlassen und auf der Suche nach Nahrung das Land zu durchstreifen. Der Löwe, der König des Dschungels, entschied sich, zurückzubleiben und sein Reich weiter zu beherrschen. Daher zogen der Elefant, die Giraffe, das Kaninchen, die Schildkröte, der Affe, das Zebra und die Gazelle gemeinsam los. Sie überquerten den großen Fluß und zogen Tag für Tag über das flache Land, ohne eine Ahnung, wohin sie ihre Suche bringen würde.

Nach einiger Zeit kamen sie zu einer großen Steppe, und die Tiere erkannten in der Ferne etwas, was ein sehr großer Baum zu sein schien – der einzige meilenweit. Als sie sich diesem Baum näherten, sahen sie, daß er voll von den süßesten Früchten hing, die sie jemals gesehen hatten. Die Früchte waren so rot wie Granatäpfel, so orange wie Mangos, gelb wie Bananen, lila wie Pflaumen und dufteten wie alle Früchte der Welt zusammen.

Aber trotz der Schönheit und Üppigkeit des Baums mußten die Tiere vor Enttäuschung und Verzweiflung weinen, denn er war so hoch und die Zweige so weit vom Boden entfernt, daß selbst der Hals der Giraffe nicht lang genug war, um auch nur die un-

terste Frucht zu erreichen. Der Stamm des Baums war zudem so glatt, daß selbst der geschickte Affe nicht daran hochklettern konnte.
Die ausgehungerten Tiere brachen unter dem Baum zusammen. »Was sollen wir nur tun?« klagten sie. Da sagte die alte Schildkröte: »Meine Urgroßmutter hat mir einmal von einem Baum wie diesem hier erzählt, mit schönen, köstlichen Früchten. Aber nur diejenigen, die den Namen des Baumes wußten, konnten die Früchte erreichen.«
»Wie können wir nur den Namen des Baums herausfinden?« fragten die Tiere einstimmig.
Die alte Schildkröte antwortete: »Der Löwe weiß den Namen. Jemand muß zurück in den Dschungel laufen und ihn fragen.«
Man beschloß, die Gazelle solle losrennen, weil sie die Schnellste war. Die Gazelle war stolz auf ihre Schnelligkeit und rannte zurück zum Dschungel, zu der Stelle am Fluß, die der Löwe sein Reich nannte. »Was willst du?« fragte der Löwe, als die Gazelle bei ihm ankam.
»Großer König«, antwortete die Gazelle. »Wir Tiere sind sehr hungrig. Wir suchen schon seit Tagen nach Futter. Endlich haben wir den schönsten Baum gefunden, an dem die wunderbarsten, bunten Früchte hängen. Aber erst wenn wir den Namen des Baums wissen, können wir diese Früchte erreichen, und bis dahin müssen alle Tiere hungern.«
Der Löwe schwieg und dachte einen Moment nach. Dann sagte er. »Ich will dir sagen, was du wissen mußt. Ich will nicht, daß die Tiere in meinem Reich weiter Hunger leiden. Aber ich sage es dir nur einmal, denn ich will mich nicht wiederholen noch jemand anderem diesen besonderen Namen verraten. Du mußt ganz aufmerksam zuhören und es behalten: Der Name des Baums lautet Ungalli.«
»Ungalli«, wiederholte die Gazelle. Dann dankte sie dem

Löwen und rannte zurück durch den Dschungel und über die Ebene. Dabei dachte sie, wie klug es von den Tieren gewesen sei, ein so schnelles Tier wie sie loszuschicken, und wie glücklich und dankbar sie sein würden, wenn sie mit dem Namen des Baums zurückkehrte. Sie war so in Gedanken vertieft, daß sie den Kaninchenbau nahe der Stelle übersah, wo die Tiere ruhten. Sie trat in das Loch, überschlug sich und landete hart am Fuß des Baums.

Sofort scharten sich die Tiere um sie herum. »Wie heißt der Baum?« schrien sie voller Hoffnung und Erwartung.

Aber die Gazelle starrte die anderen Tiere nur benommen und verwirrt an. »Wie heißt der Baum?« wiederholten die verzweifelten Tiere wieder und wieder.

»Ich kann mich nicht erinnern«, stammelte die Gazelle endlich leise. »Ich habe ihn vergessen.«

Die Tiere stöhnten. »Wir haben keine andere Wahl. Wir müssen jemand anderen losschicken, jemanden, der den Namen nicht vergißt, ganz gleich was passiert«, sagten sie.

Man beschloß, den Elefanten loszuschicken, weil der ja bekanntlich niemals etwas vergißt. Und so trottete der Elefant los über die verlassene Ebene und war ganz stolz auf sein ausgezeichnetes Gedächtnis. Als er an die Stelle beim Fluß kam, wo der Löwenkönig wohnte, knurrte dieser: »Was willst du?«

»Oh, König«, seufzte der Elefant. »Die Tiere haben solchen Hunger, und ich ...«

»Ich weiß, ich weiß«, unterbrach der Löwe ungeduldig. »Ich werde dir den Namen des Baumes mit den wunderbaren Früchten nennen, aber vergiß ihn nicht, denn ich werde ihn niemand anderem mehr sagen. Der Name des Baums lautet Ungalli.«

»Das werde ich nicht vergessen«, sagte der Elefant hochmütig. »Ich vergesse doch nie etwas. « Dann machte er sich wieder auf den Weg durch den Dschungel und über die Ebene und dachte

bei sich: »Wie könnte ich das vergessen! Ich kenne doch die Namen aller Bäume im Dschungel.« Und er begann, sie alle aufzuzählen. Ganz beeindruckt von seinem Gedächtnis zählte er nun alle anderen Bäume in Afrika auf, und dann erinnerte er sich nach und nach an alle Bäume in der Welt. In Gedanken verloren trat er achtlos in das gleiche Loch, durch das nur einen Tag zuvor die Gazelle gestürzt war. Doch im Gegensatz zum schlanken Bein der Gazelle war der Fuß des Elefanten so groß, daß er genau hineinpaßte und das Tier ihn nicht wieder herausbekam.
Der Elefant zog und zerrte, aber der Fuß saß fest. Diejenigen Tiere, die nicht vor Hunger schon viel zu schwach waren, rannten auf den Elefanten zu und riefen: »Wie heißt der Baum?«
Wütend zog und zerrte der Elefant so lange an seinem Fuß, bis er ihn endlich befreit hatte. »Wie heißt der Baum?« schrien die Tiere wieder.
»Ich kann mich nicht erinnern«, sagte der Elefant mürrisch und rieb sich den verletzten Fuß. »Und es ist mir auch egal.«
Die Tiere waren inzwischen zu erschöpft und ausgehungert, um sich zu beklagen. Einige begannen zu weinen. Sie wußten nun nicht mehr, was sie tun konnten. Da sagte eine sehr junge Schildkröte: »Ich ziehe los und versuche, den Namen des Baums herauszufinden.«
»Du bist viel zu jung, zu klein und zu langsam«, erwiderten die Tiere.
»Nun ja«, sagte die Schildkröte, »aber meine Ururgroßmutter, die auch von dem Baum wußte, hat mir beigebracht, wie man sich an etwas erinnert.«
Ohne auf eine Antwort der anderen Tiere zu warten, machte sich die kleine Schildkröte langsam auf den Weg über die Ebene. Schrittchen für Schrittchen legte sie die Strecke zu der Stelle am Fluß zurück, wo der Löwenkönig lebte.
Der König war überaus mißmutig, als er die Schildkröte erblick-

te, und brüllte gleich: »Wenn du den Namen des Baums erfahren willst, vergiß es! Ich habe ihn schon zweimal genannt. Und ich habe die Gazelle und den Elefanten gewarnt, daß ich niemand anderem mehr sagen werde, daß der Baum Ungalli heißt, und daher werde ich dir den Namen nicht verraten.« Die junge Schildkröte dankte dem Löwen höflich für seine Aufmerksamkeit. Auf dem Rückweg durch den Dschungel wiederholte sie immer wieder: »Ungalli, Ungalli, der Baum heißt Ungalli.« Sie durchquerte die große Ebene und sagte immer wieder. »Ungalli, Ungalli, Ungalli, der Baum heißt Ungalli.« Auch als sie müde und durstig wurde, hörte die kleine Schildkröte niemals auf zu murmeln: »Ungalli, der Baum heißt Ungalli«, weil ihre Urgroßmutter ihr beigebracht hatte, daß man sich so am besten Dinge merken kann. Als sie in das gleiche Kaninchenloch fiel, über das die Gazelle gestolpert war und das den Elefanten gefangengehalten hatte, kletterte die kleine Schildkröte einfach wieder heraus und sagte: »Ungalli, Ungalli, der Baum heißt Ungalli.« Keines der Tiere hatte bemerkt, daß die kleine Schildkröte näher kam. Sie lagen unter dem Baum und dachten nur über ihr großes Unglück nach, doch da kam die Schildkröte und verkündete mit lauter Stimme: »Ungalli. Der Baum heißt Ungalli.«

Verdutzt blickten die Tiere auf. Dann sahen sie, wie sich die Äste des Baums herabsenkten, so daß sie die wunderbaren Früchte pflücken konnten, die so rot waren wie Granatäpfel, so orange wie Mangos, gelb wie Bananen, lila wie Pflaumen und so süß dufteten wie alle Früchte der Welt zusammen.

Die Tiere fraßen, bis ihre Bäuche prall gefüllt waren. In ihrer Freude und Erleichterung hoben sie die kleine Schildkröte hoch in die Luft und paradierten mit ihr immer wieder um den Baum herum. Dabei sangen sie: »Ungalli, Ungalli, der Baum heißt Ungalli!« – weil sie es nie wieder vergessen wollten. Und sie haben es nicht vergessen.

Genau wie die Tiere in der Geschichte muß die Frau, die ihren inneren Hunger stillen will, einen Namen dafür finden, denn nur wenn sie ihn beim Namen nennt, kann sie genährt werden. Der Baum in der Geschichte ist ein magischer, mythischer Baum. Er trägt Früchte, wie sie noch nie jemand gesehen hat, die die Farben und den Duft aller Früchte dieser Welt in sich vereinen. Genauso verhält es sich mit dem Baum des Lebens, der der emotional und spirituell ausgehungerten Frau Nahrung spenden kann. Die Nahrung, die sie sucht, hat nichts mit einem Lebensmittel zu tun – es ist Nahrung an sich.

Um den Namen für ihren Hunger zu erfahren, muß die Frau in die Vergangenheit zurückreisen, aus der sie stammt, muß sie die großen leeren Ebenen ihres Lebens durchqueren, sich tief in den Dschungel hineinwagen und die Stelle am Fluß ihrer Gefühle finden, wo ihre innere Autorität ruht. Dort muß sie fragen: »Wie heißt mein Hunger?«

Aber es reicht nicht, nur den Namen des Hungers zu erfahren. Um genährt zu werden, muß die Frau sich den Namen ihres spezifischen Hungers merken. Sie muß ihn stets in ihren Gedanken haben – in jedem Augenblick, in dem sie auf ihrem Weg zur Heilung von ihrer Eßstörung fortschreitet. Jedesmal, wenn sie in alte Suchtmuster stolpert und nach Essen greift, das ihren wahren Hunger nicht stillt, jedesmal, wenn sie in die Suchtfalle fällt und Essen einsetzt, um ihr schmerzendes Herz oder ihre gesprungene Seele zu trösten, muß sie wissen, wie der Name lautet. Sie muß sich erinnern: »Das ist nicht das, was ich wirklich will. Was ich wirklich will, ist Liebe. Ich sehne mich in Wirklichkeit nach Zuwendung und Akzeptanz. Ich sehne mich nach kreativer Ausdruckskraft. Ich sehne mich nach spiritueller Bindung.«

Wenn eine Frau sich standhaft immer wieder in Erinnerung ruft, auf was sie hungrig ist, wenn sie geduldig immer einen Fuß vor den anderen setzt und ihren wahren Hunger immer präsent im

Bewußtsein hat, dann wird sie ihn nicht vergessen. Und weil sie ihn nicht vergißt, kann sie auch die wahre Nahrung empfangen, die das Leben ihr bietet.

Ich weiß aus Erfahrung, daß man im Gegensatz zu Substanzmißbrauch von einer Eßstörung völlig geheilt werden kann. Ein Alkoholiker reaktiviert mit nur einem Glas seine Sucht, selbst wenn er schon seit Jahren trocken ist. Das trifft auf eine Eßstörung nicht zu. Wer einmal davon geheilt ist, kann den Rest des Lebens ohne den Kampf um Essen, Diäten und Dicksein verbringen. Wer einmal erkannt hat, daß der Drang zu essen, wenn man nicht wirklich hungrig ist, ein Zeichen für eine andere Art von Hunger ist, den man stillen muß, kann Mittel und Wege finden, um sich die Nahrung zuzuführen, nach der er in Wirklichkeit verlangt.

6
Hunger als Metapher

Essen hat für die meisten Menschen eine Bedeutung, die weit über die reine Ernährung hinausgeht. Essen kann zum Ersatz für Liebe werden. Es kann Trost, Wärme und sogar Sicherheit spenden. Das ist leicht verständlich, wenn man überlegt, daß unsere früheste Erfahrung von Geliebtwerden darin bestand, daß wir als Säugling im Arm der Mutter genährt wurden. Dies kann zu einer folgenreichen Verknüpfung führen, besonders wenn wir uns später im Leben nicht mehr vollständig geliebt oder akzeptiert fühlen. Um dieses frühe Erlebnis der emotionalen Nährung zu wiederholen, geben wir uns möglicherweise selbst zu essen, ohne zu merken, daß wir in Wirklichkeit nach Liebe hungern.

Essen kann dazu genutzt werden, Trost und Bestätigung zu spenden, wenn wir traurig sind oder an etwas leiden. Dies lernen wir in unserem Kulturkreis von klein auf. Man bringt uns bei, daß es schlecht ist, Schmerz zu empfinden, daß Schmerzen so schnell wie möglich beseitigt werden müssen. Wenn ein Kind zum Arzt muß, um eine Spritze zu bekommen, gibt man ihm einen Lutscher. Wenn wir jemanden aufheitern wollen, der sich traurig fühlt, machen wir ihm etwas zu essen.

Essen kann – genau wie Alkohol und Drogen – als Fluchtweg vor unangenehmen Gefühlen benutzt und mißbraucht werden. Vielleicht entdecken wir in einer Krise voll verwirrender und widersprüchlicher Gefühle, daß wir uns durch Fasten von anderen Empfindungen lösen können und so nicht mehr fühlen, was in uns vorgeht. Oder wir stellen fest, daß wir uns in eine Freßorgie stürzen oder ununterbrochen vor uns hin essen können, wenn solche Gefühle drohen. Mit einem vollen Bauch kann man nicht frei atmen, und wer nicht frei atmen kann, nimmt auch seine Gefühle nicht mehr deutlich wahr.

Erinnere dich an das letzte Mal, als du dich richtig vollgestopft hast. Erinnere dich an das Gefühl, das du dabei hattest, ehe die Schuldgefühle einsetzten. Vielleicht erinnerst du dich an den benommenen Zustand, in dem alle Gefühle aus deinem Bewußtsein verdrängt waren und du zumindest vorübergehend nicht mehr an deine Prüfung dachtest, die am nächsten Tag anstand, an den Streit mit deinem Mann oder an die verhaßte Arbeitsstelle.

Für den, der unter Einsamkeit und einem Gefühl von Leere leidet, kann Essen zum ständigen Begleiter werden. Essen wird eine Möglichkeit, etwas zu tun, eine Möglichkeit, die Leere im Leben auszufüllen, indem man sich wenigstens im Magen ein Gefühl von Fülle schafft. Andere hungern statt dessen, damit sie ihre Einsamkeit nicht spüren. Sie verleugnen ihre Einsamkeit, um nicht das Risiko eingehen zu müssen, neue Menschen kennenzulernen oder anderen näherzukommen, deren Zurückweisung sie fürchten.

Für viele Menschen ist Essen ein Weg, Gedanken und Gefühle zu vermitteln, die sie direkt nicht ausdrücken können. Ein Kind, das sich von den diätbewußten Eltern stark kontrolliert fühlt, nimmt vielleicht zu, um zu sagen: »Ihr könnt mich nicht so machen wie euch. Ich bin ein eigenständiger Mensch.« Ein anderes Kind wird vielleicht magersüchtig, um »ihnen zu zeigen«, wer sein Leben in Wahrheit in der Hand hat.

Wohl jeder benutzt Essen auf die eine oder andere Weise nicht nur als körperliche Nahrung. Solange das aber nicht der einzige Weg wird, mit dem wir Schwierigkeiten bewältigen, ist das kein Problem.

Wir hungern nicht nur nach körperlicher Nahrung, sondern auch nach Trost und Zuwendung, nach Selbstverwirklichung und spiritueller Erfüllung. Alle diese Bedürfnisse bewirken in uns eine innere Leere, wenn sie nicht befriedigt werden. Wenn wir aber alle Hungergefühle unterschiedslos als Hunger auf Essen deuten, vergraben wir unsere echten Bedürfnisse immer tiefer, statt sie zu erfüllen.

Um sich von ihrer Eßstörung zu befreien, muß die Frau die Metaphernsprache erlernen. In der Sprache der Metaphern steht Hunger vielleicht für eine ganze Reihe von Gefühlen, Bedürfnissen und Wünschen. Daß unser Körper in Metaphern zu uns spricht, schlägt sich auch in unserer Sprache nieder.»Die Galle läuft uns über«, wenn wir in einer ärgerlichen oder schwierigen Situation wütend werden. Wir haben alle das Bedürfnis, ab und zu mal»frei von der Leber weg« zu reden. Wir bekommen vor Aufregung »Herzklopfen« oder vor Empörung »keine Luft«.

Eine Frau, die sich von ihrer Eßstörung heilen will, muß die tiefere Bedeutung ihres Hungers erkennen. Vielleicht blieb ihr größter Herzenswunsch unerfüllt, vielleicht ist ihre Neigung, sich vollzustopfen, ein Versuch, inakzeptable oder verstörende Gefühle hinunterzustopfen. Vielleicht weist die Besessenheit mit ihrer Idealfigur auf den Wunsch hin, ihre weichen, rundlichen weiblichen Formen zu verbergen.

Vor langer, langer Zeit gab es in Japan einmal eine fröhliche alte Frau, die allein in ihrem Haus an einem Berghang wohnte. Sie hatte ein paar Hühner, die ihr Eier gaben, aber nicht mehr. Meist hatte sie nur sehr wenig zu essen und litt oft Hunger.

Eines Abends buk sie sich ein paar Reiskuchen zu einem kargen Mahl, doch da fielen die Reiskuchen vom Küchentisch auf den Boden, rollten aus der Tür und weiter den Berg hinab. Von Hunger getrieben rannte die alte Frau hinter ihnen her.

Die Reiskuchen rollten immer weiter bergab und wurden immer schneller. Die alte Frau rannte hinterher, bis sie endlich vor einem Felsen zum Stillstand kamen. Lachend und außer Atem griff die alte Frau nach ihrer Mahlzeit, als eine lange, schuppige, krallenartige Pfote hinter dem Fels hervorfuhr und danach schnappte.

Die alte Frau spähte hinter den Felsen und erblickte gerade noch ein großes Wesen, das eben in einer schmalen Felsspalte verschwand. »Mein Essen, mein Essen!« schrie sie und folgte rasch dem Wesen, das durch einen schmalen, dunklen Gang huschte. Das Wesen blieb erst stehen, als es in einer großen Höhle ankam, wo sich noch mehrere andere seltsam aussehende große Kreaturen aufhielten.

Die alte Frau blieb wie angewurzelt stehen und betrachtete die häßlichen Monster: Sie hatten Hörner auf dem Kopf, riesige Mäuler, die sich von einem Ohr zum anderen zogen, und drei rote Augen, die sie alle anstarrten. Sie erkannte, daß sie sich in der Höhle der Oni befand, Dämonen, die unter der Erde leben und sich nur nachts hervorwagen.

Da die alte Frau großen Hunger hatte, wurde sie wütend statt ängstlich, besonders als sie sah, wie die gierigen Oni ihre ersehnten Reiskuchen verschlangen. »Das sind meine Reiskuchen!« schrie sie. »Ihr habt mein Essen gestohlen!«

Die Oni starrten sie an und leckten sich die Krallenpfoten ab. Dann sagte einer von ihnen: »Hast du diese Reiskuchen selber gemacht?«

»Ja, sicher«, antwortete die Frau. »Ich kann sehr gut Reiskuchen backen.« Sie konnte nicht widerstehen, damit etwas anzugeben.

»Na, dann komm mit uns und mach noch ein paar«, sagte der Oni und ging ihr voran tiefer in die Höhle. Die Frau folgte ihm, denn sie war nun hungriger als je zuvor und konnte dem Gedan-

ken an eine gute Mahlzeit nicht widerstehen. Sie gingen durch ein Labyrinth aus Gängen, bis sie in einen Raum gelangten, in dem ein riesiger, runder Kochtopf stand. Der Oni ließ ein paar Reiskörner in den großen Topf fallen und goß Wasser darauf.

»Du brauchst aber mehr Reis«, schalt die alte Frau. Der Oni starrte sie bloß an und reichte ihr einen flachen Holzlöffel.

»Nimm den zum Umrühren«, wies er sie an.

Die Alte tat, wie ihr geheißen, und schon bald füllte sich der Topf zu ihrer Überraschung mit Reis. Sie buk einen großen Stapel Reiskuchen für die Oni und aß auch einige selber.

»Jetzt will ich wieder nach Hause gehen«, verkündete sie schließlich. »Würdest du bitte so freundlich sein und mir den Weg zeigen?«

»Oh, nein«, schnaubte der Oni. »Du mußt hierbleiben und für uns kochen.«

Das aber wollte die alte Frau überhaupt nicht, doch als sie sah, daß sie von Oni umringt war und den Weg zurück nicht kannte, beschloß sie, ihre Gedanken besser für sich zu behalten.

So buk die Alte also weiterhin Reiskuchen für die Oni, während sie insgeheim einen Fluchtplan schmiedete. Sie bemerkte, daß man das Wasser zum Kochen aus einem nahen Fluß holte, und da sie wußte, daß Oni nicht gern Wasser überqueren, überlegte sie, daß ihr die Flucht gelingen könnte, wenn sie sich ein Boot besorgen konnte. Während sie so kochte und rührte, fiel ihr ein leerer Kochtopf auf, der ein wenig größer war als sie selbst, und sie beschloß, daß er sehr gut als ihr Fluchtboot dienen könnte.

Als die Oni am nächsten Tag eingeschlafen waren (denn sie waren ja Nachtwesen), legte die alte Frau den Rührlöffel in den leeren Topf und zerrte ihn zum Fluß hinab. Sie sprang hinein und begann mit dem Löffel flußabwärts zu paddeln. Aber der Lärm, als sie den Topf zum Fluß zerrte, hatte ein paar Oni aufgeweckt, und sie eilten ans Flußufer und brüllten dort laut vor Wut.

Die alte Frau paddelte, so schnell sie konnte, denn sie merkte, daß die Oni das Wasser aus dem Fluß tranken und dabei wie ungeheure Ballons anschwollen. Bald lief der Topf auf dem steinigen Flußbett auf Grund, und die Fische zappelten auf dem Trockenen.
»Hier, eßt doch die Fische«, rief die alte Frau, schnappte ein paar Fische und warf sie den Oni zu. Die gierigen Dämonen, die immer nur essen wollten, fingen die Fische mit ihren Tatzen auf. Aber als sie den Mund öffneten, um sie herabzuschlingen, strömte ihnen das Flußwasser aus dem Mund, und die alte Frau konnte bald, kichernd vor Freude über ihre Gerissenheit, weiterpaddeln.
Der riesige Kochtopf brachte sie schließlich in Sicherheit. Als sie an Land ging, ließ sie den Topf zurück, behielt aber den Zauberlöffel und kehrte in ihr Haus am Berg zurück, wo sie bis zum heutigen Tag lebt.
Hunger hat sie nie wieder gelitten, denn mit dem magischen Reislöffel konnte sie immer genau so viele Reiskuchen machen, wie sie brauchte, und hatte sogar genügend übrig, um sie unter ihre Nachbarn zu verteilen.

Solche Geschichten wie dieses alte japanische Volksmärchen »Die alte Frau und die Reiskuchen« führen uns in die Welt der Metaphern, wo wir unter der Oberfläche verborgene Hinweise finden, wie wir uns von der Besessenheit mit Essen befreien können.
Die alte Frau jagt wie viele Menschen hinter ihrem Essen her, denn sie ist von Hunger getrieben. Welchem Essen jagst du hinterher? Und was für eine Art Hunger ist es, den du befriedigen willst? Die alte Frau, die ihrem Essen hinterherjagt, begegnet hungrigen Dämonen, die verborgen unter der Erde leben und einen unersättlichen Appetit haben. Vielleicht können wir diese

Dämonen als unsere eigenen erkennen, mit denen wir in unserer eigenen Seele ringen, die ihr Gesicht nie im Tageslicht zeigen, sondern immer nur auftauchen, wenn die Sonne untergeht. Und auf wen haben sie Hunger? Womit wollen sie genährt werden? Solche Geschichten – auch deine eigene – sind nicht wortwörtlich zu nehmen, denn sonst wirken die Personen und Ereignisse zu unsinnig, um irgendeine Bedeutung zu haben. Doch wenn wir uns tiefer in solche Fabeln hineinversenken, wenn wir sie sich in unserer Seele setzen lassen, erkennen wir die Wahrheit hinter der vordergründigen Geschichte, eine Wahrheit, die unseren persönlichen Kampf spiegeln und uns helfen kann, eine Lösung für unser ganz spezielles Problem zu finden.

Die unterirdischen Dämonen dieser Geschichte, die im Dunkeln hausen, heißen Oni. Wie würdest du deine Dämonen nennen, die sich in den dunklen Nischen deines Unterbewußtseins verstecken? Einsamkeit? Angst vor Ablehnung? Finanzielle Unsicherheit? Selbsthaß? Minderwertigkeitsgefühle? Was sucht dich heim, nagt an dir herum, hält dich gefangen und verlangt nach Nahrung?

Stell dir vor, du hast einen Zauberlöffel, mit dem du grenzenlos Nachschub für deine Dämonen herbeischaffen kannst. Was für Essen wäre das? Was wollen deine Dämonen? Was wünschen sie sich von dir? Zuwendung? Liebe? Geld? Selbstachtung? Oder vielleicht deine Wut?

Solange wir unseren nicht-körperlichen Hunger verkennen, werden wir versuchen, ihn mit Essen zu stillen – und bleiben auf ewig hungrig. Aber wenn wir unseren Hunger definieren und ein tieferes Bewußtsein dessen entdecken, nach dem wir hungern, haben wir Aussicht, die richtige Nahrung zu finden.

7
Gefühle
Geschenke des Herzens

Viele Menschen haben Angst vor ihren Gefühlen, besonders vor den sogenannten negativen. Sie haben Angst, mit ihrem Schmerz nicht fertig zu werden, weil er sie zu überwältigen droht. Wenn sie sich eingestehen, daß sie sich einsam fühlen, fürchten sie, das Alleinsein wird für immer andauern. Wenn sie ihre Wut zulassen, haben sie Angst, destruktiv und verletzend zu reagieren. Sie versuchen, ihre »schlechten« Gefühle zu ignorieren oder streng unter Kontrolle zu halten, Gefühle wie Angst, Traurigkeit, Wut und Einsamkeit.

Frauen, die mit einer Eßstörung kämpfen, haben oft mehr Angst vor ihren Gefühlen als andere Menschen. Sie haben gelernt, ihrem Körper zu mißtrauen, und lehnen die unmittelbarste Art des Körpers zu kommunizieren ab: die Sprache der Gefühle. Um einen sicheren Abstand zu ihrem Körper und ihren Gefühlen zu halten, lenken sie sich mit allen möglichen Aktivitäten und ständigen Gedanken an Essen ab. Sie tun alles, um bloß nichts fühlen zu müssen. Sie leben »im Kopf«, erlauben ihrem Verstand zu herrschen und halten die Gefühle damit in Schach. Sie erkennen nicht, daß unsere Gefühle einer der mächtigsten Schlüssel zu Selbsterkenntnis und Heilung sind.

Das vietnamesische Märchen »Die wunderschöne Perle« erinnert uns daran, daß wir eher geheilt werden, wenn wir unsere Gefühle erforschen, als wenn wir versuchen, sie zu beherrschen. Es lehrt uns, daß man auf wunderbare Gaben stößt, wenn man sich in die Tiefe seiner Gefühle versenkt, Gaben, die uns bei allen Problemen helfen, denen wir im Leben begegnen.

Vor langer, langer Zeit lebte am Ufer des Mekong-Flusses ein Waisenkind mit Namen Wa. Seit sie groß genug war, einen Korb Reis auf dem Rücken zu tragen, arbeitete sie für den Dorfältesten.

Alle Dorfbewohner arbeiteten Tag für Tag schwer und lange. Und genau wie alle anderen erhielt Wa kaum genügend zu essen für ihre Arbeit. Sie mußte helfen, hohe Bäume zu fällen, und wenn der Reis reif war, schälte sie von morgens bis abends die Hülsen ab. Vom Holzfällen hatte sie oft Blasen an den Händen, und von den rauhen Reisspelzen juckten ihre Finger und waren wund. Daher sammelte sie jeden Abend Kräuter, um sie auf die schmerzenden Hände zu legen. Im Laufe der Zeit gewann sie so viele Kenntnisse über die Heilkraft der verschiedenen Pflanzen, und die anderen Dorfbewohner kamen oft mit ihren Wunden zu ihr.

Eines Tages kam ein Bote des Dorfältesten und befahl Wa, das Reishaus zu bewachen, das auf Pfählen nahe einem Reisfeld stand. In diesem Haus lagerte der ganze Vorrat, und das hungrige Mädchen sehnte sich nach etwas zu essen, aber sie erinnerte sich auch an die Warnung ihres Herrn: »Mein Reis wird von einem bösen Geist bewacht. Wenn du nur ein einziges Korn ißt, wird der Geist in dich fahren. Dann wirst du sterben und dich in ein Reiskorn verwandeln.«

Die Arme war vor Angst wie gelähmt und blieb lieber hungrig. Im Traum sah sie, wie ihr Herr von den Reisvorräten immer fetter und reicher wurde, während die Dorfbewohner, die für ihn arbeiteten, immer dünner und kränker wurden.

Eines Nachts wurde sie durch einen heftigen Tritt in die Seite aus dem Schlaf geweckt. Es war der Sohn des Dorfältesten, der sie anschrie: »Du faules Schwein! Füll diesen Eimer mit Wasser, bis ich zurückkomme!«

Wa sprang erschrocken hoch und rannte schnell zum Fluß, um den Auftrag auszuführen. Als sie sich seufzend bückte, um den Eimer zu füllen, überspülte der Fluß sanft ihre Füße. Ganz plötzlich aber schäumte das Wasser auf und sang, so daß sie voll Angst aufs Trockene zurücksprang.

Da tauchte aus dem im Mondlicht glänzenden Schaum ein hochgewachsenes Mädchen auf, das ein langes, schimmerndes Gewand trug. Sie trat zu Wa, ergriff ihre zitternde Hand und sagte: »Die jüngste Tochter des Wassergeistes ist krank. Unsere Kobolde sagen, daß du, Wa, dich mit Kräutern auskennst und sie heilen kannst. Komm mit mir und hilf ihr.«

»Nein, nein, das kann ich nicht«, rief Wa. »Ich muß hier das Reishaus bewachen. Wenn mein Herr herausfindet, daß ich nicht da bin, wird er mich sicher töten.«

»Wa, denk daran, uns nicht zu erzürnen. Der Wassergeist ist mächtiger als dein Dorfältester. Du wirst von den Geistern bestraft, wenn du dich weigerst mitzukommen.«

Da öffnete sich ein Weg vor ihr, und das Mädchen führte Wa in die Wassertiefe hinab. Dort untersuchte Wa das kranke Kind, das, wie man ihr sagte, von einem Skorpion gebissen worden war, als es am Ufer spielte. Drei Monate lang hatte es mit einem Fieber darniedergelegen und konnte weder essen noch schlafen. Wa berührte die Wunde und trug den Geistern auf, welche Kräuter sie suchen sollten. Drei Tage nachdem sie die Kräuter angewendet hatte, war das Mädchen wieder gesund.

Der Wassergeist war außer sich vor Freude und fragte, was Wa zur Belohnung wollte. Wa antwortete: »Ich wünsche mir nur, daß ich mein hungriges Volk retten und alles tun kann, um ihm zu helfen.«

Da reichte ihr der Wassergeist eine kostbare Perle und sagte: »Was immer du dir wünschst, die Perle wird es dir erfüllen.«

Wa dankte dem Wassergeist und kehrte aufs Land zurück. Bei ihrer Rückkehr sah sie entsetzt Vogelspuren rings um das Reishaus, das sie im Stich gelassen hatte. Die Vögel hatten die Hälfte der unbewachten Vorräte aufgefressen.

In dem Augenblick kam ein alter Mann vorbei und sagte: »Wo bist du in den letzten drei Monaten gewesen? Diese Diebesvögel haben den Reis des Herrn gestohlen. Er sucht nach dir, und sein Zorn ist schrecklich.«

Wa setzte sich nieder und vergrub den Kopf in den Händen. Sie dachte, sie wäre nur drei Tage fortgewesen. Sie weinte, bis ihr dünnes Kleid von den Tränen ganz durchnäßt war. Doch dann fiel ihr die kostbare Perle wieder ein. Sie zog sie hervor und sagte: »Perle, wunderbare Perle, bring mir Reis zu essen.«

Sofort erschien vor ihr eine große Bambusschale mit Reis, unter den allerlei Speisen in vielen Farben gemischt waren. Hinter ihr war ein Reislager zu sehen, das dreimal so groß war wie das Reishaus ihres Herrn.

Wa zog die Perle hervor und sagte: »Perle, wunderbare Perle, bring mir ein Haus, ein paar Büffel und ein paar Hühner«. Fast noch im gleichen Moment erhob sich vor ihren Augen ein großes Haus auf Bambuspfählen, ein paar Hühner scharrten davor auf der Erde herum, und daneben standen zwei stämmige Büffel.

Am nächsten Morgen machte sich Wa auf den Weg zum Haus des Dorfältesten. Als er das Mädchen erblickte, brüllte er sogleich: »Hier kommt der wertlose Haufen Kuhdung, der meinen Reis gestohlen hat. Ich werde ihn den Tigern in den Bergen vorwerfen!«

»Es war nicht meine Schuld, daß du deinen Reis verloren hast«, erwiderte Wa kühn. »Aber mach dir keine Sorgen. Ich werde

alles ersetzen, was du verloren hast. Schick nur deinen Sohn zu mir, es abzuholen.«

Der Sohn des Dorfältesten schnaubte: »Ich komme gleich mit. Und wenn du auch nur ein einziges Körnchen zu wenig ablieferst, werde ich deinen Kopf auf einer Schale hierher zurückbringen!«

Als Wa und der Sohn des Dorfältesten an Was prachtvollem Haus mit seinem riesigen Reislager ankamen, blieb ihm vor Überraschung der Mund offen stehen, und die Augen sprangen ihm fast aus dem Kopf. »Nimm, was du willst«, sagte Wa. »Ich gehe zum Fluß fischen.«

Der Anblick ihres Reichtums beeindruckte den Mann so sehr, daß er Wa nun mit anderen Augen betrachtete. »Ich will deinen Reis nicht«, stammelte er. »Ich will dich heiraten.«

Aber Wa lachte nur. »Nimm deinen Reis und geh«, sagte sie. »Ich kann deinen Anblick nicht ertragen.«

Als er wieder nach Hause kam und alles seinem Vater berichtete, rief der wütende Dorfälteste seine Wachen herbei und befahl ihnen, das Mädchen umzubringen und ihr Haus in Besitz zu nehmen. Aber die guten Dorfbewohner warnten sie vor den Plänen des Herrn. Wieder nahm das Mädchen seine Zauberperle hervor und sagte: »Perle, wunderbare Perle, beschütze mich vor dem bösen Mann.«

Da sprang plötzlich eine riesige Gebirgskette rings um das Haus des Dorfältesten aus dem Boden. Er und seine Männer konnten die Felsen nicht übersteigen und das arme Volk nie wieder belästigen.

Die weise, gerechte Wa aber teilte ihren Reichtum mit den Dorfbewohnern, die nie wieder Hunger leiden mußten, und sie beschützte sie stets mit ihrer wunderbaren Perle.

Wie Wa lebt die Frau, die gegen eine Eßstörung ankämpft, in einer Welt, die aus Verantwortung, Pflichten und Versagungen besteht. Sie ist stets hungrig, weil es in dieser Welt keinen Platz für das gibt, was sie fühlt und was sie will. Ihr Leben wird von den Werten eines »Dorfältesten« kontrolliert, der in ihr lebt – einem inneren Tyrannen, der sie antreibt, immer mehr zu tun, und sich dann weigert, sie anständig für ihre harte Arbeit zu entlohnen.

Dieser »Aufseher« im Kopf verweigert ihr nicht nur angemessene Ernährung, sondern verlangt zudem, daß sie das Essen sorgfältig bewacht, aber nicht ißt, wenn sie Hunger hat. Er flößt ihr die Furcht ein, daß der böse Geist der Verwöhnung von ihr Besitz ergreift, wenn sie auch nur einen winzigen Bissen ißt, und beschuldigt sie, ein »faules Schwein« zu sein.

Wenn eine Frau, die sich von ihrer Eßstörung befreien will, zum Fluß der Gefühle geht, der das Leben durchzieht, bekommt sie vielleicht Angst, wenn die Wasser ihrer Emotionen aufschäumen und singen. Wie Wa weigert sie sich möglicherweise anfangs, sich in die Tiefen ihrer Gefühle zu stürzen (indem sie darauf besteht, daß sie ihr Essen bewachen muß), bis sie schließlich begreift, daß der Zorn der abgelehnten Emotionen schrecklich sein kann.

Erst als sich Wa in der Geschichte tief in den Fluß hineinwagt, tief in die Welt der Emotionen, kann sie Heilung erfahren und die wundersame Perle empfangen, die ihr hilft, sich selbst zu nähren, Reichtum zu erlangen, stärker zu werden und sich vor jenen zu schützen, die ihr schaden wollen. Auf gleiche Weise müssen wir uns erst erlauben, unsere Gefühle voll zu erleben, damit wir die kostbaren Gaben in Empfang nehmen können, die diese uns anzubieten haben. Indem wir uns eine tiefere Beziehung zu unseren Gefühlen erlauben, können wir entdecken, daß in jedem unserer Gefühle eine Perle an innerer Weisheit steckt.

Wut kann einem Klarheit und Kraft schenken. Wenn wir die volle Macht unserer Wut zulassen, kann die daraus erfolgende Klarheit überraschend sein. Wenn wir erkennen: »Das bringt bei mir das Faß zum Überlaufen. Das ist der Grund, und so müssen die Dinge sich ändern!«, erleben wir die Erleichterung, die eine solche Erkenntnis mit sich bringt. Eine gute Beziehung zu unseren Gefühlen der Wut kann uns die Entschiedenheit verleihen weiterzumachen, uns die Kraft geben, unseren Standpunkt zu behaupten, und die Energie und Entschiedenheit, unserer Umgebung mitzuteilen, was in Ordnung ist und was nicht.

Das Paradoxe an Angst ist, daß man sie verwandeln kann, wenn man sie akzeptiert. Was lähmend wirkt, kann in etwas umgewandelt werden, das Vertrauen und den Mut weiterzumachen erzeugt. Angst abzuleugnen oder dagegen anzukämpfen kann Panik und Stillstand zur Folge haben. Indem wir unsere Angst akzeptieren, können wir herausfinden, was wir tatsächlich brauchen, um uns sicher zu fühlen.

Einsamkeit kann das Geschenk der Selbsterkenntnis mit sich bringen. Wenn wir uns erlauben, uns selber als einsam kennenzulernen, und wenn wir uns darin versenken, statt hektisch immer nur davon fortzurennen, können wir lernen, wie und warum wir Distanz zu anderen halten.

Traurigkeit bietet uns das Geschenk der Heilung und Klärung, wenn wir uns erlauben zu weinen. Sie lehrt uns, Mitgefühl für uns selbst und andere zu haben. Manchmal geben uns Situationen, die uns traurig machen, auch die Gelegenheit, vergangene Wunden zu heilen und »Kleine-Mädchen-Tränen« zu weinen, die zu vergießen damals nicht erlaubt war.

Eifersucht kann uns klarmachen, was wir für uns selber wollen, was wir wahrhaft begehren.

Wenn also ein Gefühl bei einem anklopft, sollte man nicht fortrennen und sich verstecken und so tun, als sei niemand zu Hause. Schlag den Gefühlen nicht die Tür vor der Nase zu mit den Worten: »Verzieh dich! Ich hab zu tun und will nicht behelligt werden.« Lade sie statt dessen ein. Frage sie: »Was bringt euch hierher?« Lerne sie kennen. Geh mit ihnen. Danke ihnen für ihre Geschenke. Behandele sie mit Ehrerbietung und Respekt. Denn sie sind wahre Freunde und dazu da, um dir zu helfen.

Gefühle sind wie flüssige Energiewellen. Wie die Wellen im Ozean rollen sie heran, türmen sich auf und brechen. Sie haben einen natürlichen, zyklischen Rhythmus wie Ebbe und Flut und das Ab- und Zunehmen des Mondes. Der Fluß der Gefühle ist ebenso natürlich wie der Fluß des Lebens. Kinder scheinen es besser zu verstehen, sich von ihren Gefühlen durchfließen zu lassen. Sie haben keine Schwierigkeiten, so richtig aus dem Bauch heraus zu lachen, dicke Tränen zu weinen und vor Wut zu brüllen. Sie haben noch nicht gelernt, Angst vor sich selbst zu haben, ihrem Körper zu mißtrauen, und versuchen noch nicht, bei anderen einen guten Eindruck zu hinterlassen. Kinder leben von einem emotionalen Augenblick zum nächsten. Ihr Gefühlsleben ist frei und ohne Blockierungen. Es ist nichts Ungewöhnliches für ein Kind, in einem Moment traurig und verschreckt zu sein und im nächsten glücklich zu lachen.

Ich erinnere mich daran, als ich einmal nach einem langen arbeitsreichen Tag sehr müde war. Ich hatte mich den ganzen Tag abgehetzt, und nach den Sitzungen mit meinen Klienten, dem Einkaufen, Kochen und den Kindern wollte ich nichts mehr mit der Welt zu tun haben, sondern mich nur noch ausruhen. In dem Augenblick ärgerte sich meine fünfjährige Tochter über etwas und begann zu weinen. Ich stand auf, um sie zu trösten, aber sie ließ sich nicht beruhigen. Schließlich sagte ich: »Wenn du nicht aufhörst, dann geh in dein Zimmer und wein dich da aus.« Da sah sie mich an und schniefte: »Aber Mami, ich versuche doch gerade, die letzten Tränen herauszubekommen.« In dem Augenblick erkannte ich, daß sie mich an etwas Wichtiges erinnerte.

Wir lernen, unsere Gefühle abzublocken, um unsere Angst vor ihnen zu bewältigen. Wir bauen Dämme, um den natürlichen Fluß abzubrechen. Wir entwickeln zwanghaftes Eßverhalten, um uns von ihnen abzulenken. Statt auf unsere Gefühle zu achten und sie herauszulassen, denken wir an Essen, Fitneßübungen oder die Arbeit. Nach Jahren solcher Ablenkung sind unsere Gefühle so weit hinter den Vorhang unserer Obsessionen geschoben, daß wir den Kontakt zu ihnen verloren haben. Unsere Gefühle werden zu Fremden, die uns Rätsel aufgeben und uns erschrecken. Wir erkennen sie nicht mehr, können sie nicht identifizieren und ihnen keinen Namen mehr geben. Wir können nicht mit ihnen kommunizieren, können keinen Kontakt zu ihnen herstellen und sie nicht bewältigen. Wir sind uns ihrer nicht einmal gewahr, bis sie so intensiv werden, daß sie uns verschlingen. Dann wird unser Schmerz unerträglich, die Einsamkeit fühlt sich an, als würde sie niemals enden, und unsere Wut drängt auf destruktive, gewaltsame Art hervor.

Wenn wir eine Zeitlang mit aufgestauten Gefühlen leben, baut sich der Druck in uns immer stärker auf. Es können körperliche Spannungen, Nervosität, Gereiztheit, Magenschmerzen und Kopfschmerzen entstehen, wenn wir Gefühle jahrelang in uns verstecken. Wie lernt man, mit solchem Druck zu leben? Lenkt man sich ab, indem man sehr viel arbeitet, indem man Kalorien oder Pfunde zählt, eine Diät einhält oder indem man zwanghaft ißt? Versuchst du, ein Nachlassen der dauernden Spannung zu erreichen, indem du Sport treibst oder zuviel ißt, um dich anschließend zu übergeben?

Wir müssen begreifen, daß nicht die Gefühle selbst den Kreislauf aus Heißhungerattacken und Erbrechen, zwanghaftem Essen,

Fasten, Besessenheit mit Essen und Dicksein bewirken – sondern nur unser Versuch, die Gefühle selbst nicht zu empfinden.

Stell dir vor, du liegst an einem großen Schwimmbecken. Jemand gibt dir einen Wasserball und sagt dir, du sollst mit diesem Ball einmal das Becken durchschwimmen. Aus irgendeinem Grund versteifst du dich auf die Vorstellung, daß der Ball dabei unter Wasser bleiben muß.
Kannst du dir vorstellen, wie schwer das ist? Deine gesammelte Energie und Aufmerksamkeit werden darauf gerichtet, den Ball unter Wasser zu halten. Und wenn er dir nun aus den Händen rutscht? Dann schießt er vermutlich hoch in die Luft, außer Kontrolle, und du jagst ihm nach und verschwendest dabei weitere Energie und Zeit. Wenn du am anderen Ende des Beckens ankommst, bist du vermutlich restlos erschöpft.
Und jetzt stell dir das gleiche Schwimmbecken vor, den gleichen Wasserball und die gleiche Aufgabe. Aber diesmal entschließt du dich, mit dem Ball an der Wasseroberfläche durch das Becken zu schwimmen, und stößt ihn bloß mit einer Hand an, während du daneben herschwimmst. Stell dir vor, wieviel leichter das ist. Du kannst auf dem Rücken schwimmen, Kaugummi kauen, singen, mit den Leuten am Rand plaudern und immer noch das Becken durchqueren, aber mit einem Bruchteil der Zeit und Energie, die man beim ersten Szenarium benötigte.

Ich will hiermit sagen, daß wir nicht mit verdrängten Gefühlen durchs Leben gehen und uns nicht ständig Sorgen machen sollten, die Kontrolle über sie zu verlieren. Gefühle verdrängen kostet eine Menge Zeit und Energie, die wir viel besser auf interessante Dinge verwenden sollten, etwa auf eine Beziehung. Wenn man Gefühle unterdrückt und sich dann ständig sorgen muß, ob sie einem außer Kontrolle geraten, kann das zu einem Leben führen, in dem sich alles ums Essen dreht – und nicht um die Lebensfreude.

Ein wichtiger Schritt für die Heilung von Eßstörungen ist, daß wir unsere Urteile über Gefühle aufgeben und erkennen, daß Gefühle weder »gut« noch »schlecht« sind. Es gibt keine richtigen oder falschen Gefühle. Gefühle sind einfach so, wie sie sind. »Negativ« sind Gefühle nur dann, wenn wir sie nicht akzeptieren.

Gefühle sind nicht unbedingt rational. Manchmal erkennt man, warum man sich so fühlt, wie man sich fühlt, aber meist versteht man seine Gefühle erst, wenn man sie erlebt hat. Wenn man versucht, Gefühle zu »begreifen«, ehe man sich die Chance gegeben hat, sie in ihrer ganzen Bandbreite zu erfahren, ist es wohl eher frustrierend und verwirrend.

Ich erinnere mich an die Schwangerschaft mit meinem ersten Kind, während der ich einmal sehr, sehr traurig war. Ich konnte aber keinen Grund dafür entdecken. Ich hatte diese Schwangerschaft geplant und mir dieses Baby schon eine Weile gewünscht. Doch ich konnte das durchdringende Gefühl von Traurigkeit einfach nicht abschütteln. Ich ging in mein Zimmer und beschloß, mit meiner Traurigkeit allein zu sein, bis ich herausfand, worum es dabei ging. Es dauerte Stunden. Mein Mann kam einmal herein und fragte, was mit mir los sei. Ich antwortete, ich wüßte es nicht, wolle es aber herausfinden, indem ich die Gefühle zuließ, die in mir hochstiegen. Ich ließ einfach meine Tränen die Wangen herabrollen und begann zu schluchzen. Ich achtete darauf, welche Bilder mir vor das innere Auge traten, ohne sie zu zensieren oder zu beurteilen. Nach einiger Zeit tauchten bestimmte Gedanken immer wieder auf, und ich erkannte endlich, warum ich so traurig war.

Ich fand heraus, daß ich mich zwar sehr darauf freute, Mutter zu werden, aber Trauer darüber empfand, meinen Lebensstil und meine Freiheit aufzugeben, an denen mir sehr viel lag und die ich vollständig genossen hatte. Ich erkannte, daß ich die Mädchen-Phase meines Lebens hinter mir ließ und in die Mutter-Phase eintrat. Nie wieder würde ich frei und ungebunden sein. Nie wieder würde ich eine Entscheidung treffen können, ohne vorher die Bedürfnisse eines anderen Wesens zu berücksichtigen.

Indem ich mich in meine Gefühle versenkte, entdeckte ich, daß ich um das Ende dieser Phase trauern mußte, um mich voll und rückhaltlos auf die nächste einzulassen. Hätte ich meine vagen Trauergefühle beiseite geschoben und mich gescholten, »grundlos zu weinen«, hätte ich meinen Tränenfluß bewußt mit dem Entschluß »genug geweint« abgebrochen, wäre mir dieses tiefe Verständnis verschlossen geblieben.

Es ist wichtig, einen Unterschied zwischen Gefühlen und Verhalten zu machen. Verhalten kann kontrolliert werden, Gefühle nicht. Sie haben ein Eigenleben. Gefühle zu kontrollieren ist so, als würde man versuchen, einen Berg hinaufzuschwimmen.

Im Gegensatz zum Verhalten können Gefühle anderen und einem selbst nicht schaden. Sie können unangenehm und unbequem sein, und manchmal sind sie der Ausschlag zu verletzendem Verhalten (wenn sie nicht genau ausgedrückt werden), aber sie sind nicht an sich schlecht oder destruktiv.

Gefühle können jedoch Schwierigkeiten hervorrufen, wenn sie nicht erkannt und akzeptiert werden. Sie sind Energiewellen, die uns durchfließen, die aber auch blockiert werden können. Aber sie verschwinden nicht einfach. Wenn wir unsere Gefühle unterdrücken oder ignorieren, nehmen sie ein Eigenleben an, und ihr Ausdruck wird verzerrt oder verdreht.

Etwas ganz anderes geschieht allerdings, wenn wir uns erlauben, die Gefühle vollständig auszuleben, ohne uns dagegen zu wehren oder ohne sie uns auszureden. Wenn wir uns die Chance geben, uns in unsere Gefühle zu versenken, können wir etwas

Wundersames, Phantastisches erleben: Die Gefühle gehen vorüber. Sie durchfließen uns und sind dann verschwunden. Und wir empfinden die Freiheit weiterzugehen, ohne von ihnen belastet oder gebunden zu werden. Das heißt nicht, daß sie nicht zurückkehren, aber wenn wir es lernen, unsere Gefühle auszuleben, statt sie zu blockieren, stellen wir fest, daß sie rascher vorbeigehen und uns weniger Mühe und Anstrengungen kosten.
Wenn wir unsere Gefühle nicht mehr als einen Feind betrachten, als etwas, das unseren Handlungen, unserem Denken und dem, was wir tun sollten, im Wege steht, bauen wir eine andere Beziehung zu ihnen auf. Wenn wir uns mit unseren Gefühlen anfreunden, entdecken wir möglicherweise, daß sie zu Verbündeten auf der Reise werden, die unser Leben darstellt. Sie können uns zu tiefem Verständnis führen, wer wir wirklich sind und was wir wirklich wollen, ein Verständnis, das wir sonst nicht finden würden.
Die Heilung von gestörtem Eßverhalten hängt davon ab, ob wir eine freundschaftliche Beziehung zu unseren Gefühlen aufbauen, neugierig auf sie eingehen, sie nicht beurteilen und die Gaben annehmen, die sie uns darbieten.
Eine Frau, die ihre Beziehung zu ihren Gefühlen ändern will, damit sie ihre Eßstörung loswird, muß als erstes ein schärferes Bewußtsein von ihren Gefühlen entwickeln, damit sie sie genauer in sich spürt. Sie muß die verschiedenen Empfindungen in sich kennenlernen und darauf achten, wo sie sie in ihrem Körper spürt. Das hilft ihr, die Gefühle voneinander zu unterscheiden. Statt die Gefühle zu verwechseln und sie nur vage zu umschreiben – wie etwa »schlecht«, »durcheinander«, »okay« –, muß sie lernen, sie genauer und gründlicher zu definieren. Sie muß in der Lage sein, beispielsweise Wut zu erkennen und zu merken, daß sie sich anders anfühlt als Frustration, Erschöpfung oder Gereiztheit. Als nächstes muß sie lernen, ihre Gefühle ohne Bewer-

tung oder Verurteilung zu akzeptieren, und verstehen, daß es keine richtige oder falsche Art des Empfindens gibt. Manche Gefühle sind zwar angenehmer und gesellschaftlich akzeptabler als andere, aber kein Gefühl ist den anderen überlegen. Verschiedene Gefühle bringen einem verschiedene Erfahrungen ein und bieten uns unterschiedliche Lehren an.

Schließlich muß die Frau ihre Gefühle deutlich und direkt ausdrücken. Ein angemessener Ausdruck für Traurigkeit ist es, zu weinen oder Tagebuch zu schreiben. Wut kann mit einer Freundin oder einem Freund oder mit dem Menschen, auf den man wütend ist, durchgesprochen werden – oder man geht unter die Dusche und schreit oder schreibt einen bösen Brief, den man nicht abschickt. Bei Einsamkeit kann es angemessen sein, jemanden, mit dem man befreundet ist, anzurufen oder einen Brief an jemanden zu schreiben, den man vermißt. Manchmal braucht man auch überhaupt nichts zu tun, außer bei dem Gefühl zu bleiben, bis es verschwindet. Es geht darum, angemessen auf das jeweilige Gefühl zu reagieren und nicht alle Gefühle gleich zu behandeln: Traurig? Essen. Wütend? Essen. Einsam? Essen.

Die Heilung von Eßstörungen erfordert, daß man akzeptiert, wie man sich fühlt, und lernt, die Gefühle voneinander zu unterscheiden. Man muß alle Gefühle akzeptieren, ohne sie einzuordnen, und anerkennen, daß Gefühle keinen Sinn zu ergeben brauchen. Man muß sie nicht mögen, aber sie müssen akzeptiert werden. Und schließlich gehört dazu der ehrliche Ausdruck, wie man sich fühlt, sowie die Bereitschaft, aufrichtig und wahrhaftig zu handeln.

8
Beziehungen
Die Wahrheit singen

In dieser afrikanischen Geschichte »Der Tutu-Vogel« geht es um ein Mädchen, das in schweren Zeiten in einem Dorf wohnt. Die Ernte war schlecht, und es gibt nur wenig zu essen. Die Menschen müssen Vögel fangen und essen auch Hunde, Eidechsen und Ratten, um zu überleben.

Eines Tages schickte man das Mädchen, nach den Vogelfallen zu sehen. Als sie mit leeren Händen zurückkam, sagten die Dorfbewohner: »Wo sind die Vögel? Wir verhungern!«
»In den Fallen saß nur ein einziger Tutu-Vogel«, antwortete das Mädchen. »Und er sang ein so süßes Lied, wie ich es noch niemals gehört habe, und es schenkte mir solche Freude, daß ich ihn einfach freilassen mußte.«
»Du hast ihn freigelassen?« fragten die Dörfler ungläubig.
»Für ein Mädchen wie dich haben wir hier keinen Platz!« riefen sie wütend. Sie waren so wütend, daß sie das Mädchen hinaus in den Busch zerrten und eine kleine Hütte aus Dornenzweigen um sie herum bauten, die weder Tür noch Fenster hatte. Darin ließen sie sie zurück.
Das Mädchen weinte und weinte, als es so allein in der Hütte saß, weil sie nicht wußte, was aus ihr werden sollte. Als sie keine Tränen mehr hatte, begann sie zu singen. Sie sang das allerschönste Lied, eine Klage an den Tutu-Vogel mit der süßen Stimme, dessen Leben sie gerettet hatte. Dieses Lied sang sie wieder und wieder.

Schließlich hörte sie zu singen auf und saß in der dunklen, stillen Dornenhütte und lauschte. Da hörte sie ein leises Geräusch wie einen fernen Vogelruf, und dann ein Flattern wie von Flügeln, gefolgt von einem Rascheln, das vielleicht von einer Maus stammte. Sie blickte hoch zur Decke, von wo das Geräusch kam, und entdeckte ein kleines Loch, durch das ein Lichtstrahl fiel. Überrascht sah sie, wie eine kleine Frucht durch dieses Loch vor ihr auf den Boden fiel. Sie war süß, saftig und köstlich.

Dann wurde es wieder still, und das Mädchen wartete in der Dunkelheit.

Nach einer Weile hörte sie die Geräusche wieder, und eine weitere Frucht fiel ihr zu Füßen. Als sie hochblickte, erkannte sie, daß das Loch ein wenig größer geworden war und daß der Tutu-Vogel darüber schwebte. Das Mädchen dankte dem Vogel überschwenglich, der Vogel ließ sich auf dem Hüttendach nieder und sang das wunderschöne Lied, wegen dem das Mädchen ihn freigelassen hatte.

Dies ging mehrere Tage so weiter. Der Vogel ließ süße, saftige Früchte zu dem Mädchen herabfallen, das Mädchen sang ihm ein Lied zum Dank, und der Vogel erwiderte das Lied mit einer süßen Melodie. Jedesmal, wenn der Vogel sang, wurde das Loch ein wenig größer und ließ mehr Licht in die Hütte. Schließlich war das Loch groß genug, daß das Mädchen herausklettern konnte und frei war.

Um dies zu feiern, gesellten sich alle Vögel des Waldes zu dem Tutu-Vogel und bereiteten ein großes Festmahl aus köstlichen Früchten und Nüssen für das Mädchen und die Dorfbewohner. Die Dörfler, die das Mädchen so grausam behandelt hatten, sahen überrascht, wie gutgenährt sie war, während sie selbst immer noch dünn und unglücklich waren. Sie lobten die Vögel und hießen das Mädchen wieder im Dorf willkommen – in der Hoffnung, von ihrem Glück zu profitieren.

Aber das Mädchen weigerte sich, mit ihnen zu reden oder zu essen. Sie ging mit den Vögeln in den Wald zurück und wurde nie wieder gesehen.

Das Lied einer Frau ist ihre Wahrheit. Der Ausdruck ihrer innersten Gedanken und Gefühle ist das süßeste Lied, das sie singen kann. Es sollte nicht unterdrückt werden. Leider gibt es Menschen, die die Schönheit dieser Wahrheit nicht erkennen und nicht akzeptieren, daß sie frei ausgedrückt werden muß.
Viele Frauen, die mit einer Eßstörung kämpfen, hören nicht, wie süß ihr eigenes Lied ist, denn sie sind zu sehr damit beschäftigt, auf andere zu hören – auf die Stimmen ihrer Eltern, Liebhaber oder Ehemänner, ihrer Freundinnen, Kollegen oder Klassenkameradinnen oder auf den Chor der Kultur, in der sie leben. Statt nach der Essenz dessen zu suchen, wer sie sind, und dies mit ihrer eigenen, einzigartigen Stimme auszudrücken, lassen sie zu, daß andere definieren, wie sie sein, wie sie aussehen, was sie tun und was sie sich wünschen sollen. Sie sind nicht in der Lage, ihre eigene innere Stimme zu hören, und erleben ein unklares, aber durchdringendes Gefühl von Entfremdung, das sich nur schwer aushalten läßt. Sie sehnen sich nach innerer Verbundenheit und finden die Entfremdung von ihrem wahren Selbst unerträglich. Sie füllen sich den Kopf mit Gedanken an Essen und essen so, wie sie leben: wie in Trance, sich nicht dessen bewußt, was sie wirklich wollen.
Da sie keinen Zugang zu sich selbst haben, klammern sie sich verzweifelt an andere, in der Hoffnung, dort die Zuwendung, Liebe und Unterstützung zu finden, die sie selbst nicht geben können. Je abhängiger sie von diesen Beziehungen, die ihnen Nahrung geben sollen, werden, desto stärker schützen sie diese. Mißtrauisch gegenüber allem, was sie vielleicht stören könnte, verwerfen sie im Konfliktfall rasch die eigenen Ideen und Werte.

Sie halten ihr eigenes, persönliches Lied für eine Bedrohung ihrer Beziehungen. Und sie wenden sich dem Essen zu, um sich davon abzulenken, die Wahrheit zu sagen – um sich nicht zu trauen, laut zu singen.

Diese Frauen hungern – und keiner in ihrer Umgebung merkt es. Da sie ihre eigenen Bedürfnisse nicht respektieren und nicht auf sie reagieren, werden sie in ihren Beziehungen ausgesaugt und nicht genährt. Sie verstehen es, auf die Bedürfnisse, Wünsche und Wertvorstellungen anderer einzugehen, und vergessen dabei die eigenen. Die meiste Zeit merken sie gar nicht, daß sie selbst einmal eine Stimme hatten, die verlorenging, eine Stimme, die ein so süßes Lied sang, daß es ihre Herzen mit Freude erfüllte. Statt dessen suchen sie ihre Freude im Essen oder in einer Diät.

Um die innere Stimme wiederzufinden, muß die Frau sich auf sich selbst besinnen, sich Zeit nehmen, um über sich selbst nachzudenken. Wenn sie lernt, sich aus dem Beziehungsgeflecht mit anderen herauszulösen und sich mit den eigenen Gedanken und Gefühlen zu befassen, kann sie sich selbst nähren. Sie kann ihre eigenen Gefühle, Werte und ihre eigene Harmonie erkennen. Sie kann wieder hören, wie schön ihr Lied ist.

Wenn eine Frau in Beziehungen zu anderen Menschen leben will, die sie fördern und nähren, statt sie auszusaugen, muß sie auf andere hören können, ohne die eigene Stimme zu verlieren. Sie muß lernen, ein Gleichgewicht zwischen ihrer Beziehung zu sich selbst und der mit anderen zu finden.

Der Hummer und der Aal leben im Meer als enge Nachbarn. Der Aal hat sein Heim tief unten in einer Höhle im Riff. Der Hummer lebt am Rand dieser Höhle. Da der Hummer den Eingang vor Eindringlingen bewacht, kann der Aal dort sicher leben. Der Hummer jedoch muß immer auf der Lauer sein, nicht nur vor Räubern von außen, sondern auch von innen, weil Aale

Hummer fressen. Er muß gleichzeitig stets einen Fühler nach außen richten und einen anderen in die Höhle hinein.

Genau wie die Aufmerksamkeit für das Überleben des Hummers notwendig ist, muß die Frau, die sich von einer Eßstörung befreien will, ein Gleichgewicht aufrechterhalten zwischen ihrem Bedürfnis, Beziehungen zu anderen zu haben, und der Notwendigkeit, sich selbst treu zu bleiben. Sie muß sich ihrer Gedanken und Gefühle auch dann bewußt sein, wenn sie mit anderen in Kontakt tritt. Dazu muß sie die Fragen, die sie sich selbst stellte, ändern. Statt zu fragen: Was denkt sie wohl, wenn ich das tue? Wie wird er reagieren, wenn ich das sage? Was halten sie hier von mir?, sollte sie sich fragen: Wie fühle ich mich bei dem, was sie sagt? Was habe ich von dem, was er tut? Wie ist es für mich, hier mit ihnen zusammenzusein?

So kann sie in Gegenwart anderer präsent und aufmerksam sein, ohne das Gefühl für sich selbst zu verlieren. Die meisten Frauen haben ein tiefes Bedürfnis nach Harmonie und Verbindung mit anderen Menschen. Die Beziehungen zu ihren Freunden, Geliebten, Kollegen und Kindern sind ihnen sehr wichtig. Das Gefühl der Gemeinschaft, des Verbundenseins, der Zugehörigkeit ist wichtiger Bestandteil ihrer Identität und ihres Selbstwertgefühls. Das Streben nach nährenden, stützenden Beziehungen ist ein wichtiger Aspekt im Leben einer Frau. Manchmal kann sie sich jedoch mit diesem Wert zu stark identifizieren. Bei dem Versuch, Harmonie und Bindung herzustellen, übernimmt sie die ausschließliche Verantwortung für ihre Beziehungen. Sie ist dann stets diejenige, die Kompromisse eingeht, die ihre Bedürfnisse opfert, um die Dinge im Lot zu halten, diejenige, die das Lied anderer singt, um den Frieden zu wahren.

Viele Frauen mit Eßstörungen finden sich von Menschen umgeben, die die Verantwortung für die Aufrechterhaltung der Beziehung nicht in gleichem Maße tragen wie sie selbst. Diese Frauen nähren und unterstützen oft andere, die ihnen nicht das gleiche zurückgeben. Sie haben Freundinnen, die mit ihnen reden, aber nicht zuhören, Kollegen, die von ihnen Gefallen erwarten, sie ihnen aber nicht erwidern, Eltern, die alles kritisieren, was sie anfangen, Ehemänner oder Freunde, die versuchen, sie davon zu überzeugen, daß etwas nicht mit ihnen stimmt, sobald sie ein Lied anstimmen, das diese nicht hören wollen. Entmutigt hören sie mit dem Singen auf. Keine schönen Lieder der Freude mehr, keine süßen Gesänge der Trauer und keine lebendigen über Veränderung und Freiheit. Statt dessen wenden sie sich dem Essen zu, das ihnen nun die Freude schenken soll, die sie einst vom Singen gewannen. Und ihre Beziehung zum Essen wird die wichtigste in ihrem Leben.

Wenn eine Frau frei von Eßstörungen sein will, muß sie die männlichen Prinzipien von Grenzen und Autonomie in ihre Beziehungen einbringen. Sie muß in der Lage sein, nein zu sagen. Sie muß ihre Individualität in der Beziehung behaupten und sagen: »Das ist vielleicht für dich okay, aber nicht für mich.« »Ich verstehe, daß du das von mir erwartest, aber ich fühle mich dabei nicht wohl.« »Ich teile deine Ansicht nicht. Ich denke darüber anders als du.« Wie das Mädchen in der Geschichte muß sie nein sagen, wenn die anderen sie schlecht behandeln, weil sie nicht das tut, was diese von ihr verlangen, und sie nur aufgrund dessen zu schätzen scheinen, was sie für sie tun kann.

Um sich von einer Eßstörung zu befreien, muß die Frau die Schönheit ihres Lieds erkennen und sich weigern, es zu opfern – selbst nicht in Dürrezeiten, auch nicht, wenn andere darauf bestehen, daß sie stumm bleibt. Sie muß sich weigern, Beziehungen mit jenen einzugehen, die ihre Stimme nicht schätzen, die sie verlassen oder einsperren wollen, wenn sie nicht verstummt. Sie muß sich vor jenen hüten, die sie bestrafen wollen, wenn sie sich nicht um deren Bedürfnisse kümmert, und die ihr keine Unterstützung zukommen lassen, wenn sie frei heraus singt. Sie muß erkennen, daß es ihr Lied ist, der Ausdruck ihrer eigenen Wahrheit, dessen, wer sie ist, und nur das kann sie nähren und befreien.

9
Macht
Herrschaft oder Einfluß

Ich halte die Machtfrage für einen Kernpunkt, der allen Eßstörungen zugrunde liegt. Als ich zum ersten Mal mit jemandem zu tun hatte, der gegen eine Eßstörung ankämpfte, tauchte sehr bald das Thema Machtlosigkeit auf. Eine Frau mit einer Eßstörung hat sehr oft das Gefühl, den Kurs ihres Lebens nicht selbst zu steuern, sie sieht sich als Opfer von Kräften, die außerhalb ihrer Kontrolle liegen, als dem Willen anderer unterworfen, versklavt durch ihren Appetit. Sie bietet auch ausreichend Beweise, um ihr Gefühl von Machtlosigkeit zu untermauern: ihren Mangel an »Willenskraft«, eine Diät durchzuhalten, ihre Unfähigkeit, den Prozeß von Heißhungerattacken und Erbrechen abzustellen, ihre Erfolglosigkeit bei der Beherrschung ihrer Gefühle. Manche Therapeuten, an die sich solche Frauen um Hilfe wenden, betrachten sie ebenfalls als machtlos, als Opfer von zwanghaftem Verhalten, Opfer dysfunktionaler Familien, Opfer von sexuellem Mißbrauch. Sie sind der Meinung, man müsse den Frauen sagen, was sie tun sollen (was sie essen/nicht essen dürfen), statt ihnen zu vermitteln, wie sie in Kontakt mit ihrer inneren Stimme gelangen, der weisen Stimme, die sie von innen heraus leitet. Andererseits erleben Therapeuten, die versuchen, diese Frauen an ihre eigene Macht heranzuführen, auch oft frustriert, daß ihre Bemühungen abgelehnt werden und die Heilung immer wieder »sabotiert« wird.

Man muß hier begreifen, daß nicht das Gefühl von Machtlosigkeit die Wurzel der Eßstörung bildet. Es kann statt dessen die Angst vor der Macht sein: Angst vor der Macht der eigenen Gefühle (besonders Wut), Angst vor der Macht der eigenen Wahrnehmung (besonders, wenn die Frau die Welt anders sieht als andere), Angst vor der eigenen Intelligenz und Begabung (wenn andere neidisch darauf sind), Angst vor der Macht der eigenen Sexualität (die zu Annäherungsversuchen anderer führen kann, die man nicht recht zu bewältigen weiß), Angst vor der Macht, eine Frau zu sein.

Frauen, die unter einer Eßstörung leiden, sind sehr häufig Frauen mit besonderen Fähigkeiten. Sie haben einen hochentwickelten sechsten Sinn, die Fähigkeit, Verborgenes zu sehen und zwischen den Zeilen zu lesen. Sie haben Angst vor dieser Fähigkeit, denn sie haben schon früh das Gefühl vermittelt bekommen, daß diese Fähigkeiten gefährlich seien. Und so bekommen sie Angst vor ihrer Intuition. Sie fürchten die Macht des Weiblichen.

Ein Blick auf ihre Vergangenheit zeigt, wie diese Frauen verinnerlicht haben, daß ihre Macht gefährlich ist. Die früheste Erinnerung einer Frau war, daß sie in einem Wutanfall einem anderen Kind mit einem Stein auf den Kopf schlug. Als ein vierjähriges Kind, das den Unterschied zwischen Vorstellung und Verhalten nicht recht begreift, war sie seitdem überzeugt, daß ihre Wut etwas sehr Schädliches sei. Eine andere Frau erzählte die Geschichte, wie sie einmal in der ersten Klasse von Jungen angegriffen wurde, die Schneebälle mit Steinen auf sie warfen. Kurz davor hatte sie stolz gezeigt, daß sie in Rechnen besser war als diese. Und wiederum eine andere erinnerte sich an das Gefühl, daß, egal wie gut ihre Leistungen waren, ihre Mutter trotzdem immer etwas an ihnen auszusetzen hatte. Sie lernte so, Erfolg mit Ablehnung gleichzusetzen. Die Frau, die als Kind von ihrem liebevollen Vater sexuell mißbraucht wurde, lernte, daß die Macht ihrer Sexualität zum Mißbrauch führte.

Nimm dir die Zeit, um dich an ganz frühe Erfahrungen mit deiner eigenen Macht zu erinnern. Denk daran zurück, als du vier, fünf, sechs Jahre alt warst. Konntest du da Dinge spüren, die anderen nicht auffielen? Wie reagierten die anderen, wenn du ihnen deine Wahrnehmung geschildert hast? Wie war es, wenn du etwas gut gemacht hattest? Wie wurde das aufgenommen? Mußten die Geheimnisse, die du erkannt hast, unbedingt bewahrt werden? Wie hast du entdeckt, daß man deine Macht für gefährlich hielt? Wann fandest du es zum ersten Mal schwer, du selbst zu sein – mit all deiner Macht – und gleichzeitig mit anderen zusammen zu leben?

Wenn sich eine Frau von ihrer Eßstörung heilen will, muß sie zu einem neuen Verständnis ihrer Macht gelangen, einem, das ihr ermöglicht, sich mit ihren angeborenen Kräften wohl zu fühlen, einem, das ihr erlaubt, sich ihrer Macht bewußt zu sein und gleichzeitig Beziehungen zu anderen zu haben.

Es gibt zwei verschiedene Arten von Macht: Die eine, mit der die meisten Menschen vertraut sind, ist die Macht des Herrschens, die Macht über andere. Diese Art Macht bewirkt eine Hierarchie: Henne Nummer eins hackt Henne Nummer zwei, der Sieger steht höher als der Verlierer, der Stärkere über dem Schwachen, der Reiche über dem Armen, der Große über dem Kleinen. Diese Art Macht regiert seit Tausenden von Jahren die Welt, seit der Ausformung des Patriarchats: Starkes Land ist schwachem Land überlegen, die Reichen den Armen, die Menschheit der Natur, der Mann der Frau. Mit dieser Art von Macht wachsen die meisten Menschen auf.

Hinter dieser Macht des Herrschens steht die Überzeugung, alles sei begrenzt. Ich nenne das die »Kuchentheorie«. Stell dir vor, wir teilen uns einen Kuchen. Wenn mein Stück größer ist, wird deins kleiner. Wenn du mehr bekommst, bekomme ich weniger. Diese Überzeugung schafft eine Atmosphäre der Rivalität und

des Mißtrauens. Ich muß genau aufpassen, damit du nicht mehr bekommst, und du mußt mich genau beobachten, damit ich keinen Vorteil herausschlage.
Die meisten Frauen haben Probleme mit Macht, weil sie nur die Macht des Herrschens kennen. In diesem System sehen wir nur zwei Rollen: den Sieger und den Verlierer, den Tyrannen und das Opfer. Verliererin wollen sie nicht sein, aber als Siegerin fühlen sie sich auch nicht wohl. Sie wollen kein Opfer sein, aber die Vorstellung, eine Tyrannin zu sein, stößt ebenfalls ab. Daher weigern sie sich, sich mit Macht überhaupt auseinanderzusetzen. Sie verweigern sie, wenn man sie ihnen überträgt, und tun alles, was sie können, um das Gefühl von persönlicher Macht zu verringern, das sie in sich spüren.
Glücklicherweise taucht heute eine neue Art von Macht in unserem Bewußtsein auf: Sie wird Macht von innen heraus genannt, die Macht des Einflusses. Im Gegensatz zur Macht des Herrschens hat die Macht des Einflusses keine hierarchische Struktur. Sie beruht auf Gleichheit. Statt der Überzeugung, alles sei knapp und begrenzt, herrscht der Glaube an Überfluß, die Annahme, daß von allem genug für alle da sei. Das bewirkt Kooperation statt Wettbewerb. Niemand braucht zu gewinnen, und keiner verliert dabei. Wenn ich daher etwas habe, das du willst, brauchst du es mich nur wissen zu lassen, und ich sage dir, wie du es dir auch beschaffen kannst.
Die Macht des Herrschens entstammt dem patriarchalischen System der Kontrolle und der Eroberung, mit dem wir seit mehreren tausend Jahren leben. Die Macht des Einflusses ist weiblicher Natur. Das bedeutet aber nicht, daß sie nur Frauen zur Verfügung steht. Frauen finden es allerdings leichter, sie auszuüben, weil sie zugänglicher sind für die eigene Intuition, den Prozeß, in sich hineinzuhören, der für die Einflußherrschaft notwendig ist.
Wenn eine Frau sich aus dem Wahrnehmungsfeld der Herr-

schaft löst und das Konzept des Einflusses begreift, kann sie auf ganz neue Weise mit ihrer Macht umgehen, sich auf ganz neue Weise in der Welt bewegen. Wenn sie erkennt, daß ihre Macht von innen heraus kommt, ohne die anderer zu vermindern, kann sie sich in ihrer eigenen Macht wohler fühlen und gleichzeitig in Beziehungen leben. Sie kann sich erlauben, die Macht ihrer Emotionen zu fühlen und sie aufrichtig und direkt zu äußern, ohne dabei das Bedürfnis zu empfinden, andere anzugreifen oder herabzusetzen. Sie kann Meinungsverschiedenheiten akzeptieren, ohne sich in einen Machtkampf zu verwickeln, wer recht hat und wer nicht. Sie kann durch ihr Beispiel anderen zeigen, daß ihre zunehmende Macht diese in keiner Weise beeinträchtigt. Wenn sie Macht nicht mehr als »schlecht« oder gefährlich betrachtet, spürt sie auch nicht mehr den Zwang, sie mit Essen zu unterdrücken. Sie muß nicht mehr fasten, hungern, zwanghaft essen und sich übergeben.

Ein altes schwedisches Märchen, »Elsa und der böse Zauberer«, veranschaulicht den Unterschied zwischen der Macht des Herrschens und der Macht des Einflusses.

Vor langer, langer Zeit lebte einmal ein böser Zauberer in einem prächtigen Schloß hoch oben in den Bergen. Rings um das Schloß lag ein wunderschöner Park mit den schönsten Blumen und den köstlichsten Früchten. Überall in diesem Park standen Statuen von jungen Mädchen, die so echt wirkten, als seien sie lebendig.

Die traurige Wahrheit aber lautete, daß diese Steinmädchen einst genauso lebendig waren wie du und ich. Immer wenn der böse Zauberer ein junges Mädchen sah, das ihm gefiel, verkleidete er sich, um sie zu erobern und in sein Schloß zu schaffen. Dort verwandelte er sie in eine Statue, mit der er seinen Park schmückte.

Immer wenn dem Zauberer seine Statuensammlung zu langweilig wurde, machte er sich auf die Suche nach einem neuen Opfer. Dazu legte er die Kleider eines Adligen an, rieb sich Honig auf die Lippen, damit seine Worte süß klangen, und sprengte Maienmorgentau auf sein Gesicht, damit es sanft und freundlich wirkte. Dann wickelte er sich in seinen Zaubermantel, mit dem er über Wälder und Täler fliegen konnte und über die Straßen, die in die Dörfer führten. Wenn er ein Mädchen erblickte, das ihm gefiel, breitete er seinen dunklen Zaubermantel auf dem Boden aus. Wenn das Mädchen darauf trat, packte er sie und flog mit ihr hinauf in sein Schloß in den Bergen. Die Macht des Zauberers war allerdings begrenzt: Das Mädchen mußte freiwillig auf den Mantel treten, sonst hatte er nicht die Macht, ihm zu schaden.

Eines Tages war der Zauberer wieder einmal auf der Suche nach neuer Beute. Da erspähte er ein junges Mädchen namens Elsa, das in der Nähe ihres Heimatdorfes spazierenging. Sie trug einen Korb zum Beerensuchen in der Hand, und ihr langes, blondes Haar glänzte in der Sonne. Es war der Glanz ihres Haars, der dem Zauberer auffiel, und sogleich flog er hinab auf den Weg und versteckte sich hinter einem Busch. Als Elsa näher kam, trat er hervor und breitete seinen dunklen Umhang auf dem Boden aus.

»Oh, schöne Maid«, sagte er. »Deine Füße sind viel zu zart, um diesen rauhen, schmutzigen Boden zu betreten. Erlaube mir, dir zu Diensten zu sein. Du darfst auf meinen Mantel treten.«

»Meine Füße sind ziemlich robust, vielen Dank«, antwortete Elsa. »Ihr solltet mit Eurem Mantel vorsichtiger umgehen. Er wird ja ganz schmutzig, wenn Ihr ihn so behandelt.« Mit diesen Worten hob sie den Mantel auf und reichte ihn dem Zauberer. Dann setzte sie mit einem fröhlichen Lächeln ihren Weg fort.

Der Zauberer folgte ihr dicht auf den Fersen und überlegte sich einen neuen Trick, wie er sie fangen könnte. Da sah er einen großen Ziegenbock mit spitzen Hörnern. Er blies auf seiner Zauberpfeife, um einen Schwarm Bienen anzulocken, die den Ziegenbock ins Maul stachen. Der wütende Bock stieß nach den Bienen und rannte auf Elsa zu, als er sie des Weges kommen sah.

Der Zauberer warf sich vor sie, wobei er seinen Mantel so hielt, daß er hinter ihm auf dem Boden schleifte. »Ich werde dich beschützen!« rief er in der Hoffnung, Elsa würde in ihrer Angst vor dem Ziegenbock aus Versehen auf den Mantel treten.

Elsa aber ignorierte den Zauberer und rannte immer wieder um einen Busch herum, den Bock hinter sich, während der Zauberer ohne Erfolg seinen Mantel schwenkte. Schließlich stolperte sie, und der Zauberer warf den Mantel auf die Erde, damit sie darauffiel, aber statt dessen verfing sich der Ziegenbock in dem Stoff.

Der Zauberer wurde sehr böse und schlug den Bock, bis er besinnungslos war. Doch das Tier hatte vorher ein Loch in den Mantel gerissen.

Als Elsa den Riß sah, tat der Zauberer ihr leid. »Euer schöner Mantel ist zerrissen, weil Ihr versucht habt, mir zu helfen. Laßt mich ihn für Euch flicken.« Sie brach einen Dorn von einem Busch als Nadel und riß sich eine goldene Haarsträhne aus als Faden.

Der Zauberer aber freute sich gar nicht über ihr Angebot, und als Elsa ihm den geflickten Umhang reichte, beschwerte er sich, daß ihre Stiche unordentlich und grob seien. Elsa beugte sich vor, um zu sehen, was er genau meinte, und trat versehentlich auf den Saum des Mantels.

Im nächsten Augenblick war der Zauberer wieder in seine gewöhnliche häßliche Gestalt zurückverwandelt, und beide erhoben sich in den Falten des Mantels in die Luft. Doch die blonde

Haarsträhne, mit der Elsa den Riß geflickt hatte, verfing sich in einem Ast. Was der Zauberer auch versuchte, er konnte den Mantel nicht von dem Ast lösen. Während er daran riß und zerrte, schlüpfte Elsa aus seinem Griff, ließ sich auf den Boden gleiten und rannte so schnell sie konnte zurück in ihr Dorf. Erst als sie zu Hause angelangt war, blieb sie stehen.

Der Zauberer aber kehrte auf sein Schloß zurück und tobte vor Wut über sein Scheitern. In der folgenden Nacht konnte er nicht schlafen, weil sein Schlafzimmer so hell war, daß seine Augen schmerzten. Zuerst dachte er, schuld daran sei der Mond, aber als er aufstand, um die Fensterläden zu schließen, bemerkte er, daß überhaupt kein Mond am Himmel stand. Das blendende Licht war in seinem Zimmer. Da merkte er, daß das Licht von seinem Mantel kam, von den Stichen, die Elsa mit ihrem goldenen Haar genäht hatte. Er rollte den Mantel so eng zusammen, daß der geflickte Riß ganz innen war, aber es nützte nichts. Das Licht schien durch den dicken Stoff hindurch.

Nacht für Nacht konnte der Zauberer nun nicht mehr schlafen, denn das helle Licht erfüllte sein Zimmer und alle anderen Räume des Schlosses. Er versuchte, die goldene Naht aufzutrennen, aber es gelang ihm nicht. Er zersprang fast vor Wut, verfluchte das Flickwerk, schnitt alles heraus und warf es aus dem Fenster, aber sobald er zurück ins Bett gekrochen war, saß die Naht wieder an Ort und Stelle.

Verzweifelt flog er hinab in Elsas Dorf, um sie zu suchen. Als er ihr Haus gefunden hatte, klopfte er heftig an ihren Fensterladen und rief ihr zu, die Tür zu öffnen.

Elsa erkannte seine Stimme. Zitternd vor Angst blieb sie im Bett liegen und rührte sich nicht.

»Komm her!« verlangte der Zauberer. »Nimm deinen Faden aus meinem Mantel. Er strahlt mit einem so entsetzlichen Licht, daß ich nicht mehr schlafen kann.«

»Geh weg«, erwiderte Elsa. »Ich komme nicht ans Fenster.«
Der Zauberer drohte Elsa, er würde ihr großen Schaden zufügen, wenn sie den Faden nicht herausnahm, aber sie ließ sich nicht einschüchtern, denn sie hatte von ihrer Mutter erfahren, daß seine einzige Macht in dem Zauberumhang steckte. Als der Zauberer erkannte, daß er sie nicht einschüchtern konnte, bot er ihr zuerst einen Sack Gold an, dann einen Bauernhof und eine Schafherde und alle möglichen anderen feinen Dinge. Elsa blieb jedoch mißtrauisch und schlug alle Angebote aus.
Schließlich gab der Zauberer auf und kehrte in düsterster Stimmung in sein Schloß zurück. Dort setzte er sich in den Park und blickte stirnrunzelnd seine Statuen an. »Das widerspenstige Mädchen hat keine Angst vor mir. Was kann ich nur tun, um ihr meine Macht zu zeigen?« fragte er sich. Er beschloß, eine der Statuen wieder zum Leben zu erwecken, um Elsa von seiner großen Macht zu überzeugen.
Als der Zauberer an diesem Abend schlafen ging, freute er sich, Elsa von seiner Macht überzeugen zu können. Er merkte, daß das Licht von seinem Mantel schwächer geworden war, so daß er einschlafen konnte – aber am nächsten Tag glänzte es so strahlend wie zuvor.
Außer sich vor Zorn flog er wieder hinab vor Elsas Fenster und klopfte an die Scheibe. Erneut verlangte er, daß sie den goldenen Faden herausnahm. »Weißt du denn nicht, daß meine Zauberkräfte viel stärker sind als dein dummes Haar? Entferne den Faden, und ich werde dich nie wieder belästigen.«
»Ich finde, der Faden sitzt gut und bleibt an Ort und Stelle«, erwiderte Elsa nachdrücklich, ohne sich einschüchtern zu lassen.
Der wütende Zauberer flog zurück in sein Schloß in den Bergen und mußte dort feststellen, daß das seltsame Licht nur schwächer wurde, wenn er Nacht für Nacht eines der Mädchen aus seinem Park freiließ. Einer nach der anderen mußte der böse

Zauberer den verzauberten Statuen das Leben wiederschenken, damit er nachts schlafen konnte.
Als die letzte Statue verschwunden war, behielt Elsas goldene Naht einen schwachen Glanz – der ausreichte, den Zauberer daran zu erinnern, daß sie wieder hell erstrahlen würde, sollte er seine böse Zauberkraft erneut einsetzen.

Die Art von Macht, die der böse Zauberer ausübt, ist die Macht des Herrschens. Er will Macht über andere haben, die Macht, seine Bedürfnisse zu erfüllen, egal wieviel Leid er dabei anderen zufügt. Er hat keine Bedenken zu täuschen, um Macht zu gewinnen. Und er besticht und schüchtert ein in dem Versuch, seine Macht aufrechtzuerhalten. Genau diese Art von Macht ist den meisten Frauen nur allzu vertraut und schreckt sie ab.
Elsa reagiert mit dem Konzept von Macht als Einfluß. Sie versucht, weder den Zauberer zu beherrschen noch ihn zu kontrollieren. Sie ist sich ihrer inneren Macht bewußt und läßt sich daher weder durch seine Schmeichelei verführen (»Du hast mehr Macht als ich«) noch durch Drohungen einschüchtern (»Ich habe mehr Macht als du«). Daher erleidet sie auch nicht das Schicksal der anderen Mädchen, die angesichts dieser Macht des Herrschens starr und leblos werden. Als Elsa versehentlich fast von dem Zauberer überwältigt wird, rettet sie ihr Einfluß – in Gestalt ihrer goldenen Haarsträhne.
Elsa achtet auf ihren Instinkt und ihre Gefühle und drückt sie selbstbewußt und ohne Herabsetzung des Zauberers frei aus. Sie beharrt auf ihrem Standpunkt und läßt sich vom Zauberer nicht dazu zwingen, ihre Entscheidung zu verteidigen. Sie ignoriert seinen Versuch, sie in einen Streit darüber, wessen Macht größer sei, zu verwickeln.
Der dunkle Mantel steht für die Macht des Herrschens. Ohne dieses Attribut hat der Zauberer keine Macht, genau wie viele,

die die Macht des Herrschens ausüben, Geld, Waffen, ihren Status oder eine aggressive Körpersprache brauchen, um ihre Macht über andere zu demonstrieren. Die Macht des Einflusses wird von Elsas Haar symbolisiert. Da ihre Macht von innen heraus stammt (das Haar wächst aus ihrem Kopf), läßt sie sich nicht auslöschen. Wenn eine Frau selbstbewußt wird wie Elsa, schöpft sie aus einem riesigen Machtreservoir in sich, einem Machtgefühl, das andere nicht negativ beeinflußt. Ihr geht es nicht um die Macht des Herrschens, denn sie kann die persönliche Macht jedes Individuums anerkennen. Ihr geht es um die Macht des Einflusses. Sie kann das Fett abgeben, das ihre Macht vor anderen verbirgt, kann sich von Diäten und ihrer Besessenheit mit Essen verabschieden, die verhinderten, daß sie die volle Kraft ihrer persönlichen Macht erkannte.

10
Die Mutter als Archetyp

Es war einmal ein Zauberreich am Meer. Dort lebte eine wunderschöne Prinzessin, die ein herrliches Leben führte. Ihr Vater, der König, war ein kluger und weiser Mann, der seine Zeit damit verbrachte, neue Dinge zu erfinden, die das Leben besser machten. Sein Königreich blühte, und die Menschen in seinem Reich waren sehr zufrieden, weil ihr Leben so gut war. Der König war ein guter Vater und brachte der Prinzessin gern neue Dinge bei. Unter seiner Anleitung lernte sie Zahlen und Buchstaben und beeindruckte ihn oft mit ihrer Klugheit.

Die kleine Prinzessin verbrachte den Morgen am liebsten mit ihrer Mutter, der Königin, die eine sehr kluge, liebevolle Frau war. Sie standen oft schon früh auf und spielten im Wald mit den Zwergen und Waldwesen. Am Nachmittag gingen sie manchmal die Nixen und Meerjungfrauen am Meeresufer besuchen, wo diese mit den Delphinen und Fischen herumschwammen. In besonderen Nächten, wenn der Mond voll war, besuchten sie die Sterne und tanzten mit den Elfen im Mondschein.

Eines Tages nahm dieses herrliche Leben ein Ende. Die Königin starb, und die kleine Prinzessin war außer sich vor Kummer. Sie weinte und weinte und weinte. Tagelang wollte sie nichts essen. Der König ließ von seinem Chefkoch die feinsten Speisen auftischen, um sie zu erfreuen. Aber das machte sie bloß wütend.

Der König war zwar ein guter, freundlicher Mann, aber nun bekam er Angst, weil die Prinzessin sich so in ihren Kummer vergraben hatte, und versuchte, sie davon abzulenken. Er erfand ausgefallene Spiele, aber es nützte nichts. Er brachte Frauen zu ihr, die die Stelle ihrer Mutter einnehmen sollten, aber die kleine Prinzessin lehnte sie alle, so höflich sie konnte, ab. Schließlich gab der König es auf, seine Tochter zu trösten, und wandte sich wieder seinen Regierungsgeschäften zu.

Die Jahre kamen und gingen. Die Prinzessin verließ die Mauern des Schlosses nicht mehr. Weder besuchte sie die Zwerge, noch die Elfen und Nixen. Sie vergaß die Sprache der Waldtiere und wie man mit den Blumen und Pflanzen spricht. Manchmal seufzte sie, wenn sie hörte, wie der Wind durch die Bäume strich, oder weinte, wenn der Vollmond schien. Aber sie begriff ihre Gefühle nicht mehr und auch nicht, woher sie rührten. Ihr Appetit kehrte zwar zurück, aber das Leben enthielt für sie keine Leidenschaft mehr. Sie aß, sie schlief, sie aß und schlief. Die restliche Zeit spielte die Prinzessin mit ihren schönen Spielsachen, die von Jahr zu Jahr ausgefallener wurden. Sie beeindruckte weiterhin viele Menschen im Reich mit ihrer Klugheit und ihrer Geschicklichkeit beim Meistern der Zahlen und Buchstaben. Aber sie fühlte sich nicht mehr glücklich wie früher. Sie wußte aber schon seit langem, wie sehr das ihren Vater bekümmerte, und hatte deswegen angefangen, Freude und Glück geschickt zu spielen.

Am Morgen ihres einundzwanzigsten Geburtstages wachte sie auf – und es hatte sich etwas verändert. Alle Farben erschienen ihr viel bunter. Ohne nachzudenken, rannte sie zum Fenster und sah den schönsten Regenbogen, den sie je gesehen hatte. Der Duft der Rosen und Gardenien aus dem Garten unten wehte zu ihr hinauf, daß sie wie betäubt davon wurde. Gebannt spürte sie den warmen Sonnenschein auf den Wangen. »Ich bin lebendig!« rief sie.

Sie warf sich ein Morgengewand über und rannte hinaus in ihren geliebten Wald, spürte die feuchte Luft im Gesicht und atmete tief den Duft der Tannen und des modrigen Waldbodens ein. Sie rannte, bis sie atemlos am Ufer des Meeres ankam, warf sich in *den Sand und weinte und weinte und weinte. »Wo ist meine Mutter?« rief sie, während sich ihre Tränen mit dem Meer vermischten.*

»Ich bin hier«, ertönte eine Stimme.

Die Prinzessin war verwundert. Die Stimme schien zugleich tief aus ihr zu kommen und rings um sie her.

»Wer bist du?« fragte sie erstaunt.

»Ich bin deine Mutter«, antwortete die Stimme.

»Warum hast du mir vorher nie Antwort gegeben, wenn ich dich rief?« fragte die Prinzessin.

»Weil du«, erwiderte die Stimme, »in deinem Kummer dein Herz versperrt hast und ich dich nicht erreichen konnte. Jetzt ist es wieder offen, und wir können miteinander reden.«

»Warum hast du mich verlassen?« fragte die Prinzessin.

»Es gab noch viel, das du lernen mußtest, und das ging am besten in meiner Abwesenheit. Aus deinem Schmerz hast du Mitgefühl gelernt. Deine Wut schenkte dir Klarheit und die Kraft durchzuhalten. Deine Einsamkeit lehrte dich Selbsterkenntnis. Indem du deine Angst durchlebtest, hast du Mut gelernt.«

Die Stimme verstummte, und die Prinzessin lauschte auf ihren eigenen Atem und die Wellen, die auf den Strand schlugen. Sie spürte ein Gefühl von Frieden.

»Darf ich zurückkommen und dich hier besuchen?« fragte sie.

Die Stimme lachte freundlich. »Mein liebes Kind, ich wohne doch nicht hier. Ich bin überall. Ich bin das Meer. Ich bin die Blumen. Ich bin die Sterne, die nachts leuchten. Ich bin dein Atem. Ich bin deine Tränen. Ich bin deine Mutter und werde dich nie verlassen.«

Wie die Prinzessin in »Die Prinzessin und die ewige Mutter« erlebt die Frau, die unter einer Eßstörung leidet, den Verlust der Mutter, des Archetyps von Weiblichkeit, der sie nährt, sie eng mit der Natur und der Erde verbunden hält, der ihre Beziehung zu allem Unsichtbaren stützt.

Sie lebt in einer Welt, die das, was nicht durch die fünf Sinne bestätigt wird, weder wahrnimmt noch achtet. Emotionen bringen Unruhe oder schüchtern ein. Wut muß vermieden, Traurigkeit so gut wie möglich abgewehrt werden. Um in dieser Welt zu überleben, muß die Frau ihre Gefühle verleugnen oder herunterspielen. Sie lernt rasch, daß sie ein freundliches Gesicht zeigen und andere Gefühle verstecken muß, um den Mitmenschen zu gefallen.

Sie kann zwar lernen, sich in dieser Welt zurechtzufinden, und sich sogar recht erfolgreich an sie anpassen, aber sie weiß tief drinnen, daß dies nicht echt ist. Sie hat das Gefühl, nur so zu tun als ob. In ihrem Leben herrscht eine Leere, eine Leere, die sie mit Essen zu füllen versucht.

Nur wenn sie sich öffnet und die volle Kraft ihrer Emotionen zuläßt, kann sie diese als Schlüssel zu Weisheit und Rat statt als Stolpersteine erfahren. Dann braucht sie Essen oder Hungern nicht mehr als Methode einzusetzen, um ihre Gefühle abzublocken.

Nur durch die Kraft ihrer Emotionen konnte die Prinzessin den Verlust der menschlichen Mutter transzendieren und in Kontakt zum Archetyp der großen Mutter treten, der Mutter, die gleichzeitig tief in ihr und rings um sie her ist. Nur wenn die Frau, die mit einer Eßstörung ringt, die Macht ihrer Emotionen akzeptiert, kann sie Zugang zu ihrer weiblichen Kraft und der Unterstützung und Nährung, die sie bietet, finden. Nur so wird sie die weise Frau kennenlernen, die in ihr lebt.

Die Frau, die mit einer Eßstörung ringt, hat vielleicht nicht die wirkliche Mutter verloren wie die Prinzessin, ist aber aus dem einen oder anderen Grund von der inneren Mutter abgeschnitten worden, jenem Aspekt in ihr, der ihr spirituelle Nahrung und mitfühlende Anleitung schenkt. Indem sie ihre Gefühle abblockt und verurteilt, hat sie keinen Zugang zu deren Rat und der Unterstützung, nach der sie sich sehnt. Sie fühlt sich unterernährt und versucht sich mit Essen vollzustopfen.

Manche Frauen mit Eßstörungen fühlen sich schon sehr früh von ihren natürlichen Müttern verlassen, weil diese Mütter sie vernachlässigten, mißhandelten oder ihnen nicht so zur Verfügung standen, wie sie es gern gehabt hätten. Andere fühlen sich von ihren Müttern bedrängt und überwältigt, weil diese überbeschützend und kontrollierend waren und nicht zuließen, daß ihre Töchter sich selbständig entwickelten. Aufgrund dieser Erfahrung konnten diese Frauen keine adäquaten inneren Mütter entwickeln.

Diese Frauen müssen eine innere Mutter entwickeln, die reif ist, ein Gefühl für Ausgewogenheit hat, die sich liebevoll um sie kümmert, ohne sie übertrieben zu verwöhnen, eine, die Zugang zu dem hat, was sie wirklich wollen, und über die Bitte nach Süßigkeiten hinaus forscht, ob vielleicht ein anderes, verborgenes Bedürfnis nicht befriedigt wird. Sie müssen sich eine innere Mutter heranziehen, die sie unterstützt, statt ihre Gefühle zu verurteilen, die Intuition und ihren gesunden Menschenverstand benutzt, um Entscheidungen zu treffen, die das ins Bewußtsein zurückrufen kann, was daraus ferngehalten wurde.

Gleich wie viele Mängel die Kindheit auch hatte oder wie sehr man das Gefühl hat, die eigene Mutter habe bei einem versagt, es ist wichtig, die Schuld für eine unzureichende oder unterentwickelte innere Mutter nicht allein der Frau zuzuschieben, die einen auf die Welt gebracht oder großgezogen hat. Unsere heutige Gesellschaft gibt der Mutter viel zuviel Verantwortung, ohne ihr gleichzeitig die Unterstützung zur Verfügung zu stellen, die sie zum Ausüben dieser Verantwortung braucht. Unsere Mütter standen alle vor der undankbaren Aufgabe, Töchter in einer

patriarchalischen Gesellschaft großzuziehen, die die Weiblichkeit entwertet. Die meisten Mütter sind isoliert, überarbeitet und alleingelassen. Deshalb haben nur sehr wenige unter uns eine starke innere Mutter von Anfang an mitbekommen.
Wir können die Vergangenheit nicht ändern, doch bei der Zukunft sieht das anders aus. Es ist wichtig, zu erkennen, daß wir in uns die Fähigkeit haben, eine starke innere Mutter auszubilden, eine, die uns die Nahrung und den Rat geben kann, die wir brauchen, nicht nur, um zu überleben, sondern auch, um zu wachsen und zu gedeihen.
Und wie fängt man das an? Indem man sich selbst behandelt, wie man als Kind von denen behandelt werden wollte, die uns versorgten. Das bedeutet, sich nicht zu schelten, wenn man einen Fehler macht, sondern statt dessen den Fehler umzuwerten zu einer Lernerfahrung. Statt sich zu sagen: »Wie dumm von mir!«, sollte man sich fragen: »Wie könnte ich es mit dem, was ich jetzt weiß, das nächste Mal besser machen?«
Das bedeutet, daß man seine Gefühle nicht bewertet, sich nicht kritisiert, wenn man eifersüchtig, verletzt oder gereizt ist. Man gönnt sich den Raum, die Gefühle ganz zu erleben, damit man von ihnen lernt.
Das heißt, der Intuition zu folgen, statt blindlings die Wahrnehmung anderer zu übernehmen oder automatisch zu tun, was andere von einem verlangen, um ihnen zu gefallen. Dazu braucht man eine gewisse Wachsamkeit. Man muß sich immer wieder die Frage stellen: »Wie fühle ich mich dabei? Will ich das wirklich tun?«
Mit der Zeit führt dies zur Entwicklung einer höchst aufmerksamen inneren Mutter, die uns durchs Leben begleitet und uns bei der Heilung von unserer Eßstörung unterstützt. Diese Mutter wird dich nicht im Stich lassen, denn sie ist in jedem Augenblick auf deine Bedürfnisse eingestellt.

11
Intuition
Inneres Sehen, Hören, Wissen

Intuition ist ein kostbares Geschenk der Weiblichkeit. Sie ist die kluge Stimme, die uns sagt, was wir tun sollen, welchen Weg wir einschlagen können und ob etwas nicht stimmt. Leider hat man die meisten von uns dazu gebracht, ihre Intuition zu mißachten. Wir haben gelernt, das einzige Wissen, das etwas wert sei, stamme aus der Außenwelt, sei durch unsere fünf Sinne zu erfahren. Man bringt uns bei, zu denken, nicht zu fühlen und nur das zu schätzen, was logisch erscheint und mit Vernunft und Verstand verarbeitet werden kann.

Intuition ist eine völlig andere Art von Erkenntnis. Es ist die Wahrnehmung jenseits der körperlichen Sinne, die uns Wissen anbietet, das wir für unser Überleben, unsere Kreativität und Inspiration nutzen können. Es handelt sich nicht allein um einen geistigen Prozeß, sondern um einen, der Körper, Herz und Seele einbezieht.

Der Verstand verarbeitet die Informationen, die er der Umwelt entnimmt, und leitet daraus logische Schlußfolgerungen ab. Er bietet uns Leitregeln und auf diesen Informationen beruhende Zielvorstellungen. Die Intuition hingegen hat Zugang zu einem viel größeren und tieferen Wissensreservoir. Sie bedient sich der schöpferischen Kräfte des Universums, die in uns und um uns existieren. Sie verbindet uns mit einem umfassenderen, größeren Verständnis als dem, das unsere Vernunft begreifen kann.

Das soll aber nicht heißen, daß der maskuline, rationale Verstand abzulehnen ist, sondern daß man ihn in enger Verbindung mit der Intuition benutzen sollte. Der Verstand kann eingesetzt werden, um neugierig und ohne Vorurteile Fragen zu stellen, die die Intuition aufgeworfen hat.

Zur Intuition gehört eine gewisse Empfänglichkeit, die nicht unbedingt passiv sein muß, wenngleich das so erscheinen mag. Wenn wir aktiv empfänglich sind, wird unser Bewußtsein durchlässiger, und wir reagieren sensibler auf subtile Informationen von innen und außen. Jeder Mensch verfügt über Intuition, doch sie wird oft als »weiblich« bezeichnet, weil der weibliche Aspekt der Empfänglichkeit dabei zum Tragen kommt.

Wir können nicht auf Befehl über Intuition verfügen. Sie taucht scheinbar von sich aus auf, wenn wir uns in einem Zustand von Empfänglichkeit befinden. Wenn wir uns mit einem Problem beschäftigen, zu dem uns keine Lösung einfällt, kommen wir oft erst dann zu einer plötzlichen Erkenntnis, wenn wir es »überschlafen« oder den Kampf darum aufgegeben haben.

Frauen scheinen von Natur aus intuitiver zu sein, weil ihre biologischen Anlagen sie zwingen, mit dem Körper und ihren Gefühlen in enger Verbindung zu stehen. Wir haben Hormone, die uns unseren Gefühlen und Instinkten gegenüber empfänglicher machen, und einen Menstruationszyklus, der die Mondphasen spiegelt und uns an unsere Verbindung zum Universum erinnert. Frauen sind vielleicht auch intuitiver aufgrund ihrer Erfahrung als Frau in einer patriarchalischen Gesellschaft. Da wir sehr früh lernen, daß wir nicht die Körperkraft haben, um uns vor dem Mißbrauch der Macht (wie Inzest, Vergewaltigung und anderem) zu schützen, müssen wir sehr viel Geschick entwickeln, andere einzuschätzen, »zwischen den Zeilen zu lesen« und das Unsichtbare zu erkennen, um gefährliche Situationen zu vermeiden. Wir müssen oft Entscheidungen treffen, ehe uns alle logischen, rationalen Informationen zur Verfügung stehen, und haben so einen starken, intuitiven Sinn ausgebildet.

Es gibt in unserer Kultur kaum Unterstützung für intuitives Wissen, und diejenigen, die durch ihre Eingebung in engem Kontakt zu ihrem instinktiven Selbst stehen, werden oft von anderen abgelehnt. Mir ist bei meiner Arbeit mit Frauen, die mit einer Eßstörung kämpfen, klar geworden, daß diese Frauen genau dies oftmals in ihrem Leben erfahren haben. Sie stellten fest, daß sie entweder verlacht, bestraft oder beschuldigt wurden, »Unruhe zu stiften«, wenn sie eine Wahrnehmung oder Bedenken äußerten, die sich nicht durch die fünf Sinne oder einen logischen Gedankenprozeß bestätigen ließen. Man sagte ihnen klipp und klar, daß etwas mit ihrem Realitätssinn nicht stimmte.

Die Frauen wurden von dieser Ablehnung so stark verletzt, daß sie ihrer weiblichen Intuition nicht länger trauten und ihr instinktives Wissen verdrängten. Um diese intuitiven Fähigkeiten dauerhaft zu unterdrücken, mußten sie deren Verurteilung mit Bemerkungen bestätigen wie: »Es gibt keinen Grund, das zu fühlen ...« – »Ich muß mir das ausgedacht haben ...« – »Ich reagiere bestimmt übertrieben ...« – »Ich bin zu sensibel ...«

Dies wurde zum Refrain ihres inneren Dialogs, bis sie nicht mehr an ihre Fähigkeit glaubten, die eigene Realität zu definieren. Sie verloren das Gefühl für eine innere Autorität, an die sie sich um Führung und Rat wenden konnten.

Bald fühlten sie, daß etwas Wichtiges nicht mit ihnen stimmte, aber sie wußten nicht, was es war. Sie spürten nur den starken Druck, ihre Wahrnehmungen vor anderen verborgen zu halten und ihr wahres Selbst zu verstecken, weil es sonst hieß, sie seien irrational – mit anderen Worten: verrückt.

Und sie stellten fest, daß sie diese innere Stimme am besten ignorieren oder zum Schweigen bringen konnten, indem sie sich mit Essen oder Diäten ablenkten. Sie lernten, auf ihre »Bauchgefühle« zu reagieren, indem sie sich Essen in den Magen stopften, als stamme das Rumoren dort von echtem Hunger.

Zur Heilung einer Eßstörung gehört die Wiedergewinnung der Intuition, der inneren Autorität, die uns Erkenntnisse und Rat bieten kann. Dazu gehört auch zu lernen, den Verstand zur Unterstützung zu benutzen, statt alle Erkenntnisse, die man durch die intuitiven Kanäle gewinnt, zu verwerfen.

In dem folgenden russischen Märchen »Der Lautenspieler« geht es um einen König und eine Königin, die vor langer Zeit ein glückliches Leben in ihrem kleinen Reich führten.

Der König liebte es, wenn seine Ritter ihm Schlachten vorspielten und in Turnieren ihre Kraft und Geschicklichkeit erprobten. Das war für ihn ein schöner Zeitvertreib, aber er sehnte sich auch nach einer Gelegenheit, hinaus in die Welt zu ziehen und seine eigenen Fähigkeiten auf die Probe zu stellen und Ruhm und Ehre zu erringen.

Als ihn daher die Kunde von einem grausamen König in einem fernen Land erreichte, der sein Nachbarreich in Angst und Schrecken versetzte, beschloß er, dies sei die Gelegenheit, auf die er gewartet habe. Er übertrug der Königin alle Gewalt über sein Land, das sie bisher gemeinsam regiert hatten, und wies seine Minister an, ihr in allem beizustehen. Dann sammelte er seine besten Ritter um sich und machte sich auf den Weg, seinen Nachbarn zu helfen.

Er zog immer weiter, durch Wälder und über Gebirge, bis er in das Land kam, in dem der feindliche König herrschte. Dort trat er gegen das Heer des fremden Königs an, wurde aber besiegt und gefangengenommen.

Man schleppte den König fort und sperrte ihn zu den anderen Gefangenen, die in Ketten lagen und schlecht behandelt wurden. Tagsüber mußten sie Felder bestellen, nachts kehrten sie er-

schöpft in ihren Kerker zurück, wo man ihnen so wenig zu essen gab, daß sie fast nicht davon leben konnten.
Die Königin aber führte derweil in dem kleinen Reich klug die Regierungsgeschäfte. Ihre Untertanen waren glücklich und zufrieden, und das Reich blühte und gedieh. Doch sie sehnte sich nach ihrem Gatten, und als aus den Monaten ein Jahr wurde, dann zwei, dann drei, fürchtete sie, er würde nie mehr zurückkehren.
Als der König endlich eine Möglichkeit gefunden hatte, ihr eine Botschaft zukommen zu lassen, war sie außer sich vor Freude. Er war zwar noch in Gefangenschaft, aber sie wußte nun, daß er am Leben war! Der König bat seine Frau in dem Brief, ihre Schlösser und ihr Land zu verkaufen und soviel Gold wie möglich zu leihen, damit sie ihn aus dem elenden Gefängnis freikaufen konnte.
Die Königin dachte lange und gründlich über diesen Auftrag nach. Sie wollte ihren Mann so rasch wie möglich befreien, denn sie vermißte ihn sehr, und sie wußte, daß das Auftreiben einer solchen Geldsumme Monate dauern konnte.
»Wenn ich ihnen nun das Gold selbst bringe«, überlegte sie, »könnte der fremde König mir alles abnehmen und mich ebenfalls gefangensetzen. Wenn ich einen Boten mit dem Geld losschicke – wem kann ich vertrauen? Und wenn unser Angebot abgelehnt wird? Dieser skrupellose König will seinen Gefangenen vielleicht gar nicht sich freikaufen lassen – vielleicht ist er so reich, daß er über das Gold, das wir ihm bieten, nur lacht?«
Die Königin schritt verzweifelt in ihren Gemächern auf und ab. »Wenn ich tue, um was der König mich bittet, ist er bei seiner Rückkehr arm und verschuldet. Das Reich ist dann ausgeplündert, und das Volk leidet.«
Sie überlegte und überlegte, bis sie nicht mehr denken konnte. Und dann hatte sie eine Idee. Sie würde als fahrender Sänger ver-

kleidet in das ferne Land ziehen, als Lautenspieler, und sie würde den König einfach selber retten. Sie wußte nicht, ob ihr kühner Plan gelingen würde, aber sie wollte ihn ausprobieren.
Sie war sicher, daß ihre Minister über diese Idee entsetzt sein und versuchen würden, sie davon abzubringen. Daher schnitt sie sich ihr langes, braunes Haar ab, verkleidete sich als Sänger und hinterließ einen Brief, daß sie sich auf eine Reise begeben habe. Mit der Laute in der Hand schlüpfte sie nachts aus dem Schloß und ließ sich nur vom Licht des Mondes leiten.
Auf ihrer langen Reise wurde die Königin immer dünner und von der Sonne gebräunt. Die bunten Farben ihres Sängerumhangs wurden stumpf und bleich. Schließlich erreichte sie ihr Ziel.
Als sie den Palast des fremden Königs betrat, nahm sie die Laute zur Hand und begann zu spielen. Sie sang eine traurige Ballade, in der sie ihre Sehnsucht, ihren Herzenswunsch beschrieb. Sie sang so schön, daß alle, die sie hörten, gerührt wurden von ihrem Wehklagen. Der König hatte kaum das schöne Lied angehört, da verlangte er, daß man den Sänger zu ihm brächte.
»Willkommen, Lautenspieler«, sagte er. »Woher kommst du?«
»Meine Heimat, Herr, liegt weit fort, jenseits vieler fremder Länder. Ich wandere von einem Reich zum anderen und verdiene mir das, was ich zum Leben brauche, mit meiner Musik.«
»Dann bleib doch hier und spiele für uns. Wenn du weiterziehen willst, werde ich dir das als Belohnung geben, um was du in deinem Lied bittest – deinen größten Herzenswunsch.«
Nach drei Jahren, in denen der Lautenspieler den König mit fröhlichen wie traurigen Liedern bezaubert hatte, trat er vor den König, um sich zu verabschieden.
»Was verlangst du als Belohnung?« fragte der König. »Herr, ich wünsche mir einen Eurer Gefangenen als Begleiter auf meinen Reisen. Wenn ich seine glückliche Stimme bei meinen Wanderungen höre, werde ich mich stets dankbar an Euch erinnern.«

Der König gewährte die Bitte, und die Königin trat unter die Gefangenen. Sie suchte sich ihren Ehemann aus und machte sich mit ihm auf die Reise nach Hause.

Der König hegte auf dieser Fahrt niemals auch nur den leisesten Verdacht, daß dieser schlanke, sonnengebräunte Sänger die Königin sein könnte. Als sie schließlich an der Grenze seines eigenen Reiches ankamen, sagte er: »Laß mich nun ziehen, du guter Junge. Ich bin kein gemeiner Gefangener, sondern der König dieses Reiches. Laß mich frei, und ich gebe dir alles, was du verlangst, als Lohn dafür.«

»Sprich nicht von Lohn«, antwortete der Lautenspieler, »und geh in Frieden.«

Die beiden verabschiedeten sich voneinander, und die Königin eilte auf einer Abkürzung zum Schloß zurück und kam noch vor dem König wieder dort an. Sie kleidete sich um, legte ein prächtiges Kleid und einen hohen, seidenen Kopfputz an und trat vor den König.

Dieser begrüßte zuerst die aufgeregte Menschenmenge vor dem Schloß, wandte sich dann an die Königin und sagte vorwurfsvoll: »Hast du meine Nachricht nicht bekommen? Ich habe lange im Gefängnis geschmachtet und auf das Gold zu meinem Freikauf gewartet. Du begrüßt mich zwar herzlich, aber es war ein Lautenspieler, der mich rettete und heimbrachte.«

Die Königin hatte im Sinn gehabt, dem König erst in ihren Privatgemächern die Gründe für ihre Verkleidung mitzuteilen, denn sie hatte befürchtet, daß er wütend sein würde, weil sie das Gold nicht geschickt hatte. Aber noch ehe sie eine Gelegenheit zur Antwort bekam, sagte ein boshafter Minister neben ihr. »Herr, die Königin verließ das Schloß, als wir die Nachricht von Eurer Einkerkerung erhielten, und ist erst heute zurückgekehrt.«

Darauf sah der König sie betroffen und traurig an. Er wandte

sich ab, um sich mit seinen Ministern zu beraten, denn er glaubte, die Königin habe ihn in Zeiten der Not im Stich gelassen. Die Königin kehrte in ihre Gemächer zurück und warf sich den von der Reise noch schmutzigen Sängermantel um. Dann nahm sie ihre Laute und ging in den Schloßhof, um die Lieder zu singen, die sie auch in dem fernen, fremden Land gesungen hatte.
Als der König dies hörte, eilte er hinaus auf den Hof, nahm den Lautenspieler bei der Hand und verkündete: »Das ist der Lautenspieler, der mich aus dem Gefängnis befreite! Und nun, mein Freund, werde ich dir deinen Herzenswunsch erfüllen!«
»Ich bitte nur um dein Vertrauen und deine Liebe«, antwortete der Lautenspieler, warf den Mantel ab und zeigte sich ihm als die Königin. »Und ich bitte dich, meine Geschichte anzuhören.«
Ein Ruf der Verwunderung lief durch die Halle. Der König war wie gebannt, doch dann trat er auf seine Frau zu und umarmte sie. Sie erklärte ihm nun, warum sie sich lieber ihrer Geschicklichkeit auf der Laute bedient hatte, um den König zu retten.
Der König freute sich über die Klugheit und Tapferkeit seiner Frau und verkündete aus Dankbarkeit, daß im ganzen Land sieben Tage und Nächte lang gefeiert werden sollte.

Die Königin in dieser Geschichte steht für unsere weibliche Intuition, die in einem idealen Reich neben dem König lebt, der unser Denken und unsere Logik repräsentiert. Als die Königin vor einem scheinbar unlösbaren Dilemma steht und alle logischen Möglichkeiten erschöpft hat, kommt ihr in einer blitzartigen Einsicht eine neue Idee.
Die Königin vertraut dieser spontanen Idee, auch wenn sie zu dem Zeitpunkt noch nicht sicher ist, ob sie auch durchgeführt werden kann. Aber es ist der Plan, den sie innerlich bejaht, und daher führt sie ihn aus. Intuitiv sein heißt, bereit zum Risiko zu

sein, bereit zu sein loszugehen, ohne sicher zu wissen, wo man landen wird.

Intuition steht uns zur Verfügung, wenn wir Verbindung mit unserem Herzen halten. Die Königin vertraut auf ihre Gefühle und erlaubt ihnen, sie zur richtigen Entscheidung zu leiten; sie vermißt ihren Mann sehr und will nicht unnötig lange auf seine Rückkehr warten. Dies veranlaßt sie, in sich nach einer kreativen Lösung zu suchen, statt die gegebene Anweisung auszuführen.

Im Unterschied zu rationalen Gedanken kann man intuitive Eingebung mit Gefühlen fördern. Da die Königin das Sehnsuchtsgefühl nach ihrem Mann zuläßt und ihre Einsamkeit nicht verleugnet, kann sie all ihre Sehnsucht in ein gefühlvolles Lied ergießen. Ohne ihr sehnsüchtiges Verlangen hätte ihr Lied den feindlichen König vielleicht nicht so tief gerührt, und ihr Plan wäre nicht so erfolgreich gewesen.

Die Königin bedenkt auch, wie es unsere eigene Intuition tut, das größere Umfeld. Als sie den Plan des Königs logisch durchdenkt, erkennt sie, daß er Grenzen hat. Selbst wenn er klappt, gibt es Nachteile: Das Königreich würde verarmen. Wenn wir uns unserer Eingebung bedienen, können wir einen größeren Fundus an Erkenntnissen nutzen und die Verbundenheit aller Dinge miteinander einbeziehen.

Die Minister repräsentieren die kollektive Stimme unserer Kultur, die der Intuition mißtraut. Die Königin erkennt, daß die Minister versuchen werden, sie davon abzubringen, ihrer Eingebung zu folgen. Daher beschließt sie, sie nicht zu Rate zu ziehen und jede Konfrontation mit ihnen zu vermeiden. Sie entscheidet sich, souverän zu handeln, eine eigenständige Entscheidung zu treffen und ihrer inneren Autorität zu folgen. Auch wir müssen die Menschen erkennen, die unser intuitives Wissen verspotten, und uns darauf einstellen, nicht auf sie zu achten.

Die Frau, die sich aus dem Gefängnis einer Eßstörung b
möchte, muß offen werden für ihre Eingebungen. Sie mu
innen lauschen, ihren intuitiven Teil wiedergewinnen und seine Weisheit erkennen.

Das heißt, Tag für Tag auf Körpersignale und Instinkte – »Bauchgefühle« – zu achten. Es heißt, Impulse und Ahnungen zu respektieren. Es heißt, die Gefühle und Einsichten zu würdigen, indem man sich von ihnen leiten läßt.

Um Zugang zu unserer Intuition zu gewinnen, muß man sich in einem Zustand von Empfänglichkeit befinden. Nimm dir jeden Tag etwas Zeit, um einfach nur still zu sein, nichts zu tun, dich auf das »Sein« zu konzentrieren statt auf das »Tun«. Laß alle Gedanken und Gefühle in deinem Bewußtsein aufsteigen. Achte auf die Bilder oder Gedanken, die immer wieder auftauchen.

Respektiere deine Gefühle. Laß deine Emotionen ohne sie zu beurteilen durch dich hindurchspülen. Konzentriere dich darauf, wie du dich fühlst, statt darauf, wie du dich fühlen solltest. Alle blockierten Gefühle und verborgenen Emotionen beeinträchtigen deine intuitiven Fähigkeiten. Es ist wichtig, daß du dein Gefühlsspektrum kennenlernst und die verschiedenen Stellen in deinem Körper, an denen du sie erfährst, damit du nicht etwa Angst mit einer intuitiven Eingebung verwechselst.

Enthalte dich aller Vorurteile. Statt die Botschaften zu kritisieren, die dir deine Intuition vermittelt, befrage sie neugierig – etwa mit Sätzen wie: »Warum will ich nicht arbeiten gehen? Was stört mich heute dort? Warum macht mir das so zu schaffen? Wie hätte ich es gerne statt dessen?« Immer wenn man Fragen neugierig statt kritisch stellt, eröffnet man sich damit neue Wege.

Sei geduldig mit dir. Die Zurückgewinnung deiner Intuition braucht wahrscheinlich ein bißchen Übung. Es kann eine Weile dauern, die intuitive Führung in einem selbst zu erkennen, weil sie viele verschiedene Formen annehmen kann. Manchmal bekommt man auf eine Frage ein deutliches Ja oder Nein. Dann wieder fühlt man nur vages Unbehagen in einer bestimmten Situation. Es kann eine plötzliche Eingebung sein, die uns auf bestimmte Weise handeln läßt, ein nagendes Gefühl, das man nicht mehr loswird, eine lange vergessene Erinnerung oder ein Traum. Führe ein Tagebuch über deine Ahnungen, Einsichten und Impulse, die für dich intuitive Eingebungen sind. Achte darauf, inwieweit die Ereignisse diese inneren Botschaften bestätigen. Deine Intuition kann zwar ganz unterschiedliche Formen annehmen, aber falsch ist sie niemals. Nach einer Weile wirst du immer deutlicher deine Intuition fühlen.

Die Eingebung einer Frau kann niemals vollständig verlorengehen. Auch wenn sie jahrelang vernachlässigt und verleugnet wurde, kann man sie zurückgewinnen, indem man in sich hineinlauscht und -sieht. Selbst wenn sie durch Jahre des Nichtgebrauchs verkümmert und schwach geworden ist, kann man sie stärken, indem man auf ihren Rat hin handelt.

Denk immer daran, daß im Kern deines Wesens eine weise, mitfühlende Frau sitzt, die dir ständig ihren Rat anbietet. Sie sehnt sich danach, daß man auf sie hört. Und wenn du sie anhörst, kannst du keinen falschen Weg einschlagen.

12
Traumzeit
Die Reise nach innen

In diesem englischen Märchen, »Des Hausierers Traum«, geht es um die Bedeutung von Träumen.

Es war einmal ein armer Hausierer, der in einem kleinen Dorf ein karges Leben fristete. Er hatte nur ein sehr bescheidenes Häuschen und einen Kirschbaum. Der Kirschbaum war von einem Gemüsegarten umgeben, der die Familie des Hausierers recht und schlecht ernährte. Eines Nachts hatte der Hausierer einen ungewöhnlichen Traum. Er träumte, daß er zur berühmten London Bridge fuhr und dort einen Sack mit Gold fand. Dieser Traum war so lebendig und so deutlich, daß er ihm noch lange nach dem Erwachen im Gedächtnis blieb. Den ganzen nächsten Tag mußte er an den Traum denken, und am Nachmittag sagte er zu seiner Frau: »Ich habe geträumt, daß ich unter der London Bridge einen Sack mit Gold finde. Ich muß mich nach London aufmachen, um meinen Schatz zu suchen.«
»Du bist wohl verrückt geworden!« rief seine Frau. »Du kannst doch nicht einfach hier verschwinden, nur weil du geträumt hast, daß irgendwo Gold zu finden ist. Du mußt hierbleiben und dich um die Familie kümmern.«
Aber der Hausierer blieb fest entschlossen, sein Glück zu versuchen. Seine Frau hatte also keine andere Wahl, als ihm etwas Essen einzupacken und ihm Glück für seine Reise zu wünschen.
Es war ein weiter Weg, und er wanderte über manch staubige Landstraße. Schließlich kam der erschöpfte Händler in der

großen Stadt London an und fand mit der Hilfe freundlicher Menschen die Brücke seiner Träume.
Aber ach, es gab dort kein Gold zu finden.
Dennoch blieb der Hausierer tagelang bei der Brücke, immer noch in der Hoffnung, daß sein Traum wahr werde.
Am Abend des dritten Tages stellte der Mann fest, daß sein Essensvorrat zur Neige ging – zusammen mit seiner Hoffnung. Er dachte: »Was bin ich doch für ein Narr, einfach so einem Traum zu folgen.« Er suchte seine Jacke und seinen Rucksack zusammen, um nach Hause zurückzukehren, doch da trat ein Mann aus dem Wirtshaus gegenüber auf ihn zu und sagte: »Ich habe dich von meinem Zimmer auf der anderen Straßenseite aus beobachtet, und mir ist aufgefallen, daß du seit drei Tagen unter dieser Brücke sitzt. Was suchst du hier?« Als der Hausierer ihm von seinem Traum erzählte, lachte der andere: »Ich habe auch manchmal lächerliche Träume. Ich habe einmal geträumt, ich wanderte zu einem kleinen, bescheidenen Häuschen auf dem Lande. Hinter dem Häuschen stand ein großer Kirschbaum, umgeben von einem Gemüsegarten. Und unter diesem Kirschbaum fand ich einen Sack Gold vergraben!«
Der Hausierer nahm sich kaum die Zeit, dem Mann zu danken und sich zu verabschieden. Er eilte so schnell er konnte nach Hause, grub unter dem Kirschbaum nach und fand tatsächlich einen Sack Gold. Und von da an lebte er zufrieden mit seiner Frau und seinen Kindern bis ans Ende ihrer Tage.

Wie der Hausierer in der Geschichte leben wir in einer Gesellschaft, die von Träumen nicht viel hält. Wenn Kinder einen Alptraum haben, sagen wir: »Es war doch bloß ein Traum«, als wollten wir andeuten, daß nichts dahinter steckt. Wir bezeichnen manche Menschen als »Tagträumer« und beklagen damit ihren Mangel an praktischen Fähigkeiten. Als Kinder werden wir in der Schule ständig ermahnt, nicht zu träumen. Die Vorstellung, daß Träume uns Zugang zu dem reichen Schatz unserer Vergangenheit, Gegenwart und Zukunft bieten, wird allgemein nicht anerkannt.

In früheren Gesellschaften schrieb man Träumen mächtige und mystische Eigenschaften zu. Man glaubte etwa, daß Träume Botschaften der Götter seien. Oder man meinte, daß Träume einen Weg in eine andere Welt böten, die ebenso wirklich wie unsere Existenz im Wachzustand sei. Es gab Menschen, die aus den Träumen zukünftige Ereignisse voraussagten, und andere, die Träume zur Heilung von Krankheiten heranzogen.

In unserer westlichen Kultur werden Träume heute in den Zusammenhang mit dem Unterbewußtsein gebracht, dem Bereich des Selbst, der normalerweise unter der Oberfläche ruht, die wir der Außenwelt zeigen. Viele Psychotherapeuten und -analytiker arbeiten mit Traumanalysen, in der Überzeugung, daß Träume einen »Königsweg« zur Selbsterkenntnis bieten. Der Traum gilt als symbolische Darstellung der Gedanken, Gefühle und tiefsten Bedürfnisse des Träumers.

Die große Herausforderung der Träume besteht darin, daß man die Traumsprache kennen muß, um die Träume wirklich verstehen zu können. Träume reden nicht in der Sprache des Wachzustandes mit uns. Ein Traum ist vielmehr wie ein Gedicht, ein Gemälde oder eine Geschichte, die unser Bewußtsein umgehen und uns direkt in der Seele ansprechen. Er löst bestimmte Gedanken, Gefühle oder Bilder aus, die etwas tief in uns drinnen anklingen lassen. Träume sprechen, wie Kunst, in Symbolen oder Metaphern zu uns und folgen nicht den direkten und logischen Denkprozessen, an die wir im Alltag gewöhnt sind. Wir werden auf der imaginativen, emotionalen Ebene, statt bloß auf der intellektuellen, angesprochen. Wenn wir versuchen, sie nur auf der wörtlichen, intellektuellen Ebene zu interpretieren, können wir ihre subtile, unendlich komplexe Bedeutung nicht erfassen und verweigern uns damit die Chance, den Sack Gold zu finden.

Das Unterbewußtsein ist wie ein riesiger Ozean aus Lebenserfahrung, Erinnerungen an die nahe und ferne Vergangenheit und Chancen für die Zukunft. Das Bewußtsein ist nichts weiter als eine winzige Insel inmitten dieses großen Meeres. Damit unser begrenztes Bewußtsein das ungeheure Wissen begreifen kann, das dem Unterbewußtsein zur Verfügung steht, muß dieses Wissen zu Symbolen und Metaphern kondensiert werden, die unzählige Bedeutungsschichten enthalten.

Wenn wir die Sprache der Träume lernen, die Sprache der Symbole und Metaphern, eröffnet sich uns eine völlig neue Welt. Wir entwickeln eine tiefere Verbindung zu unserem inneren Selbst, erhalten Informationen, die uns leiten können, und gewinnen wichtige Erinnerungen wieder. Wir entdecken Quellen der Inspiration und Kraft zur Heilung. Ein Traum kann einem sagen, wo man steht, wo man herkommt, wohin man gehen soll und was man dort tun muß. Träume zeigen uns oft, was wir übersehen oder im Alltag vermieden haben: Sie enthüllen häufig Gefühle, Gedanken und Einstellungen, die uns nützen können, wenn wir herausfinden wollen, wer wir sind und was wir wollen und wie wir zu einem vollständigeren, ausgewogeneren Selbst gelangen können. Wenn man in einem Traum beispielsweise entsetzt entdeckt, daß man vergessen hat, sich anzuziehen, ehe man ins Büro geht, enthüllt dies vielleicht die Angst, bei der Arbeit bloßgestellt zu werden, oder die Tatsache, daß man sich dort sehr angreifbar fühlt – Ängste, die man vielleicht ignoriert hat und denen man nachgehen oder die man hinterfragen sollte.

Um das zu verstehen, was uns das Unterbewußtsein durch einen Traum mitteilen will, muß man erkennen, daß die Personen, Objekte, Ereignisse und Orte im Traum vielschichtige Symbole sind – und nicht direkte, konkrete Darstellungen von Dingen

und Menschen, die uns bekannt oder nicht bekannt sind. Träume sind in ihrer Darstellung viel dramatischer als unsere normalen Gedanken. Häufig erschrecken sie uns, weil sie so übertrieben wirken. Das führt leider oft dazu, daß Menschen die Traumbilder oder ihr Verhalten in den Träumen wieder verdrängen. Damit versäumen sie eine gute Gelegenheit, ihre Ängste zu verstehen – ein Verständnis, das zur Heilung führen könnte.
Wenn man beispielsweise träumt, daß man einen Polizisten vor einer Galerie umbringt, um ein Gemälde zu stehlen, heißt das nicht, daß man ein irrer Mörder mit kleptomanischen Neigungen ist. Statt dessen kann es vielleicht bedeuten, daß man eine Wut, die man in sich trägt, im Alltag nicht richtig ausdrückt. Statt das eigene Verhalten im Traum zu verurteilen, sollte man sich fragen, auf wen man eigentlich wütend ist. Gibt es jemanden in deinem Leben, der verhindert, daß du dich kreativ betätigst?
Im Traum kann jede Gestalt eine Person aus deinem Leben darstellen oder einen Teil deines Selbst, den du nicht zuläßt. Bei sorgfältiger Analyse entdeckt man vielleicht, daß es einen Teil im Selbst gibt (eine innere, ganz auf Sicherheit orientierte, autoritäre Stimme), den man loswerden sollte, um ein kreatives Projekt beginnen zu können.
Die Beziehungen, die wir im Traum erleben, verraten uns eine tiefe Wahrheit über unsere Beziehungen in unserem normalen Dasein. Wir sind viel komplexer, als wir denken, und haben in uns ein ganzes Spektrum an Persönlichkeiten. Es gibt Aspekte unseres Selbst, die uns vertraut sind und mit denen wir uns wohl fühlen und identifizieren, wie etwa unser verantwortliches, hilfsbereites, fürsorgliches und praktisches Selbst. Aber andere Aspekte, wie Kreativität, Sorglosigkeit und Selbstbewußtsein, erscheinen uns unvertraut – wiederum andere ausgesprochen unangenehm, wie unser kritisches, irrationales, anspruchsvolles,

unzufriedenes, wütendes Selbst. Diese Teile unseres Ichs, die uns entweder nicht vertraut sind oder die wir nicht leiden können und deshalb abstreiten, tauchen oft in unseren Träumen auf. Dann rufen sie uns und versuchen, unsere Aufmerksamkeit zu erlangen. Sie können im Traum als dunkle, feindselige Gestalten, die versuchen, in unser Haus einzubrechen, erscheinen oder als Meute wilder Hunde, die uns hetzen, oder als dämonische Kreaturen, die uns gefangenhalten.

Männliche Gestalten im Traum können uns etwas über unsere männlichen Anteile, Frauengestalten etwas über unsere Weiblichkeit aussagen. Wie die Männer und Frauen im Traum miteinander umgehen, kann auf die Art der Beziehung zwischen unserer eigenen Männlichkeit-Weiblichkeit hinweisen: zwischen unserem logischen, nach außen gerichteten, unabhängigen, ziel- und leistungsorientierten Selbst und dem emotionalen, intuitiven, beziehungsorientierten Selbst. Fühlt sich der eine Aspekt vom anderen bedroht oder beherrscht, oder sind sie ineinander »verliebt« und arbeiten als Team miteinander? Wenn du zum Beispiel träumst, mit dem Ehemann deiner besten Freundin, der Finanzberater ist, zu schlafen, bedeutet das nicht unbedingt sexuelle Gefühle gegenüber diesem Mann, sondern kann eine tiefe Bewegung in deinem Selbst auf eine Verbindung mit der männlichen Seite in dir sein, die die »Finanzaffären« regelt.

Träume über die Mutter und den Vater sagen uns ebenfalls oft eine Menge über die Teile von Mutter und Vater, die wir unbewußt in uns aufgenommen haben. Zugleich können uns solche Träume Einsichten über unsere eigene Mütterlichkeit oder Väterlichkeit geben, wie auch über die archetypische Mutter oder den archetypischen Vater. Säuglinge oder Kinder stellen im Traum oft das eigene innere Kind dar, unser verletzliches, unentwickeltes Selbst. Träume über Tiere sagen uns oft etwas über unser instinktives Wesen.

Wenn eine Frau die tiefere Bedeutung ihrer Eßstörung begreifen will, können ihr ihre Träume wertvolle Hinweise darauf geben, wonach sie wirklich hungert, wie ihre unerfüllten Sehnsüchte aussehen, welche Gefühle sie mit Essen in sich hinunterstopft, wovor sie Angst hat. Träume können aber auch eine Anleitung geben, welche Fähigkeiten es zu entwickeln gilt, auf welche innere Stimme die Frau hören muß und welche inneren Ressourcen sie anzapfen sollte.

Patty, eine Stewardeß, die ständig gegen ihre Eßstörung ankämpfte, erzählte mir einen Traum, in dem »meine beiden älteren Kinder erster Klasse nach Hong Kong fliegen, und ich bin ganz aufgebracht, weil ich nicht an diesem Flug teilnehme«. Dieser Traum war für sie sehr aufschlußreich, denn sie sah ihn als Darstellung des Mangels, den sie fühlte: Sie gab anderen eine Erste-Klasse-Behandlung im Leben und bekam selbst nichts dafür zurück. Ihr Traum drückte die Frustration darüber aus, sich nicht von ihren Verantwortlichkeiten lösen und »in Urlaub gehen« zu können.

Patricia, eine junge Frau, die schon seit Jahren mit einer Bulimie kämpfte und kurz vor der Heilung stand, erzählte mir diesen Traum, den sie vor ihrer letzten Eß- und Brechphase träumte: »Eine Frau verfolgt mich mit einem Messer in den Wald und versucht, mich umzubringen. Zuerst hat sie mich unter einem Vorwand dazu gebracht, sie in den Wald zu fahren, und dort beginnt sie zu meiner Überraschung, mich zu jagen! Ich habe große Angst, aber dann bleibe ich aus irgendeinem Grund stehen und sage wütend zu ihr: ›So geht das nicht weiter. Das ist blöd! Ich will das hier nicht. Ich habe andere Dinge zu tun, und ich bringe dich jetzt nach Hause.‹ Ich fahre die Frau, die sich inzwischen beruhigt hat, nach Hause, aber da sehe ich, daß ihr Haus eine lange, steile Auffahrt hat, und ich denke: Das wird mir zuviel, ich habe genug zu tun. Ich sage zu ihr: ›Ich setze dich hier ab (unten an der Auffahrt).‹ Dann küsse ich sie auf die Wange und fahre fort, um das zu tun, was ich zu erledigen habe.«

Patricia erkannte, daß die Frau im Traum ihre ältere Schwester war, die sie seit ihrer Kindheit immer feindselig und grob behandelt hatte und ihr sehr kritisch gegenüberstand. Vor nicht allzu langer Zeit hatte Patricia herausgefunden, daß ihre Eß- und Brechphasen immer dann erfolgten, wenn ihre Schwester sie herabgesetzt oder sich ablehnend gegen sie gezeigt hatte – oder wenn Patricia *dachte,* ihre Schwester habe sie kritisiert. Der Traum zeigte ihr, daß sie immer in den Wald ihres Unbewußtseins rannte (indem sie aß und erbrach), wenn ihre Schwester sie angriff.

Doch in ihrem Traum wurde sie, statt weiter fortzulaufen, wütend und blieb stehen. Sie erkannte, daß sie andere Dinge mit ihrem Leben anfangen wollte. Der Traum zeigte ihr, daß das Herauslassen ihrer Wut den Prozeß, immer vor den wahren Gefühlen fortzulaufen, zum Stillstand brachte.

Auf einer tieferen Ebene erkannte Patricia, daß die Frau im Traum auch sie selbst darstellte, den Teil in ihr, der sie selbst so behandelt wie ihre Schwester, der sie übertrieben und hart kritisiert. Die Botschaft des Traumes lautete für Patricia, daß sie nicht mehr so zu sich zu sein braucht. Indem sie ihre Wut erfährt und ausdrückt, kann sie auf den »Fahrersitz« des Lebens zurückkehren, den verleugneten, kritischen Teil in sich nach Hause fahren, ihm Grenzen setzen, indem sie zeigt, was sie bereit ist zu tun und was nicht, und dies fest und liebevoll ausführt.

Träume geben uns oft einen Schlüssel, der uns zu Lösungen hilft, die unseren logischen Verstand völlig verblüffen. Sie bieten uns Bilder, die unterdrückte Erinnerungen freisetzen und einen Heilprozeß in Gang bringen können.

Cynthia war schon als Teenager wegen Magersucht im Krankenhaus und hatte diese Eßstörung nie wirklich überwunden. Auch als junge Frau lebte sie in der Angst, dick zu werden, und übergab sich häufig nach den Mahlzeiten. Sie hatte es zwar schon früher mit einer Therapie versucht, aber ihr war immer noch nicht klar, welche tiefer liegenden Probleme ihre Magersucht ausgelöst hatten. Der folgende Traum verhalf Cynthia zu der Einsicht, die sie brauchte, um schließlich geheilt zu werden:

»Ich bin in meinem Wohnzimmer und frage mich, wann mein Mann nach Hause kommt. Ich bin sehr aufgebracht über die Frau von nebenan. ›Sie ist eine Schlampe‹, sage ich bei mir. Und dann steht sie vor meiner Tür und flirtet mit dem Freund meiner Freundin.«

Dieser Teil des Traumes wurde offensichtlich durch ein Gespräch mit Cynthia über ihre Gefühle gegenüber ihrer Sexualität ausgelöst. Sie sagte, sie traue ihr nicht und fühle sich manchmal von ihr abgestoßen.

»Als mein Mann heimkommt, bringt er drei Freunde mit. Ich muß für alle sofort Essen kochen. Sie stürmen in die Küche und umringen mich vor dem Kühlschrank. Ich habe keine Ahnung, wie ich sie mit dem bißchen Essen, das ich im Haus habe, alle satt bekommen soll.«

Das Dilemma mit dem Essen in diesem Traum spiegelt Cynthias eigenes, hungriges Wesen und ihr Gefühl, daß nie genug da ist, um sie satt zu bekommen, wider. Sie hat selbst das Gefühl, daß eine Verbindung zwischen ihrer Beziehung zum Essen und ihrer Beziehung zu ihrer Sexualität besteht.

»Einer der Männer ist dick und hat ein behaartes Gesicht. Er ist klein und sehr gewöhnlich. Ein Mann ist schmierig, groß, dünn und böse. Den dritten Mann kann man nicht richtig erkennen, er ist wie unsichtbar – ich kann ihn kaum sehen. Er ist nett. Ich ziehe eine Schüssel mit irgendwas darin heraus und fange an zu kochen. Ich fühle mich überfordert, und als ich gerade aufgeben will, kommen alle wieder herein und stürzen sich auf mich, um zu sehen, was ich gekocht habe.«

Cynthia stellte fest, daß der große, dünne Mann sie an einen ehemaligen Freund erinnerte, der, wie sich später herausstellte, ihre fünfjährige Schwester sexuell belästigt hatte. Als sie über ihn sprach und die Gefühle, die sie dabei empfand, tauchten alte Erinnerungen auf. Sie hatte sich immer stark dafür geschämt, einmal einen Freund gehabt zu haben, der ihre Schwester belästigt hatte. Als »dünner«, anorektischer Teenager identifizierte sie sich mit dem Verhalten dieses Freundes und vermittelte ohne Worte: Seht, ich bin wie er – mit perverser Sexualität. Der dicke, behaarte Mann stand für ihr »gewöhnliches«, animalisches, sexuelles Wesen, das sie mit den »bösen« Handlungen ihres Freundes an der Schwester gleichsetzte. Ihre Angst, dick zu werden, war mit der Angst verbunden, sexuell aktiv zu werden. Der »nette« Mann stand für die positiven Aspekte ihrer Sexualität, die sie »kaum erkennen« konnte.

Es ist bedeutsam, daß der Traum in der Küche stattfindet, einem Ort der Verwandlung, in dem rohe Lebensmittel gekocht werden – wo rohe Instinkte zu etwas Schmackhaftem verwandelt werden, das das Bewußtsein verzehren und verdauen kann. Als Cynthia diesen Traum deutete, konnte sie erkennen, daß die hungrigen Männer alle verschiedenen Aspekte ihrer verleugneten Sexualität darstellen, die gesättigt werden wollen. Sie wollen in ihr Bewußtsein treten. Der Prozeß, sie versorgen zu sollen, überfordert Cynthia, denn ganz gleich, was sie ihnen vorsetzt, es wird nicht reichen. Was diese verleugneten Teile ihres Selbst brauchen, ist Aufmerksamkeit. Nur so konnte Cynthia die Besessenheit mit Essen und Dicksein loswerden, deren Zweck es war, diese Teile im Unbewußten zu halten. Ihr Traum präsentierte ihr eine Szene, die ihre Aufmerksamkeit darauf lenkte.

Wenn eine Frau mit einer Eßstörung kämpft, ist es sehr wichtig, daß sie sich in Erinnerung ruft, daß Essen eine Metapher ist und daß durch das Verstehen dieser Metapher die Heilung erfolgt. Schon die Interpretation eines bestimmten Traums kann oft helfen, die Bedeutung dieser Metapher herauszufinden (indem wir erkennen, welche symbolische Bedeutung Essen für uns hat; wie wir es einsetzen, um bestimmte Gefühle auszudrücken, zu unterdrücken oder uns von ihnen abzulenken). Aber es kann noch wichtiger sein, die Traumsprache an sich zu lernen.

Wenn wir anfangen, auf unsere Träume zu achten, und lernen, sie zu deuten, wird uns die Sprache der Metaphern vertraut. Dadurch erkennen wir, daß Metaphern auch im Wachzustand ihre Wirkung haben. Wir sehen dann zum Beispiel, daß Essen eine Metapher für emotionale Nahrung ist und daß wir essen, wenn wir nach Aufmerksamkeit, Zuneigung oder Verständnis hungern. Uns wird klar, wie das hastige Vollstopfen mit Essen den panischen Versuch darstellt, jene Gefühle hinunterzustopfen, die drohen, an die Oberfläche zu drängen. Wir sehen, wie Dicksein für uns eine Isolierschicht vor verletzenden Bemerkungen darstellt, Schutz vor unerwünschten sexuellen Annäherungsversuchen oder vor der Eifersucht anderer.

Ehe die Frau ihre Träume entschlüsseln kann, muß sie lernen, sie festzuhalten. Jeder Mensch träumt zwar, aber viele Frauen erinnern sich nicht an ihre Träume. Manchmal kostet es große Mühe zu lernen, die Träume festzuhalten. Traumbilder sind flüchtiger Natur, und oft bedarf es besonderer Anstrengung, sich an sie zu erinnern.

Die beste Zeit dafür ist der Moment des Aufwachens – wenn man nicht mehr richtig schläft, aber auch noch nicht ganz wach ist. Wenn man zu rasch aufsteht oder die Gedanken zu früh auf jene Dinge lenkt, die nach dem Aufstehen erledigt werden müssen, verliert man die Traumbilder sofort wieder.

Dann sollte man die erinnerten Traumbilder so schnell wie möglich aufschreiben. Am besten bewahrt man ein Heft mit einem Stift neben dem Bett auf. Oft reichen schon die Absicht, die Träume der vergangenen Nacht aufzuzeichnen, und die Vorbereitung dazu aus, um sich an einen Traum zu erinnern. Selbst wenn man sich nicht mehr an den vollständigen Traum erinnert, sollte man alle Worte, Bilder und Gefühle aufschreiben, die einem einfallen. Mit der Zeit lernt man, seine Träume deutlicher zu beschreiben. Bei der Aufzeichnung bedient man sich am besten der ersten Person und der Gegenwart, als würde alles beim Schreiben noch einmal geschehen – zum Beispiel so: »Ich fahre über eine dunkle Straße, und der Mann, der neben mir sitzt, raucht eine Zigarre.« Das hilft, die Unmittelbarkeit des Traums zu bewahren.

Wenn man Hilfe bei einem bestimmten Problem braucht, sollte man sich kurz vor dem Einschlafen noch einmal darauf konzentrieren und um einen Traum bitten, der einem die gewünschte Einsicht oder Anleitung vermittelt. Gleich, ob du zuviel oder zuwenig ißt, bitte um einen Traum, der dir die Symbolik von Essen und Dicksein für dich enthüllt und dir sagt, welche Gefühle du versuchst zu unterdrücken, wenn du ißt. Bitte um Hilfe bei der Erkenntnis der verborgenen Dinge, die für dich gelöst werden müssen, oder bei der Suche nach der Einstellung, die für deine Heilung am nützlichsten wäre. Man träumt zwar meist nicht sofort den gewünschten Traum, das kann Wochen dauern, aber wenn man es tut, erkennt man ihn in der Regel als den gewünschten.

Bei der Deutung von Träumen gibt es keine bestimmte Technik, die einem alle Antworten vermittelt. Indem du viel träumst und deine Phantasie nutzt, um deine Träume zu deuten und dich zu fragen, was bestimmte Dinge dir sagen wollen und welche Verbindung du zu deinem Leben erkennst, entwickelst du allmählich mehr Selbstvertrauen in deine eigene Intuition. Vielleicht besorgst du dir ein Buch über Traumsymbole als Ausgangsbasis. Aber an sich gibt es keine richtigen oder falschen Interpretationen. Deine Träume sind deine Träume – ebenso einzigartig wie deine Fingerabdrücke.

Träume können zwar archetypische Symbole enthalten, jene uralten, faszinierenden und oftmals intensiven Bilder (wie Hexe, Königin, Mond, Mutter), die die Menschen anrühren und in allen Kulturen die gleiche Bedeutung haben. Doch die meisten Träume haben persönliche Bedeutung, die man selbst erkennen muß. Dieser Prozeß der Entschlüsselung unterscheidet sich meist von analytischen Denkprozessen, an die wir gewöhnt sind.

Statt die Bedeutung eines Traums mit Logik herausfinden zu wollen, nützt es gewöhnlich mehr, die Traumbilder bei sich hin- und herzubewegen, bis sich die Bedeutung allmählich herausschält. An was oder wen erinnern sie einen? Wann hat man so schon einmal gefühlt? Welche Empfindungen rufen die Bilder hervor? Wie hängen sie mit dem zusammen, was im Alltag geschieht? Haben sie irgendwie mit den eigenen Gefühlen und der Beschäftigung mit dem Essen zu tun?

Stell immer genauere Fragen, ohne sofortige Lösungen zu erwarten. Wenn man bestimmte Personen im Traum erkennt, kann man sich fragen, welche Eigenschaften sie im Normalleben für einen haben. Wie würde man sie beschreiben? Was symbolisieren die Objekte in deinem Traum? Was assoziierst du zum Beispiel mit dem Meer, schnellem Fahren, einem großen Zahn, der Farbe Rot, Schokolade, leeren Kästen, Fischen, Kahlheit usw.? Welche Gefühle ruft eine bestimmte Umgebung im Traum hervor? Wann hast du dich schon einmal so gefühlt? Wenn es eine vertraute Umgebung ist, kannst du dich fragen, was passierte, als du dich das letzte Mal dort aufhieltest. Wie kommen die Männer und die Frauen miteinander aus? Gibt es Konflikte?

Herrscht Gleichgewicht? Sagt der Traum irgend etwas über den Kampf mit Essen, Dicksein, Körperbewußtsein? Wie endet der Traum?

Statt der Bedeutung aktiv nachzujagen, sollte man sich eher öffnen. Laß die Ideen über die Bedeutung eines Traumes langsam auf dich zukommen. Wenn du Fragen stellst, laß alle Antworten, die sich einstellen, zu, auch wenn sie nicht sofort einen Sinn ergeben.

Es kann sehr hilfreich sein, Träume jemandem anzuvertrauen, der einem nicht sofort eine Interpretation anbieten will. Man entdeckt oft schon bei der Beschreibung des Traums oder bei der Erklärung, was bestimmte Dinge, Personen oder Orte einem bedeuteten, welchen tieferen Sinn sie haben. Ich habe einen Freund, den ich immer morgens als erstes anrufe, und wir erzählen uns gegenseitig die Träume der vergangenen Nacht. Und mit einer Freundin, mit der ich morgens häufig spazierengehe, rede ich oft über unsere interessantesten und wichtigsten Träume. Wenn man in Therapie ist, kann man zuweilen eine ganze Sitzung mit der Analyse eines Traums oder Traumfragments verbringen, was ungeheuer viel Information und Anleitung zur Heilung erbringen kann.

Der Inhalt mancher Träume kann sehr wertvoll sein, aber der wahre Schatz wird, wie in dem Märchen, erst gefunden, wenn man diesem Traum auch folgt. Wenn eine Frau beginnt, auf ihre Träume zu lauschen, auf ihre innere Stimme, entdeckt sie bald, daß die zuverlässigste Wissensquelle in ihr selbst liegt. Die Antworten auf die Kämpfe und Schwierigkeiten ihres Lebens finden sich, indem sie die eigenen Erfahrungen und Gefühle erforscht und nicht indem sie den Meinungen und Maßstäben fremder Autoritäten folgt.

Cynthia drückte es so aus: »Ich hatte nicht gewußt, wie wichtig meine Träume sein können. Ich bin erstaunt, wie viele Informationen ich aus einem kleinen Teil eines einzigen Traums gewinnen konnte, indem ich ihn aufschrieb und immer wieder darüber nachdachte. Aber am meisten haben meine Träume mir dabei geholfen, meinem Körper wieder zu vertrauen, weil ich feststellte, daß all diese Informationen aus mir selbst stammten. Ich konnte daraus lernen, mich auf mein inneres Selbst und meine Körpersignale zu verlassen.«

13
Mondzeit
Die Weisheit des eigenen Körpers zurückgewinnen

Frauen, die unter Eßstörungen leiden, müssen eine neue Beziehung zu ihrer Weiblichkeit finden, eine, in der alles, was sie mit sich bringt, anerkannt und geehrt wird.
Ein Bestandteil des Frauseins, der in unserem Kulturkreis am stärksten versteckt und herabgesetzt wird, ist der Menstruationszyklus. Da wir in einer Gesellschaft leben, die alles Weibliche in uns unterdrückt, überrascht es kaum, daß die Frau diesen Teil ihrer selbst, der am tiefsten weiblich ist, so oft mit Scham, Abneigung oder Schmerz verknüpft.
Wir müssen diesen Aspekt unseres Seins annehmen, damit wir wieder Zugang zu der darinliegenden tiefen Weisheit gewinnen, zum inneren Wissen, das uns hilft, mit dem Rhythmus des Lebens in Kontakt zu kommen. Die folgende Geschichte habe ich selbst für meine Töchter geschrieben, um ihnen ein neues Verständnis des Menstruationsprozesses aufzuzeigen, das sich von der Sicht der heutigen Gesellschaft unterscheidet. Die Geschichte betont, daß wir unsere Menstruation achten und hochschätzen sollen als ein besonderes Bindeglied zu der Weisheit, die in allen natürlichen Zyklen ruht.

Zu der Zeit, als alle Menschen noch friedlich auf der Erde zusammenwohnten, lebte ein junges Mädchen mit Namen Tanya in einem kleinen Dorf am Rande eines großen Waldes. Eines Tages saß Tanya auf einer Matte und flocht einen neuen Korb.

Sie war eine sehr gute Flechterin und hatte schon eine ganze Reihe von Körben für die Ernte von Gemüse und Blumen aus ihrem Garten hergestellt. Als sie aufstand, um ein paar Weinranken zu holen, die sie in den Korb einflechten wollte, bemerkte sie auf der Matte, wo sie gesessen hatte, einen kleinen Blutfleck. Da bekam sie Angst und lief schnell zu ihrer Mutter.
»Oh«, sagte die Mutter, als Tanya ihr von dem Blut erzählte. »Da brauchst du keine Angst zu haben. Es ist ein sehr gutes Zeichen.«
Tanya blickte ihrer Mutter ins Gesicht und sah, daß deren Augen vor Freude funkelten. Die Mutter lächelte und flüsterte erfreut. »Es bedeutet, daß deine Mondkraft eingesetzt hat! Es ist nun Zeit, zu deiner Tante zu gehen und alles über weibliche Kraft zu lernen.«
Sie nahm Tanya bei der Hand und führte sie zum Haus der Tante am Waldrand. Kein Wort fiel, als die Tante sie begrüßte. Die beiden Frauen sahen einander nur wissend an und lächelten Tanya zu.
Tanya ging gern zu ihrer Tante. Sie hatte ein verwunschenes, gemütliches Haus voller wunderbarer Schätze: Es gab dort Seidenstoffe und bunte Perlen, exotische Federn, seltene Muscheln, funkelnde Kristalle und Steine in allen möglichen Formen und Farben.
Die Tante gab Tanya einen Stapel hellroter Tuchbinden und eine Schale aus rotem Ton. »Nimm eine davon«, sagte sie. »Wenn mehr Blut kommt, wird es damit aufgefangen. Wenn das Tuch voll ist, kannst du es in der Schüssel auswaschen, in die du Wasser aus dem Bach im Garten füllst. Das Wasser aus der Schüssel gießt du anschließend über unsere Pflanzen.«
»Mehr Blut?« fragte Tanya. »Heißt das, ich bin verletzt?«
»Oh, nein«, versicherte ihr die Tante. »Alle Mädchen haben diesen Blutfluß, wenn sie zur Frau werden. So läßt Mutter Natur sie

wissen, daß sie bereit sind, mehr über die weibliche Kraft zu erfahren, die in ihnen fließt. Der Blutfluß kehrt jeden Monat zurück und erinnert sie an ihre Macht, damit sie sie nicht vergessen.«

»Was ist das für eine Macht? Wie könnte man vergessen, daß man Macht hat?« wollte Tanya wissen.

»Wir reden später weiter darüber«, sagte die ältere Frau. »Jetzt möchte ich, daß du einen dieser Körbe nimmst und mir im Wald ein paar Kräuter pflückst.« Sie wies Tanya an, Disteln zu sammeln, Kamille und Frauenschuhblüten, Wiesenraute, Sumpflilie und Malvenwurzel, ein bißchen Faulbaumrinde und ein paar Waldhimbeerblätter.

Tanya freute sich über diese Aufgabe und vergaß rasch ihre Sorgen. Sie ging gern in den Wald, um Wurzeln und Blumen zu sammeln, und hatte schon früh gelernt, wie diese Pflanzen aussahen und wo sie wuchsen. Sie steckte sich eine der neuen Tuchbinden in die Hose und machte sich mit einem Mooskörbchen in der Hand auf den Weg in den Wald.

Spät am Nachmittag kehrte sie zurück. Die Tante hatte in der Küche schon einen Kessel mit Wasser aufgesetzt. Sie putzten die Kräuter und legten sie ins heiße Wasser zum Ziehen. Dann reichte die Tante Tanya eine Tasse mit dem heißen Tee und sagte: »Trink dies. Wir haben viel zu bereden.«

»Ja«, sagte Tanya, die nun mehr neugierig als besorgt war. »Erzähl mir von der weiblichen Macht.«

Die Tante lehnte sich in ihrem Schaukelstuhl zurück und begann: »Mutter Natur gibt ihren Kindern viele Geschenke, damit sie das Leben voller genießen können. Wenn du diese Geschenke erkennst und pflegst, gewinnen sie immer mehr Einfluß, und dein Leben wird voller Glück und Schönheit sein. Die Geschenke können vielerlei Formen annehmen, genau wie Menschen vielerlei Gestalt haben. Doch eine Gabe ist gleich für alle Frauen:

Es ist die Gabe des Blutflusses, der sich jeden Monat einstellt. Er ist wie ein Tor zu einem großen Fluß der Gefühle, der das Leben durchzieht. Er wird dich in die tieferen Wasser deiner Emotionen tragen, wo du die Macht erfährst, die vom Vertrauen ins eigene Herz herrührt, die Macht, zu wissen, wenn du etwas wirklich weißt. Ehe eine Frau in ihre Mondzeit eintritt, wird sie sehr, sehr sensibel. Um diese Zeit empfindet sie alles am stärksten. In dieser Phase nimmt sie das Unsichtbare rings um sie am stärksten wahr, und ihre Träume und Visionen sind am mächtigsten. Es ist eine heilige Zeit.«

Dann beugte sich die Tante vor, blickte Tanya in die Augen und sagte warnend: »Wie jede Macht muß man sie mit Sorgfalt behandeln und achten, denn sie kann sehr zerstörerisch werden. Manche Frauen achten nicht mehr auf ihre Gefühle. Sie mißachten ihre Fähigkeit, das Unsichtbare zu sehen, und bringen die Stimmen zum Schweigen, die von innen heraus zu ihnen sprechen.«

»Warum tun sie denn so etwas?« fragte Tanya.

»Nun«, entgegnete die Tante, »sie haben vielleicht Angst, die Wahrheit zu sagen, weil das ihren Mitmenschen manchmal nicht gefällt. Sie verhalten sich daher, als sei alles in Ordnung, wenn das in Wirklichkeit nicht stimmt. Sie sagen ja zu Dingen, zu denen sie eigentlich nein sagen wollen.«

»Und was passiert dann?« wollte Tanya wissen.

»Um die Mondzeit, wenn sie Wahrheiten am sensibelsten spüren, können sie sich selbst nicht länger belügen, und der Fluß der Gefühle, der den ganzen Monat lang aufgestaut wurde, bricht sich in einem Sturm aus Verletztheit und Wut seine Bahn.

Eine Frau in diesem Zustand kann sehr schlimme Dinge sagen und tun. Die Menschen in ihrer Umgebung verstehen nicht, warum sie sich über Kleinigkeiten so sehr aufregt, denn sie wissen nicht, daß sie die Wahrheit so lange zurückgehalten hat. Und die

Frau hat vergessen, welche Macht in der Wahrheit liegt. Sie denkt, daß etwas mit ihr nicht stimmt. Und sie nennt ihre Gabe einen Fluch.«

»Oh«, sagte Tanya, »hast du das gemeint, als du sagtest, daß Frauen manchmal ihre Macht vergessen?«

»Ja«, antwortete die Tante. Sie freute sich, daß das junge Mädchen alles so rasch begriff. »Und daher ist es so wichtig, diese Gabe von Mutter Natur zu achten: Vertrau deinen Gefühlen, lausch auf deine innere Stimme, damit du weißt, daß du tatsächlich das Unsichtbare sehen kannst.«

Die Tante schenkte Tanya noch eine Tasse ein und fuhr fort: »Wenn du deine Mondzeit hast, deine Machtzeit, mußt du häufiger mit dir, deinen Gedanken und deinen Gefühlen allein bleiben. Das ist die Zeit, in der du dich am besten in dich selbst versenkst. Wenn du zuviel mit anderen zusammen bist und dich zuviel mit der Außenwelt befaßt, wirst du vielleicht ablehnend und mißmutig. Vielleicht bekommst du dann sogar Bauch- und Rückenschmerzen.«

»Und warum?« fragte Tanya.

»Weil Mutter Natur dich auffordert, dich nach innen zu wenden. Es gibt eine Zeit, dich äußerlich zu betätigen, und eine Zeit, still zu sein und dich nach innen zu richten. Immer wenn du dich gegen den Rhythmus des Mondes, der Erde und deines Körpers auflehnst, kann es unangenehm und sogar schmerzhaft werden.«

Tanya nickte, und die Tante fuhr fort: »In der Mondzeit brauchst du mehr Schlaf als sonst. Es ist sehr wichtig, daran zu denken. Du wirst viele wichtige Träume vom Traummacher erhalten. Es sind Träume, die heilen, Träume, die dich leiten. Du mußt auf sie achten.

Und nun«, fuhr die Tante fort, als sie bemerkte, daß Tanya die letzten Tropfen Tee getrunken hatte, »wäre es eine gute Zeit, ins

Traumland zu gehen. Wenn du morgen früh aufwachst, mache ich dir ein schönes Frühstück, und wir unterhalten uns über deine Träume.«
Darauf rollte sich Tanya im dicken Federbett der Tante zusammen, zog die schöne Seidendecke bis zum Kinn und schlief ein.

Wenn dem Beginn deiner Menstruation so begegnet worden wäre – wie anders würde deine Beziehung zum Körper, zu deiner Weiblichkeit wohl aussehen?
Nimm dir einen Moment Zeit, um dich an deine erste Begegnung mit dem Monatsblut zu erinnern. Wurdest du davon überrascht? Wußtest du, was mit deinem Körper geschah? Hat dich jemand darüber aufgeklärt, und wie lief das ab? Sagte man dir, es sei etwas Unangenehmes, Schmerzhaftes, Ekelhaftes, Gefährliches? Brachte man dir bei, daß du es besser ignorierst, als würde es gar nicht passieren? Wie hast du das Gesagte – und das Unausgesprochene – aufgefaßt und gedeutet? Was wurde dir darüber vermittelt, was es heißt, »zur Frau« zu werden?
Wie hast du dich dabei gefühlt? Hattest du Angst? Schämtest du dich? Warst du aufgeregt? Hattest du widersprüchliche Gefühle? Welche Botschaften hast du in dieser Phase von deiner Umgebung erhalten? Wie ging man in der Schule mit der »Periode« um? Wie reagierten die Mädchen und Frauen in deiner Umgebung darauf? Wie reagierten die Jungen und Männer?
Denk über die Botschaften nach, die du auch heute noch von der Gesellschaft empfängst. Sieh dir die Einstellung der Medien an. Werden die Monatsblutungen der Frauen offen und sachlich diskutiert oder eher vage oder herabsetzend? Achte auf Werbung für Tampons, Binden, Sprays, Intimdeos – was deuten sie an?
Es ist nicht überraschend, daß der Beginn der Menstruation oft mit dem Beginn einer Eßstörung zusammenfällt. Viele Mädchen haben die ersten Anzeichen einer Besessenheit mit Kalorien und

Übergewicht etwa um die gleiche Zeit, in der sie die erste Blutung erleben. In dieser Phase beginnt ihr Körper, sich zu verändern, um tieferen, natürlicheren Regeln zu folgen, über die sie keine Gewalt haben. Sie erkennen gewöhnlich nicht, daß die stärkere Gewichtszunahme im Jahr vor der ersten Periode für die meisten Mädchen typisch ist. Der Körper sammelt so das nötige Fett, um Progesteron zu erzeugen, das für die Menstruation wichtige Hormon. Wenn diese Mädchen in ihrem sonstigen Leben bereits das Gefühl haben, sie hätten kaum Kontrolle oder Macht, fangen sie möglicherweise als Reaktion auf diese Gewichtszunahme eine Diät an, um zumindest hier ein gewisses Maß an Kontrolle auszuüben.

Die Frage, was es bedeutet, zur Frau zu werden, und die Auseinandersetzung mit weiblicher Sexualität beginnen ebenfalls um die erste Periode herum aufzutauchen. Wenn der Eindruck eines Mädchens von dem, was es heißt, eine Frau zu sein, ungünstig ausfällt, und wenn sie Angst vor ihrer Sexualität hat, versucht sie unter Umständen ihre Ängste zu beschwichtigen, indem sie zwanghaft ißt oder Diät hält, um sich so von ihren Sorgen abzulenken. Der verzweifelte Versuch, die Entwicklung zur Reife aufzuhalten, kann den Beginn eines langanhaltenden Kampfes gegen den Körper bedeuten.

Genau wie die alten Kulturen ein besonderes Ritual zu Beginn der Menstruation eines Mädchens feierten, hat auch unsere moderne Gesellschaft solch ein Ritual, das den Beginn des Frauseins kennzeichnet: Es heißt Diät.

Frauen mit einer Eßstörung berichten oft, daß sie vor Beginn ihrer Periode am stärksten mit Heißhungerattacken zu kämpfen haben. Sie klagen, daß sie in dieser Zeit des Monats am heftigsten ein Verlangen nach »schlechten« Dingen haben und daß sie das kaum kontrollieren können.

Diese Frauen klagen über ihre Menstruation, weil sie zu diesem

Zeitpunkt extreme Stimmungsschwankungen erleben. Sie stellen fest, daß sie sich bestimmten Situationen nicht aussetzen wollen oder übertrieben heftig auf sie reagieren. Sie erleben häufig Wutausbrüche oder weinen vor Frustration: Sie haben das Gefühl, etwas stimme nicht mit ihnen.
Unsere Gesellschaft, die schon lange nicht mehr mit den tieferen Rhythmen der Natur in Kontakt steht, stützt diese Fehlwahrnehmung. Es kann einfach etwas nicht mit ihnen stimmen, wenn sie ihre Gefühle oder ihr Eßverhalten »während ihrer Tage« nicht beherrschen können. Etwas kann nicht in Ordnung sein, wenn sie während ihrer Periode anders fühlen und sich anders verhalten.
Wir haben eine schöne, saubere Diagnose für solches Verhalten parat, mit der wir alles hinwegerklären können: Wir nennen es prämenstruelles Syndrom – PMS. Es ist eine Krankheit.
Aufgrund unserer kulturellen Einstellung kommt es diesen Frauen nicht in den Sinn, ihre Gefühle und Gelüste zu hinterfragen, um zu erkennen, was ihr Körper ihnen sagen will. Es kommt ihnen nicht in den Sinn, nach innen zu schauen und zu fragen, was eigentlich vor sich geht. Statt dessen verfluchen sie ihre Menstruation, weil sie alle Diätpläne über den Haufen wirft und sie sich so unberechenbar verhalten.
Stellen wir uns vor, wir Frauen würden unseren Körper als Abbild des Kreislaufes der Natur betrachten. Wir erkennen dann, daß die Flüssigkeit im Körper einem Rhythmus folgt, so unwandelbar wie die wechselnden Jahreszeiten, Flut und Ebbe und das Ab- und Zunehmen des Mondes. Wenn wir diese uralte, angeborene Weisheit unseres Körpers akzeptieren, lernen wir, ihn mit Respekt zu behandeln, statt ihn zu verurteilen. Wir betrachten ihn als heiligen Botschafter, der uns Informationen über unsere körperlichen Bedürfnisse, unsere tiefsten Gefühle und unseren individuellen, inneren Rhythmus liefert.

PMS würde dann »prämenstruelle Sensibilität« bedeuten, die Zeit des Monats, wenn alle Illusionsschleier gehoben werden und die Wahrheit am zugänglichsten ist. Alle Lügen, die wir uns und anderen den Rest des Monats erzählen, würden entlarvt, und wir würden uns nicht mehr entgegen unserer tiefsten Gefühle verhalten. Es wäre eine Chance, einen emotionalen Hausputz zu veranstalten, unsere Integrität zu stärken, eine neue Seite aufzuschlagen, neu zu beginnen, genau wie der Körper die Gewebeschichten der Gebärmutter abstreift und sich auf etwas Neues vorbereitet.

Wenn man in dieser prämenstruellen Phase mehr ißt als gewöhnlich, ist das ein Zeichen, daß man aufmerksam in den Körper hineinlauschen sollte, um festzustellen, ob man wegen eines echten Hungergefühls ißt. Man sollte zu dieser Zeit besonders auf den Körper achten, damit man die Aktivität im Uterus nicht mit einem Hungergefühl verwechselt. Nutze deine verstärkte Sensibilität, um zu erkennen, was und wie du dich in Wahrheit fühlst.

Es könnte einen natürlichen Teil des Monatszyklus für dich darstellen, vor der Menstruation mehr und während der Menstruation weniger zu essen. Dann nimmst du während der Periode etwas zu, um anschließend wieder abzunehmen. Es ist nicht ungewöhnlich, daß das Gewicht einer Frau den Monat über schwankt, auch der Mond wird rund und verschwindet dann wieder ganz im Dunklen.

Wenn man daran gewöhnt ist, bei starken Gefühlen zwanghaft zu essen, nimmt man unter Umständen vor der Periode mehr zu sich, weil in dieser Phase die emotionale Empfindlichkeit am stärksten ist. Statt dich gegen diese Gefühle zu wehren und sie mit Essen hinunterzustopfen, nutze diese Zeit als Gelegenheit, um einen besseren Zugang zu diesen Gefühlen zu bekommen, denn vielleicht bilden sie den Grund für deine Eßstörung. Die Neigung zu extremen Stimmungsschwankungen oder emotionaler Überreaktion ist ein Zeichen, daß es Gefühle gibt, die wir den Rest des Monats ignorieren.

Wenn man gelernt hat, seine Gefühle zu akzeptieren, und sie zu jeder Zeit ausdrücken kann, statt zu hungern oder sich mit Essen vollzustopfen, nimmt die Intensität der Gefühle vor Einsetzen der Periode ab. Mit der Zeit heißt man seine Monatsblutung willkommen – und damit das Geschenk der geschärften Wahrnehmung.

14
Sexualität
Die Weiblichkeit akzeptieren

Als kleines Mädchen lebte ich auf der Insel Guam und lernte dort eine Legende der Chamorro kennen, die meine Phantasie stark anregte und mich lange faszinierte. Von Doja, einer alten Chamorro-Frau, die bereits vor meiner Geburt mit meiner Familie lebte, hörte ich »Sirena« zum ersten Mal:

Vor langer, langer Zeit lebte einmal ein junges Mädchen namens Sirena in einem kleinen Inseldorf am Ufer des Meeres. Sirena war ein glückliches, sorgloses Kind, das viel sang und oft im Wasser herumsprang, da, wo der Fluß ins Meer mündete.
Sie wuchs heran – und mit ihr wuchs ihre Liebe zum Meer. Bei jeder Gelegenheit lief sie von ihren Aufgaben davon, spielte in den Wellen und sang dabei ihre Lieblingslieder. Das ärgerte ihre Mutter, die vergeblich versuchte, ihr das Nähen, Kochen, Putzen und Waschen beizubringen. Sie schalt Sirena immer wieder aus: »Sirena, du spielst zuviel im Meer und arbeitest zuwenig. Du mußt doch lernen, was ein Mädchen alles können muß.«
Doch die Worte der Mutter machten nur wenig Eindruck auf Sirena; ihre Liebe zum Meer beendete das nicht. Eines Tages rief die aufgebrachte Mutter: »Ich verbiete dir ausdrücklich, schwimmen zu gehen, wenn ich dich zu Besorgungen losschicke. Du kommst anschließend sofort nach Hause zurück, damit du Zeit genug hast, all deine Aufgaben vor dem Abend zu erledigen.«
Sirena war kein schlechtes Mädchen und wollte ihrer Mutter eine gewissenhafte Tochter sein: Es war ihre feste Absicht, ihrer

Mutter zu gehorchen, als sie den staubigen Weg nach Hause zurückging, aber auf halbem Weg roch sie plötzlich den berauschenden Duft des Salzwassers und hörte das Murmeln der Wellen am Strand, die ihren Namen zu rufen schienen. Noch ehe es ihr bewußt wurde, tauchte sie schon ins Wasser und verlor die Zeit aus den Augen.

Als Sirena in der Dämmerung tropfnaß nach Hause kam, wurde die Mutter sehr wütend und sagte: »Du bist ein nutzloses Kind, auf das man sich nicht verlassen kann. Du gehorchst nicht einmal deiner Mutter. Wenn du das Meer so liebst, dann kann man es nicht ändern. Mögest du den Rest deines Lebens als Fisch zubringen!«

Glücklicherweise stand Sirenas Patin in der Nähe und hörte die Schimpfpredigt mit an. Sie wußte, wenn man einen Fluch mit starken Gefühlen ausspricht, kann er in Erfüllung gehen. »Sie ist zwar deine Tochter«, warf sie rasch ein, »aber sie ist mein Patenkind, und daher kannst du nur eine Hälfte von ihr verfluchen.«

Tränenüberströmt rannte Sirena zum Ufer und suchte den Trost, den nur das Meer ihr geben konnte. Aber als sie ins Wasser tauchte, spürte sie, wie sie sich veränderte, und sah erstaunt, daß die untere Hälfte ihres Körpers nun mit glatten, schimmernden Schuppen überzogen war. Ihre Beine hatten sich in einen langen, eleganten Fischschwanz mit einer breiten, anmutigen Flosse verwandelt. Sirena stellte aufgeregt fest, daß sie mit dem neuen Schwanz so leicht durchs Wasser gleiten konnte wie nie zuvor.

Ihre Familie sah Sirena nie wieder. Manche Leute meinen jedoch, daß man sie an den Tagen, wenn das Meer ganz still und die Luft sehr klar ist, in den Wellen singen hören kann. Und wenn man bei Vollmond am Strand entlang geht, und es herrscht gerade Flut, dann kann man mit ein bißchen Glück sogar einen flüchtigen Blick auf sie werfen, während sie ihr langes schwarzes Haar im Mondschein kämmt.

Diese Geschichte von Sirena faszinierte mich als kleines Mädchen sehr, doch erst als Erwachsene erkannte ich, wie deutlich sie meine keimende weibliche Sexualität angesprochen hatte.
Die Nixe ist ein archetypisches Bild für eine Frau, die sich in den großen Wassern des Lebens wohlfühlt – in den Wassern der Emotion und der Sexualität. Sie zeigt uns, wie wir unsere instinktive Sexualität und Sinnlichkeit annehmen können, die Essenz unserer Weiblichkeit, die Weisheit unseres Körpers und die Verspieltheit unserer Seele. Die Nixe symbolisiert unsere Verbindung mit unseren tiefsten instinktiven Gefühlen und unserer wilden, ungezähmten Natur, die dicht unter der Oberfläche unserer Persönlichkeit ruht. Die Meerjungfrau kann sich in die Wassertiefen des weiblichen Unterbewußtseins stürzen, aber auch auftauchen, um ihre Lieder zu singen, um ihre Stimme hören zu lassen. Sie kann auf ihre geheimnisvollen sexuellen Triebe hören, ohne ihre menschliche, bewußte Seite aufzugeben.
Wenn eine Frau ihrer instinktiven Sinnlichkeit und Sexualität vertraut und ein Gleichgewicht zwischen ihren bewußten Wünschen und den unbewußten Trieben hält, sich selbst treu bleibt und stolz auf ihren weiblichen Körper ist, verkörpert sie den Archetyp der Meerjungfrau. Leider finden sich Nixen heutzutage nicht sehr oft. Sie existieren bloß als verwunschene, geheimnisvoll entrückte Bilder in den Köpfen junger Mädchen.
Warum sind so wenige Frauen fähig, Meerjungfrau zu sein und sich in ihrem Körper und mit ihrer Sexualität wohlzufühlen? Warum haben wir Angst vor unserer sexuellen Seite oder fühlen uns davon abgestoßen? Warum lehnen wir die weiblichsten Aspekte unseres Körpers ab? Was ist aus den Mädchen geworden, die einst träumten, eine Nixe zu sein?
Wenn ein Mädchen zur Frau wird, heißt eine ihrer ersten Aufgaben, mit den erwachenden sexuellen Energien umzugehen. Die meisten Mädchen sind für diese Aufgabe schlecht gerüstet, ange-

sichts unserer Kultur, die uns über die weibliche Sexualität nur aus dem Blickwinkel des Patriarchats aufklärt: Demnach wird Sexualität mit Lust gleichgesetzt, und Frauen werden als sexuelle Objekte dargestellt, als Trophäen, als Beute. Nur wenig Bedeutung wird der Rolle der Liebe oder anderen Herzensdingen beigemessen, und die Heiligkeit des sexuellen Akts bleibt völlig unbeachtet.

Gerade wenn ein Mädchen anfängt, die Veränderungen in sich wahrzunehmen, wird sie auch mit den Reaktionen der Umwelt auf ihre sich entfaltende Sexualität konfrontiert. Ihre sexuelle Entwicklung beginnt früher (manche Mädchen menstruieren schon mit neun oder zehn Jahren) und ist offensichtlicher als bei Jungen. Alle Klassenkameraden erleben mit, wie ihre Brüste wachsen, und in einer Gesellschaft, die besessen ist von der Größe des weiblichen Busens, können die Reaktionen, die ein Mädchen erntet, eines der traumatischsten Erlebnisse des Heranwachsens werden. Gewöhnlich hat ein Mädchen nicht viel Zeit und Freiraum, eine eigene Ansicht über ihre Sexualität zu entwickeln, ihr eigenes sexuelles Wesen zu entdecken. Alle ihre Bemühungen werden durch die subtilen und weniger subtilen Botschaften über weibliche Sexualität untergraben, mit der die eigene Familie, die Schule, die traditionellen Religionen, Politik, Popmusik, Fernsehen, Filme, Bücher und Zeitschriften sie überfluten.

Statt ihr Ehrfurcht, Respekt und Achtung für ihr sexuelles Wesen und die geheimnisvolle Umwandlung, die ihr Körper durchläuft, zu vermitteln, können die Botschaften herabwürdigend und beunruhigend sein. Sie rufen in ihr Angst, Scham und Haß auf die neuerwachende weibliche Figur hervor.

Die Jungen in der Schule verspotten Mädchen, die »flach« sind oder einen »Riesenbusen« haben; Mädchen werden wegen ihrer dicken Oberschenkel und kräftigen Hinterteile aufgezogen.

Plötzlich wird ihr Körper genauestens unter die Lupe genommen, und die Jungen fühlen sich berechtigt, ihr Aussehen zu kritisieren. Die Mädchen entdecken, daß ihre Beliebtheit mehr als je zuvor von Äußerlichkeiten abhängt.

Mädchen, die auf ihre ersten eigenen sexuellen Instinkte reagieren, stehen vor einer verwirrenden Situation: Sie begegnen der Doppelmoral der patriarchalischen Machtstruktur, nach der Jungen, die schon früh Sex haben, »wilden Hafer säen«. Ihr gesellschaftlicher Status wächst, wenn sie sexuell aktiv sind. Mädchen hingegen, die früh sexuell aktiv werden, nennt man »Schlampen«: Ihr Status steht aufgrund der gleichen Sache auf dem Spiel.

Beliebtheit scheint nun wichtiger zu werden als alles andere, und die Mädchen lernen, sich auf ihre *Begehrlichkeit* zu konzentrieren statt auf ihr eigenes *Begehren.* Wie sie in den Augen anderer wirken, wird wichtiger als das, was sie empfinden, was sie wollen oder nicht wollen. Die Erfüllung ihrer Wünsche, die Erfüllung ihres sexuellen Appetits kann ihren Status bei anderen herabsetzen.

Die Medien, die uns mit Bildern überfluten, wie ein schönes Mädchen, eine schöne Frau auszusehen haben, bieten uns nur eine einzige akzeptable Figur an: mit großen Brüsten, schmalen Hüften, dünnen Schenkeln und einem flachen Bauch. Dies kann ungeheuer starken Einfluß auf Frauen haben, die danach suchen, wie man begehrenswert wird. Zeitschriften, Fernsehen und Filme liefern oft verzerrte Bilder, wie weibliche Sexualität *aussieht* – was aber nichts mit dem zu tun hat, wie sich weibliche Sexualität *anfühlt.*

Das heranwachsende Mädchen begegnet zu Hause oft den ungelösten Schwierigkeiten der Eltern mit der weiblichen Sexualität. Wenn der Vater sich von weiblicher Sexualität eingeschüchtert fühlt, macht er vielleicht herabsetzende Bemerkungen über bestimmte Körperteile der Tochter oder über ihr Gewicht; wenn er Frauen als Besitz betrachtet, wird er vielleicht überbeschützend und feindselig gegenüber den Jungen, die sich für seine Tochter interessieren. Wenn ihm seine eigenen sexuellen Gefühle unbehaglich sind, entzieht er ihr vielleicht seine körperliche Zuwendung. Brüder, besonders wenn sie unsicher hinsichtlich ihrer eigenen Identität und persönlichen Ausstrahlung sind, können das Aussehen der Schwester gnadenlos herabsetzen und verspotten. Wenn ein heranwachsendes Mädchen merkt, daß den Männern in ihrer Familie die äußeren Zeichen ihrer keimenden Sexualität unangenehm sind, fängt sie möglicherweise an, ihren eigenen, sich verändernden Körper abzulehnen. Sie setzt unter Umständen Essen als Mittel ein, um die empfundene Ablehnung und das Minderwertigkeitsgefühl zu betäuben.

Manche Mütter empfinden Neid gegenüber dem jugendlichen, attraktiven Körper der Tochter, rivalisieren mit ihr und werden sehr kritisch. Andere Mütter versuchen, ihren Töchtern bei der Umstellung in die neue Lebensphase zu helfen, und reagieren nur auf die Gefahren, die mit der Sexualität der Tochter einhergehen, Gefahren, die ihnen aufgrund ihrer eigenen Erfahrungen als Frau in einer patriarchalischen Gesellschaft bekannt sind: sexueller Mißbrauch, Vergewaltigung, Inzest, Geschlechtskrankheiten und die Belastung einer ungewollten Schwangerschaft. Wenn die Mütter gelernt haben, die eigene Sexualität durch Diäten oder zwanghaftes Essen zu unterdrücken, werden sie zum mächtigen Rollenvorbild für ihre Töchter, die verzweifelt herauszufinden versuchen, wer sie als sexuelles Wesen eigentlich sind.

Ungeachtet der mütterlichen Botschaften findet das heranwachsende Mädchen sehr bald allein heraus, daß sie sich vor unerwünschten sexuellen Annäherungen von Jungen und Männern – sei es von Fremden, Verwandten oder Freunden – hüten und sich dagegen wehren muß. Sehr oft passiert dies lange, ehe sie die Selbstsicherheit entwickelt hat, Grenzen zu setzen. Und wiederum mag sie sich ans Essen und Diäten wenden, um sich zu schützen und ihre Sexualität zu verbergen – in dem vergeblichen Versuch, ihren mädchenhaften Körper wiederzugewinnen, der niemandem auffiel, der ihr keine Probleme bereitete.

Das Wunder ihrer Sexualität, die heilige Verbindung zu den natürlichen Kräften des Universums, die ungeheure Macht ihres Körpers, Leben zu erzeugen und zu nähren, die Bedeutung ihres eigenen sinnlichen Begehrens werden in dem Kampf um ihren Platz als Frau in unserer Kultur aus dem Bewußtsein verbannt.

Wenn diese Mädchen als junge Erwachsene versuchen, ernsthafte Beziehungen aufzubauen, sind sie schon vom Wunder ihrer Sexualität entfremdet. Sie betrachten sich als unattraktiv und daher ohne Recht auf Sexualität. Beweise für diese Überzeugung finden sie in den Medien, die ihnen nur Bilder von dünnen, knapp bekleideten Frauen im Zustand orgastischer Ekstase vorführen (mit zurückgeworfenem Kopf, geöffnetem Mund und halbgeschlossenen Augen), mit denen man versucht, alles mögliche zu verkaufen – von Motorrädern und Handlotion bis zu Lebensmitteln. Ohne andere sexuelle Vorbilder empfangen die Frauen die Botschaft, daß dies alles ist, was weibliche Schönheit und Sexualität zu bieten hat. Um diese Schönheit und Macht von Sexualität zu spüren, muß die Frau so aussehen und genau diese Figur haben. Sie glaubt dem Mythos, daß ihre Sexualität auf ihrem Schönsein beruht, statt zu begreifen, daß ihre Schönheit aus ihrer Sexualität stammt.

Und sie versucht das Unerreichbare zu erreichen – dünner zu werden, als von der Natur vorgesehen, ohne zu erkennen, daß eine Frau, wenn sie unnatürlich dünn wird, ihre sexuelle Lust und Liebe zum weiblichsten Teil ihres Wesens verliert.

Viele Frauen schämen sich ihrer sexuellen Gefühle oder fühlen sich davon bedroht. Es ist nicht ungewöhnlich, daß Frauen, die unter Eßstörungen leiden, sexuelle Erlebnisse hatten, für die sie sich schuldig fühlen. Sie geben sich die Schuld an sexuellen Handlungen, die ihnen als Kinder aufgezwungen wurden, strafen sich, weil sie als Jugendliche an verbotenen sexuellen Spielen teilgenommen haben. Die traditionellen Religionen haben ihnen beigebracht, daß eine Frau mit sexuellen oder sinnlichen Empfindungen schlecht ist: Ihre Sexualität gilt als Sünde.

Ein Teil des Heilungsprozesses besteht darin, sich an das zu erinnern, was uns von der ursprünglichen Schönheit unserer Sexualität entfremdete. Das kann für die eine Frau bedeuten, sich an die ersten Erlebnisse von Masturbation zu erinnern, wenn sie sich etwa an ihrer Katze rieb oder ihren Körper mit anderen Kindern zusammen erforschte. Sie erinnert sich dann auch an die Scham, die sie empfand, weil sie ihrem natürlichen sexuellen Instinkt nachgab, kann aber dann ihre ursprüngliche Sexualität wieder schätzen lernen. Für eine andere bedeutet es vielleicht die Erinnerung an leidvolle, inzestuöse Vorkommnisse mit dem Vater, den Brüdern, dem Onkel oder Vetter. Vielleicht wurde sie von den sexuellen Annäherungsversuchen eines Freundes überrascht und konnte aus Angst, dessen Gefühle zu verletzen oder eine »Szene« zu machen, nicht nein sagen. Wenn eine Frau das Gefühl hat, bei ungewollten sexuellen Annäherungsversuchen nicht nein sagen zu können, kann sie auch nicht ja zu ihrer Sexualität sagen.

Eine andere wiederum erinnert sich vielleicht an eine Phase der Promiskuität, als sie danach strebte, die sexuelle Lust von Männern zu befriedigen, um sich geliebt und attraktiv zu fühlen. Um ihre Sexualität wiederzugewinnen, muß sie nun lernen, sich auf ihre eigenen Bedürfnisse und die eigene Lust zu konzentrieren, und sich nicht schuldig oder egoistisch fühlen, wenn sie befriedigt werden will.

Viele Frauen, die unter Eßstörungen leiden, haben Schwierigkeiten, sexuelle Lust zu empfinden. Je mehr sie sich darauf konzentrieren, andere zu versorgen und sich um andere zu kümmern, um so stärker werden sie von der Besessenheit mit Essen heimgesucht, und um so weniger empfinden sie sich selbst als sexuelle Wesen. Der Alltag hat stets Vorrang vor ihren tiefer liegenden sexuellen Ansprüchen. Sie erkennen nicht (und können ihrem Partner dies daher nicht mitteilen), wie sehr sie es brauchen, an ihre Sinnlichkeit erinnert zu werden, wie sehr sie den allmählichen Aufbau von sexueller Spannung brauchen, um ihre sexuelle Lust überhaupt zu empfinden. Sie konzentrieren sich daher auf die sexuelle Leistung statt darauf, Lust zu empfangen. Sex mit dem Partner wird zu einer weiteren Aufgabe und Pflicht, für die sie verantwortlich sind.

Wenn eine Frau schwanger wird, verstärken sich alle ungelösten Probleme um Essen, Aussehen und Sexualität. Falls sie schon in der Jugend Schwierigkeiten hatte, ihre körperlichen Veränderungen zu akzeptieren, kann es äußerst schwer sein, die Schönheit des wachsenden Lebens in ihrem sich ausweitenden Körper zu schätzen. Wenn sie sich unvorbereitet fühlte, als ihr Körper sich zu dem einer Frau entwickelte, können diese Gefühle erneut auftauchen, wenn wieder biologische Kräfte am Werk sind, über die sie keine Kontrolle hat. Ihr zunehmender Appetit und ihre emotionale Empfindlichkeit können sie beunruhigen, wenn sie den größten Teil ihres Lebens damit zugebracht hat, diese Aspekte ihres Selbst zu verdrängen. Sie muß akzeptieren, daß ihre Körpergefühle in der Schwangerschaft am allerstärksten sind und ihr eine ideale Gelegenheit geben, ihren körperlichen Hunger zu erkennen. Sie sagen ihr, wann sie essen soll und wann sie aufhören muß – sie sagen ihr sogar, *was* sie essen soll.

Eine junge Mutter findet in unserer Kultur nur wenig Unterstützung für die Vorstellung, daß weibliche Sexualität und Mutterschaft Bestandteile des gleichen Ganzen sind, das wir Frau nennen. Je schlanker sie nach der Geburt aussieht, um so häufiger machen andere ihr Komplimente, wie gut sie aussieht. Für eine Frau, die schon früher gegen eine negative Sicht ihres Körpers ankämpfte, kann dies eine sehr schwere Phase sein. Sie paßt nicht mehr in die Kleider von vorher, findet es aber auch nicht mehr angemessen, die Umstandskleider weiter zu tragen. Mit der Überzeugung, daß sie dünn sein muß, um sexuell anziehend zu wirken, fühlt sie sich unattraktiv und ihrem Partner entfremdet. Wenn ihre Selbstachtung und ihr Selbstbewußtsein auf Schlanksein beruhen, läuft sie sogar Gefahr, in eine Depression zu verfallen. Sie spürt vielleicht den Drang nach körperlichem Training, um ihr Gewicht so schnell wie möglich zu verringern, ist aber oft zu erschöpft oder zu sehr mit den Anforderungen des Mutterdaseins beschäftigt. Wenn sie sich früher schon in depressiven Phasen mit Essen betäubte, gelangt sie nun womöglich in einen Teufelskreis: Nach Heißhungerattacken, um mit den negativen Gefühlen gegenüber sich selbst fertig zu werden, fühlt sie sich wiederum schlecht wegen ihrer Esserei.

Es ist nicht ungewöhnlich für eine Frau, die sich sexuell unerfüllt fühlt, sich mit bestimmten Nahrungsmitteln zu befriedigen. Schokolade essen wird so zum Ersatz für Sex, weil es ähnliche Gefühle bei ihr auslöst wie ihre Sexualität: Schokolade ist sündhaft und köstlich, verboten, sinnlich und nicht unbedingt nötig. Sie verdient Schokolade nicht, und Schokolade essen ist nicht gut für sie. Eine Frau, die von ihrer eigenen Sexualität abgeschnitten ist, hungert nach Kontakt zu diesem tiefsten Teil ihrer Weiblichkeit. Sie ist besessen von der Sehnsucht nach Ganzheit und Erfüllung. Und da sie nicht mehr erkennt, nach was sie sich wirklich sehnt, bildet sie sich ein, es ist Essen.

Um ihre wahre sexuelle Natur wiederzugewinnen, muß die Frau sich auf ihren Körper, auf ihre Instinkte und Gefühle einlassen.

Wenn wir unsere Sexualität nach äußeren Werten definieren, gehen wir das Risiko ein, uns als Sexobjekte zu betrachten und anfällig für Enttäuschung und Selbstvorwürfe zu werden, weil wir den Maßstäben anderer nicht entsprechen. Nur wenn wir unsere Sexualität so einschätzen, daß sie es wert ist, von einem persönlichen, subjektiven Standpunkt aus betrachtet zu werden, können wir uns von den patriarchalischen Verzerrungen der weiblichen Sexualität befreien.
Erinnerst du dich an deine frühesten Erfahrungen mit deiner Sexualität? Welche Botschaften bekamst du von deiner Mutter, deinem Vater, deinem Bruder oder deinen Schwestern? Welche Erfahrungen machtest du in der Schule zu Beginn der Pubertät? Was hat dich daran gereizt? Was machte dir angst? Wie lauteten die expliziten und impliziten Botschaften deines religiösen Umfelds über weibliche Sexualität? Welche Erfahrung hat dich von dem wahren Wesen deiner weiblichen Sexualität abgeschnitten? Wie hast du Essen eingesetzt, um sexuelle Lust zu erfüllen oder dich von sexueller Begierde abzulenken? Inwieweit hast du Urteile über deine Figur dazu eingesetzt, dir die Freude an deiner Sexualität zu rauben?
Wenn wir unsere eigene Sexualität erforschen, stellen wir fest, daß sie kaum den Bildern ähnelt, die uns unsere Kultur über Sexualität zur Verfügung stellt. Viele Frauen entdecken, daß der Sexualakt nur ein Aspekt ihrer Gesamtsexualität ist. Manche stellen fest, daß ihre Sexualität eng mit der Natur verbunden ist und etwa vom Vollmond angeregt wird, dem Duft einer Rose, der heißen Sonne oder dem Rauschen des Meeres. Manche finden ihre Sexualität in der Stille und im Schweigen, andere werden von bestimmten Melodien oder Rhythmen erregt. Für manche Frauen sind pornographische Bilder sehr erregend, andere hingegen finden sie entwürdigend und destimulierend. Viele Frauen erleben ihre Sexualität als ein tiefes Bedürfnis nach Ver-

bundenheit und Kommunikation mit einem Gegenüber, doch andere entdecken, daß sie keinen Partner brauchen, um sexuelle Lust zu empfinden oder sich sexuell erfüllt zu fühlen.

Wenn Frauen ihre Sexualität entdecken, stellen sie oft fest, daß sie sich zyklisch verhält. Statt eines stetigen, unveränderlichen Stroms an Energie scheint sie zu treiben wie Ebbe und Flut. Die Phase, in der sie am leichtesten erregt werden, korrespondiert mit bestimmten Tagen ihres Menstruationszyklus, bestimmten Tageszeiten oder bestimmten Jahreszeiten. Wenn man seine Sexualität als zyklisch erkennt, können die Phasen, in denen sie schwächer wird, als Übergangsphase betrachtet werden, als eine Zeit der Erneuerung, statt als Zeichen mangelnder sexueller Empfindungsfähigkeit.

Um sein wahres sexuelles Wesen wiederzugewinnen, muß man anerkennen, daß wir alle ein Recht auf sexuellen Ausdruck haben. Es gehört zum Menschsein. Man braucht nicht auf bestimmte Art auszusehen oder zu handeln, um sich Sexualität zu »verdienen«.

Die Freiheit, sexuell zu empfinden, bedeutet auch nicht unbedingt, daß sie in die Tat umgesetzt werden muß. Statt impulsiv allen sexuellen Trieben nachzugeben, ohne Rücksicht auf die Folgen, sollte man lieber bewußte Entscheidungen treffen, wie man seine Sexualität ausdrücken will, und verantwortlich für seine Handlungen bleiben. Wenn eine Frau mit ihrer Sexualität als einer ursprünglichen, kreativen Lebenskraft wieder in Kontakt tritt, erkennt sie, daß diese viele Ausdrucksformen finden kann, etwa im Tanz, in Dichtung und Malerei oder durch die Musik. Sie begreift, daß das Akzeptieren ihrer weiblichen Sexualität ihr ermöglicht, alle ihre Sinne geschärft zu halten und in jedem Augenblick voll präsent zu sein, ihre eigene Wahrheit zu leben und sich vollständig zu fühlen. Sexuell sein heißt für die Frau lebendig sein.

15
Der Abstieg
Die Begegnung mit den Schatten

Wenn eine Frau auf der Suche nach Befreiung von Essen und Dicksein sich durch das Labyrinth der Gedanken, Gefühle und Begierden tastet, gelangt sie schließlich zu einem Weg, der hinab ins Zentrum ihres Selbst führt. Sie erkennt, daß zur vollständigen Heilung ihre Bereitschaft gehört, in die tiefsten Tiefen ihres Seins zu gelangen und sich mit all den Bereichen ihres Selbst zu konfrontieren, die sie viel lieber im Schatten verborgen lassen würde.

Einem alten sumerischen Mythos nach beschloß Inanna, die Königin des Himmels und der Erde, daß es an der Zeit war, ihre Kräfte zu erneuern, da sie spürte, wie sie langsam schwanden.

Sie wußte, daß sie dazu in die Unterwelt hinabsteigen mußte. Ihr Volk flehte sie an, dies nicht zu tun, denn die Unterwelt wurde von Inannas böser Schwester Ereshkigal regiert, der Königin des großen Unterreichs. Es war ein sehr gefährlicher Ort, und viele, die sich dorthin gewagt hatten, waren niemals zurückgekehrt. Inanna bestand jedoch darauf zu gehen, und ihre engste Gefährtin dachte sich einen Plan aus, wie sie Inanna Hilfe zukommen lassen konnte, falls diese nicht nach drei Tagen wieder auftauchte.

Obwohl Inanna die Königin des Himmels war, bestand Ereshkigal darauf, daß sie die Unterwelt genau so betrat wie alle anderen auch – durch die sieben Tore. Bei jedem Tor mußte sie an einem Torwächter vorbei und ein Stück ihrer prächtigen Königs-

würde ablegen. Nackt und von sieben Torhütern begutachtet kam sie im Königreich der Unterwelt an. Ereshkigal benahm sich wie erwartet: Sie brachte Inanna um und hängte ihre Leiche an einem Haken auf.

Als drei Tage verstrichen waren, ohne daß Inanna zurückgekehrt war, beschloß ihre Gefährtin, sie zu retten. Da sich Inannas Eltern weigerten, sich in die Angelegenheiten der Unterwelt einzumischen, suchte Inannas Gefährtin Hilfe bei Enki, dem Gott der Wasser und der Weisheit. Enki schickte zwei kleine Kreaturen los, die weder männlich noch weiblich waren und beide die Gabe der Einfühlung hatten. Sie sollten Inanna retten. Diese Wesen konnten auch unbemerkt durch die Tore schlüpfen und die Speise und das Wasser des Lebens mitnehmen.

Als sie Ereshkigal begegneten, betrauerte diese gerade ihren Gatten. Die beiden Wesen setzten sich zu ihr in ihrer Trauer, und Ereshkigal war so gerührt von ihrem Mitgefühl und so dankbar dafür, denn ihr war noch nie so jemand begegnet, daß sie ihnen Inannas Leiche auf ihre Bitte hin gab. Die beiden belebten Inannas Körper mit der Speise und dem Wasser des Lebens, und Inanna kehrte mit neuen Kräften zurück in ihr Königreich.

Wenn eine Frau entweder nur noch Kuchen und Süßigkeiten in sich hineinstopft oder selbst bei einem Kaugummi die Kalorien zählt, wenn sie nicht in der Lage ist, den Kreislauf aus Essen und Übergeben zu unterbrechen, fühlt sie sich außer Kontrolle und schwach. Wie Inanna meint sie, sie habe ihre Macht verloren. Und wie Inanna muß sie zu einer Reise in die Unterwelt aufbrechen, um neue Kraft zu finden.

Schon sehr lange hat sie Angst vor dieser Reise in die Dunkelheit, vor den Schrecken, die dort auf sie warten mögen, und sie hat diese Angst beschwichtigt, indem sie diese Reise mied. Sie hat die

Bedeutung der dunklen Stellen ihres Seins, wo ihre tiefsten Geheimnisse vergraben liegen, verleugnet. Die Unterwelt hat ständig versucht, ihre schattenhafte Präsenz zu verstärken, und die Frau hat hartnäckig versucht, sie aus ihrem Bewußtsein herauszuhalten: durch Essen, durch Gewichtskontrolle, durch Joggen. Alle Mittel waren recht, um nur nicht die Schattenschwester zu sehen, die im Dunklen lebt und alle Aspekte ihres Selbst enthält, die sie verleugnet, ablehnt oder verdrängt. Schließlich entdeckt sie, daß alle Teile, die man zu verleugnen versucht, stärker werden und unser Leben in Form von Obsessionen und Süchten beherrschen.

Erschöpft und ausgelaugt von dem endlosen Kampf um Kontrolle gelangt sie zur Erkenntnis, daß niemand sie »in Ordnung« bringen kann, daß es keine Zauberpillen und Wunderdiäten gibt. An irgendeinem Punkt erkennt sie, daß die einzige Lösung darin besteht, sich nach innen zu wenden, um die dunklen, verborgenen Orte ihres Selbst aufzusuchen und herauszufinden, warum sie diese Haltung gegenüber dem Essen hat. Sie hat Angst, von einem bösen Aspekt ihres Selbst vernichtet zu werden, den sie tief in sich vergraben glaubt, verborgen vor allen Augen. In ihrer Verzweiflung findet sie den Mut, den Abstieg zu wagen und sich ihren Ängsten zu stellen.

Wie Inanna entdeckt sie, daß sie bei dieser Reise ihre Kleider ablegen muß, die Teile ihres Selbst, die sie der Außenwelt zeigt, um auch sich selbst die Gefühle und Wünsche offenzulegen, die sie schon so lange verbirgt. Sie begegnet nun allen ihren Selbsturteilen: »Ich bin zu egoistisch ...« – »Ich bin zu sensibel ...« – »Andere mögen mich nicht so, wie ich in Wirklichkeit bin ...« und so weiter. Aller Erwartungen, wie sie sein sollte, entkleidet, kommt sie im Kern ihres Wesens an – nackt und verletzlich, bereit, sich der Wahrheit über sich selbst zu stellen.

Bei dem Treffen mit Ereshkigal, ihrer Schattenschwester, konfrontiert sie sich mit ihrer eigenen dunklen Seite, dem Teil in ihr, der aus ihrem Bewußtsein herausgetrennt wurde. So erschrekkend das auch sein mag, wir müssen uns unserer Schattenschwester stellen, denn nur sie kann die Wurzeln preisgeben, die hinter unserer verzerrten Beziehung zum Essen liegen. Ereshkigal ist die Bewahrerin unserer dunkelsten, tiefsten Geheimnisse. Sie wird uns von der Scham erzählen, die wir erlitten, weil wir nicht gut genug, klug genug oder hübsch genug waren – weil wir sexuelle Wünsche hatten, *anders* waren oder aber einfach nur weiblich.

Manche Frauen, die gegen eine Eßstörung ankämpfen, tragen tiefe, sündige Geheimnisse mit sich herum, die sie verzweifelt aus ihrem Bewußtsein herauszuhalten versuchen. Eine Frau schämt sich vielleicht so sehr über den Alkoholismus ihrer Mutter, daß sie es nicht ertragen kann, sich an ihre Kindheit zu erinnern. Die andere leidet zutiefst unter dem Mangel an Aufmerksamkeit und Zuwendung, der ihr in ihrer Kindheit zuteil wurde, und schämt sich, so bedürftig zu sein. Wiederum eine andere wurde vielleicht körperlich oder emotional mißbraucht, so daß sie immer noch den Stachel der Demütigung fühlt. Solche Erinnerungen und Erfahrungen wird man niemals völlig los – man kann sie nur in das Schattenreich verweisen. Und immer wenn sie aus dem Dunklen herausdrängen, tauchen sie in verzerrter, krank machender Form auf: als heimliche Freßorgien, als besessenes Hungern.

Wenn eine Frau sich bewußt und freiwillig entscheidet, in die Dunkelheit zu gehen, um sich mit ihrer Schattenschwester zu treffen, braucht sie nicht mehr in Angst vor deren destruktivem, unangekündigtem Besuch zu leben. Wenn sie ihrer Schattenschwester zuhört und deren Leid anerkennt, wird sie nicht mehr mit deren Forderungen um Zuwendung bombardiert.

Viele Frauen mit gestörtem Eßverhalten haben Geheimnisse hinsichtlich ihrer Sexualität, die sie akzeptieren müssen: Kindheitserinnerungen an sexuelle Neugier oder Erinnerungen an Promiskuität als Teenager müssen an die Oberfläche geholt und als natürlicher Bestandteil des Heranwachsens erkannt und akzeptiert werden. Es muß angesprochen werden, was es für sie heißt, einen Frauenkörper zu haben, der belacht wird, weil er rund ist, der als geil betrachtet wird, hinter dem man spöttisch herpfeift und den man sexistisch verlacht. Für die eine Frau war es ein wichtiger Prozeß, darüber reden zu können, wie der Freund ihres Bruders sie einmal unsittlich berührte und dann über ihr Entsetzen lachte. Eine andere Frau konnte den Kreislauf aus Essen und Brechen beenden, als sie enthüllte, daß ein von ihr sehr bewunderter Professor sich ihr einmal unerwünscht sexuell genähert hatte. Wiederum eine andere Frau erzählte, wie sie unfreiwillig ihre Unschuld mit einem Freund verlor, der sie mit Alkohol verführt hatte. Viele Frauen müssen ihre verborgenen Schrecken über Belästigung, Vergewaltigung und Inzest preisgeben, damit sie sich von der Demütigung und dem Selbsthaß befreien können, den solche Geheimnisse mit sich bringen.

Wenn wir an die tiefsten, dunkelsten Teile unseres Selbst vorstoßen, begegnen wir dem Leid und dem Schmerz, den wir zu verleugnen versucht haben. Unsere patriarchalische Kultur verlangt, daß wir unsere Schmerzen stoisch ertragen und sie vor allen Blicken verborgen halten. Immer wieder hat man unser »Selbstmitleid« getadelt, wenn wir versuchten, den Schmerz herauszulassen, den wir im Herzen spürten. Und so verleugnen wir unsere Schmerzen und behaupten stets, alles sei in Ordnung.

Auf dem Weg zur Ganzheit begegnet die Frau aber ihren tiefsten Schmerzen: der Qual des Verlassenwerdens, der Einsamkeit, der Wertlosigkeit und Unfähigkeit, den unerfüllten Träumen und verpaßten Gelegenheiten, dem körperlichen oder emotionalen Mißbrauch, dem Verlust geliebter Menschen, gescheiterten

Ehen, dem Schmerz, der das Frausein in einer Welt begleitet, die das Weibliche nicht ehrt.

Wenn eine Frau Essen schon lange benutzt hat, um ihre Wunden zu verbergen, und dann ihrer Schattenschwester begegnet, ist sie oft überwältigt von der Trauer, die diesen ausgestoßenen Teil ihres Wesens durchdringt. Dann wird sie vielleicht von ihren Tränen überflutet und muß lernen, sie fließen zu lassen, statt sich wieder mit Gedanken an Diäten, Körpertraining oder Essen abzulenken. In der Unterwelt gibt es keinen Ort, an dem man seinem eigenen Schmerz gegenüber ungerührt bleiben kann, keinen Platz für Unverletzlichkeit oder die Verleugnung der Wunden. Im Dunkeln wird alles Leid respektiert. Schmerz ist erlaubt.

Der Abstieg einer Frau in ihr Selbst findet seinen Höhepunkt im Tod. Das alte Ich muß sterben, damit eine Wiedergeburt stattfinden kann. Ihr Selbstbild als Opfer muß sterben. Ihre Vorstellung von sich selbst als ein schlechter, minderwertiger, wertloser, unattraktiver, unfähiger Mensch muß vergehen. Ihre gefühllose Apathic gegenüber dem eigenen Leid muß weichen.

Sie wird im Dunkeln wiedergeboren. Ihre Schattenschwester mit der Macht zu vernichten hat auch die Macht der Verwandlung und der Erneuerung. Wenn sie ihr begegnet, ganz nackt und ohne Maske oder Verleugnung, kann sie beginnen, ihre Vergangenheit zu deuten, vielleicht verstehen, was geschah, entdecken, was sie daraus lernen und welche Wahrheiten sie annehmen kann. Sie kann die innere Weisheit erlangen, die ihr ermöglicht, ein ganz neues Sein zu entwickeln, mit Essen, das sie nicht als Trost mißbraucht, mit anderen Menschen, mit sich selbst.

Schließlich kommt ihr ihr Einfühlungsvermögen zu Hilfe, die Fähigkeit, sich selbst, ihren Gefühlen und ihren Bedürfnissen mit Offenheit und Verständnis zu begegnen. Es ist die Fähigkeit, im Schmerz zu verharren, die ihr hilft, dies langsam durchzustehen, damit sie tief im Kern heilen kann. Mit ihrem Einfühlungsvermögen kann sie den Zusammenhang zwischen ihrer Kindheit und ihrer Eßstörung erkennen, ohne sich selbst oder anderen dafür die Schuld zuzuweisen und ohne die eigenen Wunden zu verleugnen.

Als Ereshkigal das Gefühl hat, daß man ihr zuhört, erlaubt sie den Kreaturen, Inanna wieder zum Leben zu erwecken und mit der Speise und dem Wasser des Lebens zu nähren. Erst wenn ihre Schattenschwester mitfühlende und verständnisvolle Zuhörer findet, kann die Frau die wahre Nahrung empfangen, die sie für das eigene Leben braucht.

Um ihre Eßstörung zu heilen, muß die Frau die Dunkelheit begrüßen, die der Erneuerung vorausgeht. Sie muß die abgelehnten und verlorenen Teile ihres Selbst wiedergewinnen, ihre Verleugnungen, Erfahrungen und Gefühle zurückholen und sie in die Ganzheit ihres Wesens integrieren. Diese Ganzheit stärkt die Frau und birgt in sich das Versprechen von Veränderung und Erneuerung.

16
Selbstbewußtsein
Die Wahrheit sagen

Es war einmal ein junger Ritter, der das furchtbarste Verbrechen begangen hatte, das man gegen eine Frau verüben kann. Man nahm ihn gefangen und brachte ihn vor den König, der das Urteil über ihn sprechen sollte. Der König sagte: »Das Verbrechen ist so abscheulich, daß ich es für gerecht halte, wenn die Frau, an der du es begangen hast, dein Urteil spricht.« Er rief die Frau herbei und fragte sie, wie der junge Mann bestraft werden solle. Sie sagte: »Man soll ihm ein Rätsel aufgeben, und wenn er das Rätsel nicht innerhalb eines Jahres löst, soll er zum Tode verurteilt werden.«
Der König fragte: »Und wie lautet das Rätsel?«
Sie erwiderte: »Das Rätsel geht so: Er soll die Frage beantworten: Was wünscht sich eine Frau am allermeisten?«
Damit wandte sich der König wieder an den jungen Mann und sprach: »So soll es sein. Du sollst in genau einem Jahr wieder hier erscheinen und uns die Lösung zu diesem Rätsel sagen. Wenn du die richtige Antwort nicht weißt, sollst du des Todes sein.«
Nun, der junge Ritter ging hinaus auf den Hof und freute sich, so leicht davongekommen zu sein, weil er ja nur eine einzige, dumme Frage zu beantworten hatte. Er war noch nicht weit gekommen, als er eine wunderschöne junge Frau sah, die auf ihn zukam. Er trat mit einem strahlenden Lächeln vor sie und fragte: »Verzeiht mir, aber könnt Ihr mir sagen, was eine Frau sich am allermeisten wünscht?«

Sie neigte den Kopf, sah ihn scheu an und antwortete: »Einen Liebsten. Das wünscht sich eine Frau am allermeisten.«

Der junge Mann dankte ihr und zog seiner Wege. Da sah er eine Frau mittleren Alters die Straße entlangkommen. Sie trug einen Säugling auf dem Arm, und vier weitere Kinder hingen ihr an den Rockzipfeln. Er trat zu ihr und sagte: »Verzeiht, Frau, würdet Ihr mir verraten, was eine Frau sich am allermeisten wünscht?«

»Frieden!« rief sie aus, »das ist es, was eine Frau sich am allermeisten wünscht.«

Er dankte ihr und zog weiter.

Nach kurzer Zeit begegnete er einer alten Frau, die humpelnd am Stock ging. Er trat auf sie zu und fragte höflich: »Verzeiht, Frau, aber würdet Ihr mir sagen, was sich eine Frau am allermeisten wünscht?«

»Das ist doch einfach«, antwortete sie, ohne zu zögern. »Eine Frau wünscht sich am allermeisten gute Gesundheit.«

Er dankte ihr, setzte aber seinen Weg leicht beunruhigt fort. »Ich habe nun drei verschiedene Frauen gefragt, wie die Antwort auf das Rätsel lautet«, dachte er, »und habe drei verschiedene Antworten bekommen. Die Sache ist vielleicht doch nicht so einfach, wie ich anfangs gedacht habe.« Daher besorgte er sich ein Buch mit leeren Seiten, um alle Antworten aufzuschreiben.

Dann zog der junge Mann weiter durch viele Dörfer, Städte und übers Land, stellte jeder Frau, der er begegnete, das Rätsel und schrieb ihre Antwort in sein Buch. Aus den Tagen wurden Wochen, die Wochen wurden zu Monaten, und die Monate sammelten sich zum ... nun, es war noch nicht ganz ein Jahr verstrichen, als er am Straßenrand saß, den Kopf nachdenklich in die Hand gestützt.

»Noch ein Tag, und ein ganzes Jahr wird verstrichen sein«, jammerte er verzweifelt. »Ich habe Tausenden von Frauen diese

Frage gestellt und Tausende von verschiedenen Antworten darauf bekommen. Ich bin der Lösung des Rätsels nicht näher als damals, als ich es zum ersten Mal hörte. Morgen werde ich sterben.«

In dem Augenblick hörte er eine Stimme: »Verzeih mir, aber kann ich dir helfen?«

Er blickte auf, und vor ihm stand das wohl häßlichste Wesen, das er jemals gesehen hatte! Ihr Kopf war zu groß für ihren Körper, die Augen zu groß für den Kopf. Sie hatte eine lange, spitze Nase, dünne Lippen und häßliche Zähne. Das Haar hing ihr strähnig auf die Schultern herab wie Rattenschwänze, und sie hatte eine Haut wie der Bauch eines toten Fisches.

»Warum weinst du?« fragte sie.

»Ach«, antwortete der junge Mann, »man hat mir ein Rätsel aufgegeben, und wenn ich nicht bis morgen die Lösung gefunden habe, verliere ich mein Leben.«

» Und wie lautet das Rätsel?« fragte sie.

»Ich soll die Antwort auf die Frage finden: ›Was wünscht sich eine Frau am allermeisten?‹«

»Oh, die Antwort weiß ich«, sagte die Frau. »Und ich würde sie dir gern verraten, wenn du mich heiratest.«

Der junge Mann war über diese Bedingung sehr erschrocken, aber er dachte: »Was soll es? Ohne die Antwort zu dem Rätsel bin ich ein toter Mann. Lieber teile ich mein Leben mit diesem häßlichen Wesen, als daß ich es ganz verliere.« Und so stimmte er zu, sie zu heiraten, und wartete auf ihre Antwort.

Die Frau sagte: »Die Antwort zu diesem Rätsel ist wie folgt: Was eine Frau sich am allermeisten wünscht, ist Souveränität, das Recht, sich einen eigenen Weg durchs Leben zu suchen.«

Der Ritter dachte darüber und über alle anderen Antworten nach, die er gefunden hatte. »Jawohl«, rief er aus. »Das paßt zu allem, was ich bisher gehört habe. Es ist die richtige Antwort!«

Er eilte nun an den Ort, wo er vor einem Jahr sein Urteil empfangen hatte. Am nächsten Tag trat er vor den König und die Frau, an der er sein Verbrechen verübt hatte.
»Nun«, hub der König an, »hast du die Antwort zu dem Rätsel?«
»Jawohl, Herr«, antwortete der Ritter.
»Und wie lautet sie?« fragte der König.
»Die Antwort auf die Frage ›Was wünscht sich eine Frau am allermeisten?‹ lautet: Souveränität, das Recht, sich den eigenen Weg durchs Leben zu suchen.«
Der König wandte sich an die Frau, die neben ihm stand, und fragte: »Stimmt das?«
»Ja, Euer Ehren«, erwiderte die Frau.
»Dann bist du ein freier Mann«, sprach der König. »Entferne dich.«
Diesmal sprang der junge Mann geradezu über den Hof, voller Erleichterung und Freude über seine neugewonnene Freiheit. Doch er hielt sein Versprechen und kehrte an den Ort zurück, wo er die häßliche Frau getroffen hatte, um den Pakt einzuhalten. Wie versprochen heirateten sie, und nach der Hochzeit fuhren sie in ein kleines Gasthaus, wo sie ihre erste Nacht zusammen verbringen wollten. Als sie in dem Gasthaus ankamen, ging die häßliche Frau gleich hinauf in die Brautkammer, während der junge Mann in die Schenke trat.
Stunden vergingen, und schließlich sagte der Wirt dem jungen Mann, er müsse nun gehen, denn er wolle das Wirtshaus für die Nacht schließen. Ganz langsam und zögernd ging der junge Mann die schmale Stiege hinauf zu dem Zimmer, in dem er seine wartende Braut wußte.
Er kam vor dem Zimmer an, öffnete langsam die Tür und spähte hinein. Auf der anderen Seite stand ein großes Bett, in dem seine Braut lag, deren Haar die Kissen beschmutzte. Zögernd schritt er auf sie zu.

»Komm, mein Mann«, sagte sie und klopfte auf das Kissen neben sich.

Der junge Ritter setzte sich auf die Bettkante und zog ganz, ganz langsam erst den einen Stiefel aus, dann den anderen. Er legte Hose und Hemd ab und schlüpfte dann völlig nackt unter die Decke. Er lag so steif wie ein Brett neben ihr, die Arme eng an den Körper gepreßt, das Gesicht starr geradeaus gerichtet.

»Mann, es ist unsere Hochzeitsnacht. Küß mich«, flehte die Braut.

Er zog ein Gesicht, schürzte die Lippen, schloß die Augen ganz fest und küßte sie. Doch bei dem Kuß berührten seine Lippen auch ihre Wange, und er merkte überrascht, daß sie sich überhaupt nicht wie der Bauch eines toten Fisches anfühlte. Da öffnete er die Augen und sah mit großem Erstaunen eine der schönsten Frauen vor sich, die er jemals gesehen hatte!

»Wer bist du, und was machst du hier?« platzte er heraus, als er wieder sprechen konnte.

»Ich bin deine Frau«, sagte sie. »Ich stand unter einem bösen Fluch, und als du zustimmtest, mich zu heiraten, und mich küßtest, hast du den Bann gebrochen. Jetzt brauchst du dich nur noch zu entscheiden, ob du mich bei Tag schön und häßlich bei Nacht haben willst oder schön bei Nacht und häßlich am Tag.«

»Das ist doch leicht«, antwortete der junge Mann rasch. »Schön bei Tage und häßlich in der Nacht.«

»Nun«, meinte sie, »das heißt, daß ich jeden Abend, wenn du bei mir schlafen willst, häßlich sein werde.«

»Oh«, sagte der junge Mann, schürzte die Lippen und erschauderte bei dem Gedanken. »Dann eben tagsüber häßlich und nachts schön.«

»Das bedeutet, daß die Leute, wenn wir zusammen über die Straße gehen, zusammenzucken vor meiner Häßlichkeit, und die

Kinder werden mit Steinen nach mir werfen und mich verspotten.«

»Das ist auch nicht gut«, sagte der junge Mann, schüttelte den Kopf und dachte über dieses neue Rätsel nach. Nachdem er eine Weile gegrübelt hatte, sagte er: »Weißt du, eigentlich ist es nicht recht, daß ich diese Entscheidung treffen muß. Immerhin bist du es ja, die mit den Folgen zu leben hat.«

»Ah«, sagte die schöne Frau. »Jetzt hast du gerade die zweite Hälfte des Fluchs gelöst. Denn was eine Frau sich am allermeisten wünscht, ist Souveränität, das Recht, sich den eigenen Weg durchs Leben zu suchen. Und da ich nun die Wahl habe, wähle ich, daß ich schön bei Tag bin – und schön bei Nacht!«

Wenn eine Frau sich den eigenen Weg durchs Leben suchen will, muß sie fähig sein, Entscheidungen zu treffen – ja zu sagen zu dem, was sie will, und nein zu dem, was sie nicht will. Ohne die Freiheit der Wahl kann sie gegenüber anderen ziemlich »häßlich« werden – mürrisch und vorwurfsvoll –, weil man sie ausnutzt, oder voller Wut und Vorwürfe, wenn sie anderen stets mehr gibt, als sie von ihnen zurückbekommt.

Diese Art von Souveränität ist grundlegend für das Wohlbefinden aller Frauen, aber besonders wichtig für diejenigen, die unter Eßstörungen leiden. Diese Frauen stehen unter dem Bann von Hilf- und Hoffnungslosigkeit, ein Bann, der gebrochen werden muß. Um sich von diesem Fluch zu befreien, müssen diese Frauen lernen, ihre natürlichen Rechte zu vertreten, zu wählen, was sie wollen, und abzulehnen, was nicht recht für sie ist.

Selbstbewußtsein ist ein wichtiges Instrument, um Souveränität im Leben zu erreichen. Eine selbstbewußte Frau findet einen Weg auszudrücken, wer sie ist und was sie will. Sie lernt aktiv zu kommunizieren, ohne ihre Bedürfnisse zu vernachlässigen oder aggressiv und unsensibel auf die Bedürfnisse anderer zu reagieren.

Wenn eine Frau nicht aktiv kommuniziert, sagt sie ja zu Dingen, wenn sie eigentlich nein sagen will, und nein zu Dingen, die sie eigentlich bejaht. Sie verhält sich so, als sei alles in Ordnung, wenn das in Wirklichkeit nicht der Fall ist. Der Weg, dem sie durchs Leben folgt, ist nicht ihr eigener, und sie kann deshalb nicht die Gaben entgegennehmen, die ihr Schicksal für sie bereithält. Ihre Entscheidungen werden nicht durch das geleitet, was sie fühlt und für sich will, sondern von den Bedürfnissen und Wünschen anderer. Dabei verarmt ihre Seele – und ihr Gefühl für ihr authentisches Selbst, für die, die sie in Wahrheit ist, wird schwächer. Ohne die Verbindung zu diesem wahren Selbst kennt sie nur ihre Außenhülle, den oberflächlichsten Teil von sich selbst, und zeigt ihn der Außenwelt. Sie kümmert sich übertrieben um ihr Aussehen, darum, wie sie auf andere wirkt. Sie strebt danach, jederzeit »nett« zu sein, verbindlich und freundlich, aber auf Kosten ihres Selbstwertgefühls, ihrer Selbstachtung und ihres Selbstbewußtseins.

Sie vermeidet das Risiko, anderen zu mißfallen, und reagiert immer schnell mit Bemerkungen wie: »Oh, das macht aber gar nichts« – »Es spielt wirklich keine Rolle« – »Das ist mir gleichgültig« und »Das entscheidest du besser«. Schließlich glaubt sie wirklich, daß es keine Rolle spielt, was sie denkt und fühlt, daß es eigentlich egal ist, wer sie in Wirklichkeit ist. Sie überzeugt nicht nur sich selbst, daß dem so ist, sondern auch alle anderen in ihrer Umgebung, daß ihre Gedanken und Gefühle völlig unwichtig sind. Wenn sie ihren Selbstwert so schmälert, folgen die anderen mit ihrem Urteil rasch nach. Und wenn die Mitmenschen beginnen, ihre Bedürfnisse zu mißachten und sie schlecht zu behandeln, fördert ihre eigene Billigung dieses Verhalten noch. Sie folgt einem Lebensweg, der sie auslaugt, statt sie zu nähren, und wendet sich dem Essen zu, um sich zu stärken und zu trösten. Essen wird zum vergeblichen Versuch, ihre ausgehöhlte Selbstachtung aufzufüllen. In der Überzeugung, daß sie keine Unterstützung braucht, weil sie ihren Mitmenschen ohnehin nicht recht ist, verweigert sie sich selbst die Nahrung und tadelt sich, wenn sie ißt, auch wenn sie echten Hunger hat. Ihr Leben wird immer leerer.

Die Frau hingegen, die aggressiv statt passiv reagiert und ihre Souveränität ständig heftig verteidigt, indem sie andere angreift, bekommt zwar einige der Dinge im Leben, die sie will, aber sie muß sich ständig mit den Folgen ihrer Vorwürfe und unsensiblen Reaktionen auseinandersetzen. Sie schlägt in dem Versuch, ihre wahren Gefühle zu äußern, um sich, fühlt sich aber am Ende bloß mißverstanden und allein. Ihre Reise durchs Leben besteht aus einer Reihe kaputter Beziehungen. Sie spürt den Stachel der Ablehnung aufgrund ihrer »Häßlichkeit«.

Sie kann sich keine andere Art vorstellen, sich selbst zu behaupten, und glaubt, sie habe nur zwei Möglichkeiten: Entweder ist sie, wie in dem Märchen »Was eine Frau sich am meisten wünscht«, nachts häßlich oder tagsüber. Sie weiß, wie sie das bekommen kann, was sie will und braucht, aber nicht, wie sie die Bedürfnisse und Gefühle anderer dabei nicht mißachtet. Schließlich findet auch sie nicht die nährende Unterstützung, die eine enge Beziehung ihr bringen kann, und sie sucht ebenfalls Trost im Essen.

Viele Frauen schwingen wie Pendel zwischen Passivität und Aggressivität hin und her. Sie sind so lange passiv, bis sie ihre Gefühle nicht länger im Zaum halten können – und dann schwenken sie unvermittelt auf die andere Seite, werden aggressiv und bombardieren alle, die sie wütend machen, mit Beleidigungen und Vorwürfen. Darauf setzen ihre Schuldgefühle ein, und der Kreislauf beginnt von neuem.

Wenn eine Frau wahre Souveränität erlangen will, muß sie lernen, ihre Rechte auf eine Weise zu schützen, die diejenigen anderer Menschen respektiert. Sie muß lernen, selbstbewußt zu sein, für sich selbst einzustehen, ihre Gefühle auszudrücken und ohne Vorwürfe, Drohungen und Beschuldigungen zu sagen, was sie will. Sie muß ihre eigenen Gedanken und Gefühle mit Respekt behandeln und gleichzeitig die Gedanken und Gefühle anderer respektieren. Nur so kann sie sich in sich selbst wohl fühlen und Beziehungen haben, wie sie es sich wünscht.

Stell dir vor, eine Freundin hat sich von dir ein Buch geliehen. Du hast ihr damals gesagt, sie könne das Buch gerne lesen, solange sie es am nächsten Freitag wiederbrächte, weil du es für einen Bericht brauchtest, an dem du gerade arbeitetest. Aus irgendeinem Grund hat sie das Buch jedoch nicht zurückgegeben. Du konntest deine Arbeit zwar fertigstellen, aber es war schwieriger.

Eine Woche später triffst du sie zufällig im Supermarkt, und ihr fällt plötzlich das Buch wieder ein, das du ihr geliehen hast. Sie entschuldigt sich dafür, es nicht zurückgebracht zu haben. Wenn du auf die passive Art reagierst, sagst du einen Satz wie: »Oh, das ist schon okay, mach dir keine Gedanken« – während du in Wahrheit durch ihr Verhalten Probleme hattest und du ihr das auch vorwirfst.

Du hältst zwar deine Gefühle zurück, um deine Freundin nicht zu verärgern, doch in dir und zwischen euch beiden baut sich eine Spannung auf, weil du Wut empfindest, die du ihr nicht mitteilst. Sie spürt diese Spannung vielleicht, weiß aber nicht, warum du plötzlich so kühl und distanziert wirkst.

Wenn sie sich das nächste Mal etwas leiht, könnte das gleiche wieder passieren, weil du ihr den Eindruck vermittelt hast, daß dir solche Dinge nichts ausmachen. Nach ein paar weiteren Vorfällen dieser Art baut sich die Spannung vielleicht bis zu dem Punkt auf, daß du dich aus der Beziehung zurückziehst – und du sagst ihr nicht einmal warum.

Wenn du auf eine solche Situation eher aggressiv reagierst, könntest du deiner Freundin vielleicht Vorwürfe machen wie: »Ich kann es nicht glauben, daß du mir das angetan hast! Wie kannst du nur so rücksichtslos sein! Hatte ich dir nicht gesagt, daß ich das Buch spätestens Freitag zurückbrauche? Du bist wirklich zuverlässig!«
Du drückst in diesem Szenarium zwar deine Gefühle aus, die Tatsache, daß die Sache für dich unangenehm war, aber auf eine Art, die verletzend wirkt. Du beschimpfst die Freundin als »rücksichtslos« und sprichst in vorwurfsvollem Ton. Deine Freundin fühlt sich angegriffen und beschließt vielleicht, sich von dir zurückzuziehen oder eure Beziehung sogar ganz zu beenden, um sich davor zu schützen.
Eine selbstbewußte Regelung dieser Situation sähe dagegen ganz anders aus. Es gehörte dazu, die eigenen Gefühle auszudrücken, aber ohne anzugreifen oder zu beschuldigen. Nach der Entschuldigung der Freundin könnte man etwa sagen: »Nun, es war ganz schön unangenehm, das Buch nicht für meine Arbeit zu haben. Wenn du dir das nächste Mal etwas ausleihst, gib es mir bitte pünktlich zurück.«
Man läßt sie damit wissen, daß ihr Verhalten nicht in Ordnung war, aber hat sie nicht als Person angegriffen. Sie hat vermutlich ein schlechtes Gewissen wegen ihres Verhaltens, fühlt sich aber nicht schlecht, weil sie nicht herabgesetzt wurde. Da du deine Gefühle ehrlich ausgedrückt hast, werden die Vorwürfe ihr gegenüber schwinden. Statt Distanz oder Spannung zu schaffen, äußerst du den Wunsch, die Beziehung fortzusetzen, indem du davon ausgehst, ihr auch in Zukunft Dinge zu leihen. Sie braucht keine Spekulationen über deine Gefühle anzustellen, um herauszufinden, wo sie in der Beziehung steht. Und in dir bleiben keine Schuldgefühle und keine Spannungen zurück, die nicht ausgedrückt wurden.

Ich habe bei meiner Arbeit mit Frauen, die unter Eßstörungen leiden, die Erfahrung gemacht, daß sie sich erst davon befreiten, wenn sie gelernt hatten, selbstbewußt zu sein. Selbstbewußtsein ist vermutlich die wichtigste Fähigkeit, weil wir damit den Kern dessen, wer wir wirklich sind, annehmen und ausdrücken, ohne dabei destruktiv gegenüber anderen zu sein. Nur mit Selbstbewußtsein können wir sicher sein, daß wir uns auf dem rechten Weg befinden, dem Weg des Herzens, der uns zu Menschen und an Orte führt, die uns etwas geben und uns erfüllen.
Wie jede andere Fähigkeit muß Selbstbewußtsein geübt werden. Man braucht dazu auch die Bereitschaft, eine Phase der Unsicherheit durchzustehen. Das hat irgendwie Ähnlichkeit mit dem Vorgang, Radfahren zu lernen. Weißt du noch, wie mühsam es anfangs war, gleichzeitig die Pedalen zu treten, das Gleichgewicht und die Lenkstange zu halten und darauf zu achten, wohin man fuhr? Genauso unsicher und mühsam kann es anfangs sein, wenn man lernt, selbstsicher aufzutreten. Doch mit ein wenig Übung fühlt sich diese Art der Kommunikation bald so mühelos und natürlich an wie Radfahren.
Ich empfehle drei Techniken für die Erlangung von Selbstbewußtsein. Die erste besteht aus einer einfachen Formel, sich auszudrücken. Da man in der »Hitze des Gefechts« manchmal nur schwer einen klaren Gedanken fassen kann, hilft es sehr, daß diese Formel einfach zu merken ist. Sie besteht aus drei Teilen:

1. Wenn du …
2. Ich fühle … / Ich bin …
3. Weil …

Der erste Teil beschreibt das Verhalten, das deine Gefühle auslöste:

- Wenn du so mit mir redest ...
- Wenn du mich so ansiehst ...
- Wenn du sagst ...
- Wenn du dir mein Buch leihst und nicht zurückgibst ...
- Beschreibe das Verhalten so genau und objektiv wie möglich, ohne dabei irgendwelche Urteile über die mögliche Absicht des anderen abzugeben, wie etwa: »Wenn du mich so herunterputzt ...« oder »Wenn du so tust, als wüßtest du genau, was gut für mich ist ...«
- Beim zweiten Teil sollte man einen Moment nachdenken und feststellen, was genau man empfindet, und dann dieses Gefühl so eindeutig wie möglich ausdrücken.
- Ich fühle mich frustriert ...
- Ich fühle mich verletzt ...
- Ich bin wütend ...
- Ich bin verwirrt ...

Versuche, dich auf ein oder zwei Gefühle zu konzentrieren, um den Schwerpunkt zu bewahren. Es ist dabei wichtig, die Verantwortung für die eigenen Gefühle zu übernehmen und nicht etwa zu sagen: »Du gibst mir das Gefühl ...« Der andere meint sonst, man wolle ihm die Schuld geben oder ihn angreifen. Statt darauf zu hören, was du sagst, denkt er sofort an eine Verteidigung oder einen Gegenangriff, und die Tür zur Kommunikation klappt zu. Im dritten Teil muß man sich fragen: »Warum löst dieses Verhalten diese Gefühle aus? Wie deute ich das, was da geschieht?« Zum Beispiel so:

- ... weil es mir den Eindruck gibt, daß dir nichts an mir liegt ...
- ... weil ich dann denke, daß du mir nicht traust ...
- ... weil du zu denken scheinst, daß du besser weißt als ich, was gut für mich ist ...
- ... weil ich den Eindruck habe, daß du mich herabsetzt ...

Eine selbstbewußte Reaktion sollte möglichst kurz ausfallen. Mit dieser Formel kann man das, was man sagen will, in einem einzigen Satz unterbringen. Man verliert sich nicht in einem Wortschwall, sondern bringt die Sache auf den Punkt. Man braucht auch nicht in genau dem Moment, wenn das Verhalten passiert, schon selbstbewußt zu sein. Beim Üben, wie man selbstbewußt reagiert, kommt man sehr häufig nicht sofort auf die richtige Reaktion. Das macht nichts. Es ist völlig in Ordnung, die Formel in der Vergangenheitsform anzuwenden:
»Als du letzten Monat unsere Verabredung zum Mittagessen abgesagt hast, habe ich mich verletzt gefühlt, denn ich hatte den Eindruck, daß dir nicht viel daran lag, mich zu sehen.«
»Mir ist es nicht sofort aufgefallen, aber als du letzte Woche vorschlugst, meine Stelle aufzugeben, war ich wütend, weil ich das Gefühl hatte, du würdest mich kritisieren, daß ich nicht genügend Zeit mit meinem Sohn verbringe.«

Menschen, die mit einer Eßstörung kämpfen, träumen oft von einer Wunderkur, einer Instant-Lösung. Die gibt es leider nicht, doch die fünf Worte (»wenn du ... ich fühle ... weil«) können wirklich magisch wirken, wenn sie konsequent benutzt werden. Du kannst sie auch auf eine Karte schreiben, die du ständig bei dir hast oder neben das Telefon legst.
Wenn man anfängt, diese Formel zu benutzen, kann man denjenigen, die einem wichtig sind, erklären, warum man ihnen mitteilt, wie ihr Verhalten auf einen wirkt, damit sie das nicht als »Nörgelei« empfinden. Man sagt dann vielleicht etwas wie: »Ich will dir das in Zukunft sagen, weil ich festgestellt habe, daß ich die Neigung habe, mich zurückzuziehen, wenn mich etwas aufregt. Unsere Beziehung bedeutet mir aber so viel, daß ich sie nicht durch einen solchen Rückzug gefährden will.« Oder: »Wenn ich dir nicht sage, wenn mich etwas stört, das du tust,

fange ich an, mich zu ärgern, und werde muffig, und das beeinträchtigt unsere Beziehung. Ich will nicht ständig etwas tun, das schlecht für unsere Beziehung ist.«

Die zweite Selbstbehauptungstechnik, die ich empfehle, baut auf der ersten auf. Wenn eine Frau »die Formel« benutzt und ihre Gefühle ausdrückt, reagieren andere manchmal mit dem Vorwurf, sie schaffe Konflikte. Die Technik für die Reaktion auf solches Verhalten nennt man »Ableitung«, weil sie hilft, verbale Angriffe, Vorwürfe und Herabsetzungen abzulenken. Man umgeht so destruktive Streitereien darüber, wer recht hat und wer nicht.

Wenn jemand einem sagt: »Du bist einfach zu empfindlich« oder »Es ist doch albern, so was zu denken« oder einfach »Du hast unrecht«, ist es wichtig, sich nicht so zu verhalten, als wolle man sich verteidigen. Statt dessen umgeht man den Vorwurf mit einer Bemerkung wie:

- »Das kann ja sein ...« (Man stimmt weder zu, noch widerspricht man)
- »Ich sehe, was du meinst ...«
- »Ich erkenne deinen Standpunkt ...«,
- um darauf die eigene Wahrnehmung zu erläutern: » ... aber so fühle ich mich nun einmal.«
- »... aber ich sehe das anders.«
- »... aber ich will, daß du weißt, wie dein Verhalten auf mich wirkt.«

Was bei dieser Technik überrascht, ist die Tatsache, wie sehr man auf die eigenen Gefühle zentriert bleibt, darauf, was man will und was man nicht will. Man spürt die Kraft von innen heraus (die »Macht des Einflusses«), wenn man seine Gefühle ebenso respektiert wie die der anderen. Man bestätigt, daß eine

Meinungsverschiedenheit durchaus bestehen kann, ohne daß man die Beziehung gleich beendet oder die eigenen Gefühle und Gedanken aufgibt.

Die dritte Methode folgt auf die »Ableitung«, und ich nenne sie »kaputte Platte«. Man wiederholt dabei immer wieder die eigenen Gefühle, wenn man vom anderen angegriffen wird. Nehmen wir zum Beispiel an, du hast deinem Mann mitgeteilt, daß du immer wütend wirst, wenn er sagt: »Bist du sicher, daß du das essen willst?«, weil du dann den Eindruck bekommst, er wüßte besser als du, was du essen oder nicht essen solltest. Er reagiert darauf so: »Na, du schaffst es offensichtlich nicht, dir das richtig zu überlegen.«

Statt dich nun auf das Thema ablenken zu lassen, wie gut du mit deiner Essenswahl zurechtkommst, könnte die erste Reaktion ableitend sein: »Das kann sein«, um dann deine Gefühle zu wiederholen: »Ich möchte, daß du weißt, daß ich wütend werde, wenn du mir sagst, was ich essen soll und was nicht.«

Wenn er dann antwortet: »Ach, bist du heute wieder empfindlich«, kann man mit dem Satz ableiten: »Vielleicht«, und dann sagen: »Aber ich will, daß du weißt, daß ich wütend werde, wenn du mir sagst, was ich essen sollte und was nicht.«

Wenn er den Streit weiterführt und kontert: »Wenn du nur besser damit zurechtkämst, brauchte ich gar nichts zu sagen«, fährt man mit der »kaputten Platte« fort: »Mir ist es wichtig, daß du weißt, daß ich wütend werde, wenn du mir sagst, was ich essen soll und was nicht.« Man sagt ihm dabei nicht, was er tun oder lassen sollte, und greift daher nicht an, sondern teilt schlichtweg nur mit, wie sein Verhalten einen betrifft.

Wenn man die »kaputte Platte« verwendet, konzentriert man sich auf die eigenen Gefühle und läßt sich nicht von anderen Themen und Vorwürfen ablenken. Irgendwann beendet der andere seine Vorwürfe und hört vielleicht tatsächlich zu, was man zu sagen hat. Man vertritt jedenfalls weiterhin seinen Standpunkt, indem man die eigenen Gefühle deutlich macht und ausspricht.

Die erste Reaktion auf meine Methode, wie man sich selbstbewußt verhält, lautet gewöhnlich: »Das funktioniert nicht. Sie hört doch nie auf mich« oder »Er hört nie damit auf«. Doch wenn man sein eigenes Selbstbewußtsein davon abhängig macht, daß sich die andere Person ändert, wird man sehr frustriert werden. Statt dessen muß das Ziel lauten, sich als selbstbewußter Mensch besser zu fühlen.

Selbstbewußtsein ist vermutlich die wichtigste Fähigkeit, die eine Frau lernen muß, um sich aus dem Kreislauf der Eßstörung zu befreien. Wenn sie erkannt hat, daß sie in Reaktion auf emotionalen Streß ißt oder hungert, kann sie sich der Aufgabe widmen, anders auf diesen Streß zu reagieren.

Mit zunehmendem Selbstbewußtsein entwickelt die Frau eine neue, wesentlich wirksamere Methode, mit dem Streß des Lebens umzugehen. Sie entdeckt, daß Selbstsicherheit eine tiefgreifende Wirkung auf ihre Beziehung zu Essen und Nahrung hat. Wenn sie lernt, um das zu bitten, was sie will, lernt sie gleichzeitig, ihren emotionalen Hunger angemessen zu identifizieren und angemessen zu stillen.

Wenn sie lernt, Unerwünschtes abzulehnen, indem sie zu anderen sagt: »Meine Bedürfnisse sind anders, aber nicht wichtiger oder unwichtiger als deine«, definiert sie ihre persönlichen Grenzen. Das macht auch Intimität erträglicher. Sie braucht nicht mehr zu fürchten, daß sie sich in einer Beziehung verliert oder davon verschluckt wird. Und je mehr Nähe sie zuläßt, um so weniger fühlt sie sich gezwungen, ihre Einsamkeit mit Essen zu lindern.

Mit wachsendem Selbstbewußtsein entwickelt die Frau auch die Fähigkeit, mit Meinungsverschiedenheiten innerhalb ihrer

Beziehungen zurechtzukommen. Sie kann Vorwürfe und Beschuldigungen umgehen, die sich in die Diskussion der wirklichen Probleme schieben. Sie entdeckt, daß es immer Freiraum für unterschiedliche Meinungen gibt.

Wenn sie ihre Gedanken und Gefühle offen und direkt ausdrückt, nehmen ihre Selbstachtung und ihr Selbstvertrauen zu, weil sie bestätigt, daß ihre Gedanken und Gefühle wichtig sind – daß es wichtig ist, wer sie ist. Ihre Neigung, sich auszuhungern oder zu überessen, wenn sie sich nicht gut fühlt, nimmt ab, während ihr Selbstwertgefühl wächst.

Die Wahrheit sagen wird ihr zur Lebensweise. Sie braucht nun kein Essen mehr, um die nagenden Ängste in Schach zu halten, die sich einstellen, wenn man ja sagt und eigentlich nein meint.

Viele Frauen, die mit einer Eßstörung kämpfen, glauben, daß sich auf magische Weise das Rätsel ihres Unglücklichseins lösen würde, wenn sie nur dünner wären. Aber Unglücklichsein ist ein seelischer Zustand und kein körperlicher. Glücklichsein ist kein Ziel, das man sich setzen kann wie ein bestimmtes Idealgewicht. Es ist ein Nebenprodukt davon, mit der eigenen Wahrheit zu leben, den eigenen Weg durchs Leben zu wählen. Wenn diese Frauen selbstbewußter werden, werden sie automatisch auch glücklicher, und wenn sie glücklicher werden, brauchen sie kein Essen mehr, um irgendwelche Spannungen zu betäuben. Ihr Körper kann dann das Gewicht finden, das für ihn angemessen ist.

Wenn es einer Frau immer besser gelingt, selbstbewußt aufzutreten, hat sie auch immer stärker das Gefühl, ihr Leben im Griff zu haben. Sie merkt, daß sie ihre Gefühle zwar nicht kontrollieren kann, aber die Art, wie sie diese ausdrückt. Sie braucht sich nicht mehr darum zu sorgen, die Kontrolle zu verlieren und das Leben anderer durcheinanderzubringen.

Ohne den unglaublichen Druck, das Unmögliche versuchen zu

müssen (ihre Gefühle zu kontrollieren), braucht sie nicht mehr besessen ihr Gewicht unter Kontrolle zu halten. Sie bedarf nicht mehr der Illusion, wenigstens dort alles im Griff zu haben.

Eine selbstbewußte Frau ist eine Frau, die ihr weibliches Sein ehrt, die zur Macht ihrer weiblichen Seele, ihrer tiefsten Wahrheiten und stärksten Gefühle steht. Und sie ist in der Lage, ihre männlichen Energien so einzusetzen, daß sie diese hinaus in die Welt tragen. Sie kann das Unsichtbare erkennen und vermitteln, jene Herzensdinge, die uns anrühren, die wir aber nur schwer beschreiben können. Sie ist im reinen mit dieser unsichtbaren Welt und wird nicht mehr von der tiefsitzenden Überzeugung verfolgt, daß etwas mit ihr nicht stimmt, weil sie alles so stark empfindet, so sensibel auf alles reagiert. Wenn sie das Verhalten beim Namen nennen kann, das ihre Gefühle auslöst, kann sie ein Tor zu Verständnis und Akzeptanz dieser Gefühle öffnen, zum wahren Verstehen und Annehmen ihres weiblichen Wesens.

Eine selbstbewußte Frau kann in unserer patriarchalischen Welt den Umgang mit Macht und Kontrolle beeinflussen, indem sie sich nicht auf deren Polarisierung einläßt. Statt ein Entweder-Oder zu akzeptieren (entweder aggressiv oder passiv, Tyrann oder Opfer, Sieger oder Verlierer, entweder du hast recht oder ich), schlägt sie statt dessen die Möglichkeit eines Sowohl-Als-auch vor (du fühlst dich so, und ich fühle mich so). Sie geht über die Macht über andere hinaus und beansprucht für sich die Macht des Einflusses, die Macht von innen heraus. Sie demonstriert, wie es möglich ist, machtvoll neben einem anderen zu stehen, ohne dessen Macht zu schmälern.

Eine selbstbewußte Frau beansprucht ihre Souveränität, ihr Recht, sich den Weg durchs Leben selbst zu wählen. So kann sie sich entscheiden, tagsüber wie nachts schön zu sein.

17
Nahrung
... für Körper und Seele

Die folgende Geschichte aus China heißt »Der magische Birnbaum«:

Vor langer, langer Zeit brachte einmal ein Bauer seine Birnen zum Markt. Es war ein gutes Jahr für Birnen, und seine Früchte waren so dick, saftig und süß, daß sich die Leute auf dem Markt gleich um seinen Karren scharten, um sie ihm abzukaufen. Er stand mitten in der Menschenmenge und strahlte vor Stolz auf seine Ernte. Da trat eine zerlumpte Frau mit einem zerrissenen Kopftuch auf ihn zu und bettelte um ein paar Früchte. Der Bauer versuchte, sie mit Flüchen fortzuscheuchen, aber die Frau wich nicht vom Fleck.

»Du hast so viele Birnen auf deinem Karren«, sagte sie, »und ich will bloß eine einzige. Sicher ist das für dich kein so großer Verlust?«

Jemand aus der Menge versuchte, den Bauern zu überreden, eine von seinen Birnen abzugeben. Andere aber schrien die Frau an, und es entstand ein großer Aufruhr Der Marktaufseher hatte Angst, die Sache könne außer Kontrolle geraten, und warf der Frau ein paar Münzen zu, damit sie sich eine Birne kaufen konnte. Die Frau dankte dem Aufseher und sagte zu den Umstehenden: »Eine solche Gier nach materiellen Dingen ist schwer zu begreifen. Darf ich euch allen nun ein paar Früchte anbieten.«

»Du hast doch jetzt deine Birne«, erwiderte jemand, »warum ißt du sie nicht selbst?«

»Ich brauchte doch nur einen einzigen Kern«, sagte die Frau und verspeiste ihre Birne. Dann griff sie unter ihren Rock, zog eine kleine Schaufel hervor und begann ein Loch zu graben. Sie legte einen Kern aus der Birne in den Boden und bedeckte ihn mit Erde. Als sie den neugepflanzten Birnensamen begoß, waren alle Augen auf diesen seltsamen Vorgang gerichtet.
Zur großen Verblüffung aller brach ein kleiner Schößling aus dem Boden. Er wuchs stetig weiter, bis er zu einem großen Baum gediehen war und alle mit seinem grünen Laubwerk beschirmte. Im nächsten Augenblick stand er in Blüte und hing dann voller köstlicher, reifer Früchte. Die Frau pflückte die Birnen und reichte sie den Umstehenden, die von diesem Ereignis völlig gebannt waren. Als die Früchte alle waren, begann die Frau, den Baum mit ihrer Schaufel umzuhauen. Sie hackte so lange auf ihn ein, bis er umstürzte. Dann schulterte sie den oberen Teil des Stammes und schlenderte von dannen.
Der Bauer hatte inzwischen sein Geschäft völlig vergessen und stand mit offenem Mund da. Als die Frau gegangen war, kehrte er zu seinem Karren zurück und mußte feststellen, daß seine Birnen allesamt verschwunden waren. »Es waren meine Birnen, die sie verteilt hat!« rief er, als er die Birnen betrachtete, die sie in der Menge herumgereicht hatte. Dann merkte er, daß die Deichsel seines Karrens abgehackt worden war. Nach längerer Suche fand er sie in einer Ecke des Marktplatzes wieder. Nun erkannte er, daß er hereingelegt worden war und daß der Birnbaum, der vermeintlich gefällt worden war, in Wirklichkeit die Deichsel seines Karrens war.
Der Markt hallte nun vor Lachen wider. Der Bauer war zornig über seine eigene Dummheit. Die zerlumpte Frau wurde nie wieder gesehen.

Eine Frau, die sich von ihrer Eßstörung befreien will, muß die Fähigkeit entwickeln, die Illusion zu durchschauen, daß nur Essen sie nähren kann. Solange sie körperlichen Hunger nicht von symbolischem Hunger unterscheiden kann, bleibt sie anfällig für Täuschungen – wie der Bauer in der Geschichte.

Ohne die Fähigkeit, den Unterschied zwischen diesen zwei Arten von Hunger zu machen, klammert sie sich verzweifelt ans Kalorienzählen und ist nicht bereit, sich von den gestörten Eßmustern zu lösen. Wie der Bauer mit dem vollen Karren und dem leeren Herzen wird sie sich weiterhin so fühlen, als hätte sie nicht genug abzugeben, als könne sie es sich nicht leisten, ihr Eßverhalten zu ändern. Der Verstand kann uns alle möglichen Tricks vorspielen, aber unser Körper lügt nie. Wenn wir nur auf den Verstand lauschen und nicht auf die Botschaft des Körpers, können wir leicht überzeugt sein, auf Essen Hunger zu haben, während wir uns in Wirklichkeit nach etwas ganz anderem sehnen. Und so essen und essen wir weiter. Ehe wir es merken, ist unser Teller leer und der Topf ausgekratzt, aber wir sind immer noch unzufrieden und dazu wütend auf uns selbst, weil wir so dumm waren.

Die Fähigkeit, zwischen körperlichem und emotionalem Hunger zu unterscheiden, ist eine grundlegende Fähigkeit, die man im Kampf gegen eine Eßstörung entwickeln muß.

Stellen wir uns vor, wir alle tragen auf unserem Lebensweg zwei Gefäße mit uns: Das eine ist eine Schale für Speise und Wasser, das andere ein herzförmiger Korb für all die Dinge, die wir brauchen, damit unser Leben sinnvoll und erfüllt ist. Die Schale müssen wir füllen, wenn wir körperliche Nahrung brauchen, da hinein kommt unser Essen. In den Korb hingegen legen wir das, was wir emotionale Nahrung nennen: Wir füllen ihn mit Aufmerksamkeit, Zuwendung, Wertschätzung und anderer »Nahrung« für Herz und Seele.

Eine Frau mit einer Eßstörung kann die beiden Gefäße nicht auseinanderhalten. Wenn sie Hunger hat, fängt sie an zu essen. Sie platzt bald, aber sie hat immer noch Hunger. Sie sieht nicht, daß selbst bei voller Schale der Herzkorb leer bleibt und gefüllt werden muß. Sie muß lernen, den einen Hunger vom anderen zu unterscheiden.

Es gibt in der Tat diese zwei verschiedenen Arten von Hunger – einen, der vom Magen herrührt, der andere vom Herzen. Der »Magenhunger« muß mit Essen befriedigt werden, der »Herzenshunger« aber mit Liebe, mit Gefühlsnahrung. Wenn die Frau lernt, den Unterschied zwischen körperlichem »Magenhunger« und emotionalem »Herzenshunger« zu erkennen, ihr Bedürfnis nach Essen und ihre Sehnsucht nach emotionaler Nahrung, braucht sie sich keine Sorgen mehr zu machen, daß sie zu dick wird.

Wie die Tiere in der Wildnis haben wir alle von Mutter Natur eine Gabe mitbekommen, die uns sagt, wann wir essen müssen und wann aufhören, wann wir trinken müssen und wann es genug ist. Es gibt in der freien Wildbahn keine fetten Zebras, Geparde oder Giraffen. Selbst Flußpferde haben genau die Figur, die sie haben sollen. Diese Tiere wachsen, wenn man sie sich selbst überläßt, genau zu der Größe heran, die für sie vorbestimmt ist. Sie essen in Reaktion auf ihre inneren, instinktiven Signale, die ihnen ihr Körper gibt. Sie essen, wenn sie auf Essen Hunger haben, und hören auf, wenn sie gesättigt sind.

Haustiere können jedoch übergewichtig werden, weil die Signale der Natur durch Botschaften unserer Kultur ersetzt wurden. Sie lernen genau wie wir, auf äußere statt innere Reize zu reagieren. Sie essen, weil es »Fressenszeit« ist, weil andere auch essen, weil es gut schmeckt, weil Essen eine Belohnung für »Bravsein« ist oder weil sie gelernt haben, daß gefüttert werden geliebt werden bedeutet.

Wie die Tiere in der freien Natur sind auch wir mit der Fähigkeit auf die Welt gekommen, genau zu erkennen, wann wir körperlichen Hunger haben. Als Säuglinge schreien wir und verlangen damit unser Essen – aber nicht genau nach der Uhr oder dem Plan der Eltern, sondern nur dann, wenn unser Körper die Nahrung braucht. Ein Leeregefühl im Magen sagt uns, daß es Zeit zum Essen ist. Aber dieser klare und einfache Prozeß wird stark verkompliziert, wenn man von uns erwartet, die Bedürfnisse von anderen zu berücksichtigen – zuerst die der Familie und dann die des kulturellen Umfeldes. Man bringt uns bei, nicht mehr auf die inneren Signale zu hören und statt auf unsere innere Autorität nur auf die äußeren Zeichen zu achten. Man bringt uns bei, im Familienkreis zu essen, egal ob wir Hunger haben oder nicht. Man bestraft uns vielleicht sogar dafür, den Teller nicht leer zu essen, redet uns Schuldgefühle wegen der »armen Kinder in Indien« ein. Wir müssen unsere Teller leer essen, um ein Dessert zu bekommen.

Allmählich hören wir nicht mehr auf das leise, sanfte Flüstern unseres Körpers und erkennen nur noch die lauten, schrillen Botschaften wie: »Ich sterbe vor Hunger« oder »Ich bin völlig satt!« Wir vergessen die Gabe, die uns Mutter Natur gegeben hat, und verfangen uns in der Illusion, daß man dem eigenen Körper nicht trauen kann und man ihn daher entweder ignorieren oder kontrollieren muß. Wir verlieren das Vertrauen in das eigene natürliche Wesen.

Der Weg zur Heilung von gestörtem Eßverhalten führt uns zurück in den Zustand, als wir auf unseren Körper eingestimmt waren, ein Zustand, in dem die Klugheit des eigenen Körpers anerkannt und unser Vertrauen in ihn neu belebt wird. Aber um dorthin zu gelangen, müssen wir erst das Zuhören lernen.

Es gibt ein paar nützliche Übungen, um sich wieder in Kontakt mit den eigenen Körpergefühlen zu bringen. Sie sagen einem, wann man essen und trinken und wann man damit aufhören soll. Ich habe festgestellt, daß die Signale für Durst seltener mit Herzenshunger verwechselt werden: Durst bildet daher einen leichteren Ausgangspunkt. Für diese Übung schlage ich vor, Wasser zu trinken, und auch nur dann, wenn man wirklich Durst hat.

Wenn du das nächste Mal Durst empfindest, fragst du dich: »Woher weiß ich, daß ich durstig bin? Wie ist das körperliche Signal, das mir sagt, daß ich Durst habe?« Man kann die Anzeichen dafür leicht feststellen: eine ausgedörrte Kehle, eine trockene Zunge und anderes mehr.

Dann fragst du dich: »Gut. Aber wie erkenne ich, wann ich mit dem Trinken wieder aufhören soll?« Diese Antwort läßt sich vielleicht nicht so leicht finden, aber es gibt ein ganz bestimmtes körperliches Gefühl, das einem sagt, wann man zu trinken aufhören sollte. Dieses Signal fällt bei vielen Menschen unterschiedlich aus: Bei dem einen kann es sein, daß sich der Mund nicht mehr trocken anfühlt, der andere spürt eine bestimmte Kühle in der Kehle. Wichtig ist, daß man sein eigenes Körpersignal erkennen lernt. Achte darauf, bis du deiner körperlichen Durstsignale ganz sicher bist.

Für die meisten Menschen lassen sich die Zeichen für Durst und gestillten Durst viel leichter identifizieren als Hunger und Sättigungsgefühl, weil wir in diesem Bereich viel weniger Druck ausgesetzt sind. Man kann aber die gleiche Grundübung probieren, um die Signale für Hunger zu identifizieren.

Frage dich: »Woher weiß ich, daß ich Hunger habe? Welches Körpergefühl sagt mir, daß ich Hunger habe?« Nicht selten antworten Frauen darauf: »Ich fühle mich schwindlig« oder »Mein Magen knurrt laut«. Aber das sind keine Zeichen für Hunger, sondern für völliges Ausgehungertsein! Das Zeichen für Hunger ist viel subtiler. Es ist wichtig, einen Unterschied zwischen Hunger und schierem Verhungern zu machen, denn wenn man wartet, bis man völlig ausgehungert ist, besteht die Gefahr, daß man zuviel ißt – und dann sagt: »Siehst du, ich kann mich nicht darauf verlassen, selbst zu merken, wann ich Hunger habe!« Man fühlt sich durchaus entmutigt. Vermutlich erlaubt man sich dann erst wieder zu essen, wenn man es nicht mehr aushält (also wieder völlig ausgehungert ist), um sich wieder zu überessen. So schafft man einen Teufelskreis aus Essen und Resignation.

Das Körpergefühl für Hunger ist nicht bei allen Menschen gleich. Manche Leute identifizieren es als ein Engegefühl im Oberkörper, andere als ein hohles Gefühl im Bauch oder als Spannung im Brustkorb: Es ist wichtig, das eigene, persönliche Anzeichen zu erkennen und sich nicht nach anderen zu richten. Mit ein bißchen Übung wird es bald klar und unmißverständlich und läßt sich auch noch in seiner schwächsten Form erkennen.

Als nächstes geht es darum, zu erkennen, wann man satt ist. Man fragt sich wiederum: »Welches körperliche Zeichen sagt mir, wann ich mit dem Essen aufhören soll?« Viele Frauen überfordert diese Frage, denn es ist schon lange her, daß sie auf dieses Zeichen geachtet haben, an dessen Existenz sie eigentlich auch gar nicht glauben. Manche Frauen erkennen nur die Signale *nach* dem Sattwerden: »Wenn ich keinen Bissen mehr herunterbekomme« oder »Wenn ich mich nicht mehr bewegen kann«. Aber das ist kein Sättigungsgefühl – das ist Völlerei. Das Zeichen für Sattheit ist viel feiner, doch mit ein bißchen Übung wird es unmißverständlich. Man kann sogar allmählich lernen, nicht nur das Körpergefühl zu erkennen, das einem sagt, daß man satt ist, sondern auch die körperlichen Anzeichen kurz davor, die einem sagen: »Noch einen Bissen, und ich bin satt.«

Die gleiche Übung, mit der wir gelernt haben, Durst zu bestimmen, wenden wir an, um Hunger zu erkennen. Immer wenn man nach etwas zu essen greift, fragt man sich: »Welches körperliche

Signal sagt mir, daß ich Hunger habe? Wo in meinem Körper kann ich es fühlen?« Nimm ein paar Bissen zu dir und frage dich dann: »Habe ich immer noch Hunger?« Wenn die Antwort ja lautet, fragst du dich: »Woher weiß ich das? Wie ist das Körpergefühl?« Man fühlt sich nun vielleicht nicht mehr völlig ausgehungert, aber erkennt, daß man noch Hunger hat. Lokalisiere es in deinem Körper. Nimm ein paar Bissen mehr und lausche in dich hinein, ob der Hunger noch da ist. Iß immer nur ein paar Bissen und frage dich dabei ständig: »Habe ich immer noch Hunger?« Identifiziere bei jedem Schritt deine Körpersignale, bis die Antwort nein lautet. Dann suche nach dem Gefühl, das dir sagt, daß du satt bist, und lokalisiere es in deinem Körper.

Es ist wichtig, die Körpersignale so genau und eindeutig wie möglich zu bestimmen und genau festzustellen, wo im Körper man sie empfindet. Empfindest du Wärme oder Kühle? Ist es weich oder rauh? Ein Ausweiten oder ein Zusammenziehen? Bewegung oder Stille? Schwer oder leicht? Locker oder eng? Stell dir vor, du lernst ein Wesen von einem anderen Stern kennen, das ein paar Wochen bei uns auf der Erde bleiben will, um sich für den Weltfrieden einzusetzen. Um zu überleben muß es lernen, wie man ißt und trinkt. Dieses Wesen fragt dich: »Woher weiß ich, wann ich essen und trinken muß? Wie fühlt sich das an? Woher weiß ich, wann ich aufhören muß?« Was würdest du ihm sagen? Welche Körperempfindungen würdest du ihm beschreiben?

Eine Frau auf dem Weg zur Heilung von ihrer Eßstörung resigniert möglicherweise, wenn sie ihre Körperempfindungen nicht gleich erkennen kann. Sie hat vielleicht das Gefühl, etwas stimme nicht mit ihr. Daher ist es wichtig, sich klarzumachen, daß es Wochen der Konzentration und Zentrierung bedeuten kann, bis man in der Lage ist, diese Signale auszumachen. Zuerst werden nur die lauten und dramatischen Zeichen des Ausgehungert-

und völligen Sattseins erkannt werden, aber mit der Zeit lassen sich die feinen Unterschiede immer klarer ausmachen.
Die Macht und Intensität dieser Unterscheidungsfähigkeit werden für sie ein außergewöhnliches Erlebnis bedeuten. Ohne Diätanleitungen, Kalorientabellen und Gewichtsskalen wird die Frau lernen, daß die innere Weisheit ihres Körpers sie zu jenen Entscheidungen anleitet, die sie wahrhaftig und gesund ernähren. Erstaunt stellt sie dann fest, daß ihr innerer »Computer« ihr viel genauere Informationen über ihre Bedürfnisse und Wünsche zur Verfügung stellt, als alle Quellen von außen bieten können. Sie lernt, daß ihr Körper nicht nur feststellt, wieviel Gramm Fett sie verzehrt und wie viele Kalorien er verbrannt hat, sondern auch ihren Stoffwechsel in Betracht zieht, wieviel sie schläft und sich bewegt, in welcher Phase ihres Menstruationszyklus sie sich befindet, wieviel Streß sie unterworfen ist und vieles mehr. Sie entdeckt, daß sie keine ausgefeilten Berechnungen oder Analysen aufzustellen braucht: Sie braucht nur ihren Körper kennenzulernen und ihm zu vertrauen.
Wenn sie lernt, sich auf ihre Körpersignale zu verlassen, entdeckt sie, daß sie ohne dick zu werden essen kann, was sie will, wenn sie nur dann etwas zu sich nimmt, wenn sie körperlichen Hunger hat, und aufhört, wenn sie satt ist. Das einzige Kriterium, das sie zum Essen braucht, ist Hunger. Sie braucht sich keine Sorgen um fetthaltige oder fettarme Nahrung zu machen oder was für sie gut oder schlecht ist. Wenn sie etwas stark Fetthaltiges ißt, weiß ihr Körper, daß er länger braucht, um das zu verdauen, und gibt ihr erst viel später wieder ein Zeichen zum Essen. Wenn sie sich erlaubt, von ihrem eigenen Körper geleitet zu werden, wird sie mit der Zeit feststellen, daß er sie zu Nahrungsmitteln führt, die nahrhafter sind und die ihre Zellen erfreuen. Ihr Körper wird nur noch das verlangen, was er wirklich braucht – und nicht, was andere Menschen für gut befinden.

Für die Frau, die versucht, nur in Reaktion auf echten Appetit zu essen, kann das Wissen nützlich sein, welche Wirkung die verschiedenen Nahrungsmittel auf den Körper haben. Der Tagesablauf der meisten Menschen ist bei der Arbeit oder in der Schule nicht flexibel genug, um genau in dem Moment zu essen, wenn sie hungrig sind. Es ist deshalb nützlich, etwas darüber zu erfahren, wie unser Körper die Nahrungsmittel verarbeitet, die wir ihm geben, so daß wir auch bei unserem hektischen Lebensstil so essen können, wie es für uns günstig ist.

Wenn wir entscheiden, was wir essen, mit Blick darauf, wieviel Zeit die Verdauung bestimmter Nahrungsmittel in Anspruch nimmt, können wir unsere Mahlzeiten dementsprechend planen. Wenn man Hunger hat, aber zwei Stunden später essen gehen will, sucht man sich etwas aus, das den Hunger stillt (einen Apfel zum Beispiel), aber nichts mit einer längeren Verdauungszeit (wie ein Käsebrot). Wenn man zum Frühstück keinen Hunger hat, aber genau weiß, daß man noch vor dem Mittagessen völlig ausgehungert ist, nimmt man einen kleinen Snack mit für später (Obst, Studentenfutter, Kracker), der einen ohne zu sättigen bis zum Mittag durchhalten läßt. Wenn man zum Beispiel morgens weiß, daß ein sehr hektischer Tag vor einem liegt und man in den nächsten fünf Stunden keine Gelegenheit zum Essen haben wird, ißt man vielleicht Eier zum Frühstück, um dem Körper Fett und Eiweiß zuzuführen, die ihn länger versorgen. Wenn man statt dessen plant, sich mit Freunden zu einem frühen Mittagessen zu treffen, ißt man am Morgen etwas Leichteres wie Obst und Frühstücksflocken.

Ein sehr wichtiger Schritt zur Heilung heißt zu lernen, wie man bewußt ißt und den körperlichen Hunger mit Respekt behandelt und nicht feindselig. Dazu fragt man sich eher: »Warum habe ich jetzt Hunger?«, statt »Ich kann es nicht glauben, daß ich schon wieder hungrig bin!«

Für viele Frauen, die fast ihr ganzes Leben unter einer Eßstörung gelitten haben, gibt es kaum etwas Bedrohlicheres als die Vorstellung, zu essen, was immer sie wollen. Sie haben wirklich das Gefühl, sich zu zerstören, wenn sie sich keine Grenzen setzen, völlig außer Kontrolle zu geraten, wenn sie es wagen, ihrem körperlichen Appetit zu trauen. Sie müssen begreifen, daß nicht ihr körperlicher Hunger sie dazu bringt, zuviel zu essen, sondern der Mangel in anderen Bereichen ihres Lebens. Wenn sie aber lernen, den emotionalen Hunger mit etwas anderem zu stillen als mit Essen und nur zu essen, wenn sie wirklich hungrig sind, erscheint ihnen ihr Appetit bald nicht mehr so gefährlich.

Die Frau, die lernt, ihrem körperlichen Appetit entsprechend zu essen, steht anfangs oft vor einem Dilemma: »Was mache ich, wenn ich etwas ungeheuer Leckeres esse und satt bin, ehe ich es aufgegessen habe?« Früher hätte sie geantwortet: »Ich lege morgen einen Diättag ein und esse das hier ganz auf.« Dann hätte sie es rasch heruntergeschlungen. Wenn sie lernt, angemessen auf ihren Körperhunger zu reagieren, wird sie sich dagegen eher entscheiden, die köstliche Speise aufzubewahren, bis sie wieder Hunger hat. Oder sie erlaubt sich, sie beim nächsten Mal, wenn sie Hunger verspürt, wieder zuzubereiten oder zu bestellen. Schließlich stellt sie überrascht fest, daß sie nur noch eine halbe Tafel Schokolade verputzt und sich den Rest für später aufhebt oder nur noch zwei Plätzchen ißt und nicht die ganze Packung. Essen wird allmählich einfach nur Essen und ist nicht länger etwas Sündhaftes, Verbotenes oder eine Belohnung.

Wenn wir aufhören, Essen als unseren Feind zu betrachten, können wir auch mehr über unseren emotionalen Zustand erfahren. Wir erkennen, daß unsere Lieblingsspeisen uns direkt ansprechen und etwas über uns aussagen. Wenn wir sorgfältig zuhören und entziffern, was unsere Essenswahl uns sagen will, erhalten wir interessante Informationen. Bestimmte Eigenschaften von

Eßwaren werden mit bestimmten Emotionen oder mit der Unterdrückung bestimmter Gefühle in Verbindung gebracht. Frauen beispielsweise, die sich stets nach warmen Speisen wie Suppen und Eintöpfen sehnen, wünschen sich oft mehr emotionale Wärme in ihrem Leben. Jene mit einem häufigen Heißhunger nach Süßem haben entweder nicht viel Süßes im Leben oder versuchen, sich süßer zu machen. Heißhunger auf scharf gewürzte Speisen deutet möglicherweise auf ein Bedürfnis nach intellektueller oder emotionaler Anregung hin, den Wunsch, das Leben etwas würziger zu gestalten. Knusprige, salzige Dinge werden oft mit Frustration oder dem Bedürfnis, Wut auszudrücken, assoziiert. Schokolade steht bei vielen Frauen für Liebe und verbotene Sexualität.

Das Spielen mit der symbolischen Bedeutung von Essen kann helfen, Gefühle aufzudecken, die aus dem einen oder anderen Grund aus dem Bewußtsein verdrängt werden. Wenn eine Frau feststellt, daß sie Heißhunger auf eine ganz bestimmte Speise, aber körperlich keinen Hunger hat, kann sie sicher sein, daß es ihr Herzkorb ist, der aufgefüllt werden muß. Mit dem Wissen, daß diese Speise für sie emotional befrachtet ist, könnte sie sich fragen: »Welches Gefühl will ich nicht empfinden? Was macht mir zu schaffen? Was ist in meinem Leben nicht im Gleichgewicht?« Wenn diese innere Suche nichts erbringt, kann sie sich dem Essen, nach dem sie sich sehnt, genauer zuwenden.

Statt sich diese Speise zu verbieten oder sie schnell herunterzuschlingen, damit die Schuldgefühle auch schnell verschwinden, sollte sie sehr langsam und bewußt essen und sich bei jedem Bissen fragen: »Was gefällt mir an diesem Essen so besonders gut? Welche Eigenschaften finde ich besonders anziehend? Was verlockt mich am Geschmack, an der Beschaffenheit, am Geruch so sehr? Welche Erinnerungen beschwört es herauf?« Ein solcher innerer Dialog könnte etwa so aussehen:

»Was gefällt mir an dem Eis mit den Schokoladensplittern so besonders?«
»Ich mag es, weil es weich, süß und sahnig schmeckt.«
»Fühlt sich mein Leben im Moment zu rauh an, nicht süß genug? Versuche ich, alles zu glätten und mich süßer zu machen?«
»Nun, in meiner Ehe geht es rauh zu, und ich wünschte, mein Mann wäre nicht immer so wütend. Ich denke manchmal, wenn ich süßer wäre, würde er nicht so oft wütend werden.«
»Was gefällt mir an dem Eis mit den Schokosplittern außerdem?«
»Ich mag gern die knusprigen Schokosplitter im Kontrast zu dem weichen, sahnigen Eis.«
»Versuche ich, meine Wut auf meinen Mann mit dem Wunsch zu versöhnen, süßer zu sein?«
»Ich fühle mich eigentlich nicht sehr wohl, wenn ich meine Wut herauslasse, weil ich mich dann zu gemein finde.«
Wenn wir Nahrungsmittel und Speisen als Metaphern für unsere tiefsten Sehnsüchte und Sorgen betrachten, kommen wir auf dem Weg der Heilung schnell voran. Die Betrachtung von Heißhungergefühlen und den dabei evozierten Bildern rückt unbewußte Gefühle und Wünsche ins Bewußtsein. Man versteht dann besser, mit welchen Themen man sich tatsächlich abmüht, eine Erkenntnis, die man vielleicht nicht gewinnen würde, wenn man sich diese Speisen versagte.
Indem wir den Körperhunger vom symbolischen Hunger unterscheiden lernen, machen wir uns nicht länger vor, daß wir uns den Wunsch nach Essen erfüllen wollen, wenn es in Wirklichkeit um die Erfüllung eines Herzenswunsches geht.

18
Das Tagebuch
Die Wahrheit aufzeichnen

In dem folgenden koreanischen Märchen »Das Barthaar des Tigers« geht es um eine Frau, deren Mann aus dem Krieg heimkommt.

Der Mann war lange fortgewesen, und die Frau war sehr glücklich, daß er gesund und heil wieder da war. Aber er war nicht so, wie sie sich an ihn erinnerte. Er lachte nicht mehr so frei und war oft mürrisch und in sich gekehrt. Manchmal wollte er nichts essen und bekam schreckliche Wutanfälle, die die Frau ängstigten. Es schien keinen Weg zu geben, ihn wieder so fröhlich und lebenslustig zu machen wie zuvor.
In ihrer Verzweiflung suchte die Frau Hilfe bei einem alten Heiler, der am Rand ihres Dorfes lebte. Der Heiler versicherte der Frau, er habe einen Trank für sie, der den Humor und die Lebenskraft ihres Mannes zurückbringen würde, aber die Frau müsse den wichtigsten Teil für diesen Trank selber besorgen: das Barthaar von einem lebendigen Tiger. Die Frau war erschrocken von der Schwierigkeit der Aufgabe, doch der Heiler bestand auf dieser Zutat, denn ohne sie wäre der Trank wertlos.
Die Frau kehrte nach Hause zurück und dachte lange über ihre Aufgabe nach. Sie erinnerte sich, von einer Tigerhöhle hoch oben in den Bergen über dem Dorf gehört zu haben. Eines Nachts, als ihr Mann schlief, stieg sie auf den Berg und fand die Tigerhöhle, wie man sie ihr beschrieben hatte. Kurz vor Tagesanbruch kehrte sie mit einem Plan nach Hause zurück.

In der nächsten Nacht stieg sie wieder auf den Berg, diesmal mit einer Schale Reis und einem Stück Fleisch, das sie so dicht vor den Höhleneingang stellte, wie sie sich herantraute. Dann versteckte sie sich hinter einem Busch und beobachtete, wie der Tiger aus der Höhle kam, vorsichtig an der Schale schnüffelte und sie dann leerfraß. In der folgenden Nacht kehrte sie mit einer weiteren Schale mit Reis und Fleisch zurück und blieb wiederum in einigem Abstand stehen, um zuzusehen, wie der Tiger den Inhalt der Schale verschlang.

Nacht für Nacht kehrte sie mit einer Schale voll Reis und Fleisch zurück und rückte jedesmal näher an die Stelle heran, wo sie sie abgesetzt hatte. Dabei sprach sie dem Tiger mit sanfter, freundlicher Stimme zu, bis sie sich ihm eines Nachts so näherte, daß sie ihn tatsächlich berühren konnte. Da zog sie rasch ein Scherchen aus der Tasche, schnitt dem Tiger ein Barthaar ab und rannte, das Barthaar fest umklammert, so rasch ihre Füße sie trugen den Berg hinab bis zur Hütte am Dorfrand, wo der Heiler lebte. Außer Atem und triumphierend hielt sie die Faust mit dem Barthaar in die Höhe und keuchte: »Ich hab's, ich hab's! Ich habe ein Tigerbarthaar. Jetzt kannst du den Trank zubereiten, der meinen Mann wieder freundlich und liebevoll macht.«

Der Heiler nahm das Barthaar, betrachtete es einen Moment lang und warf es anschließend ins Feuer, wo es knisternd aufflammte und dann verschwunden war. »Was hast du getan?« rief die Frau. »Du weißt nicht, was ich durchstehen mußte, um an dieses Barthaar zu kommen!« Dann begann sie zu schluchzen und erzählte ihm, wie sie zuerst die Höhle des Tigers gefunden hatte, um dann Nacht für Nacht auf den Berg zu steigen und dem Tiger Essen zu bringen, wie sie sich dabei immer näher an das Raubtier herangeschoben und es mit sanften, schmeichelnden Worten angeredet hatte, auch wenn ihr vor Angst die Knie zitterten, bis sie schließlich dicht genug an das Tier herangekom-

men war, um das begehrte Barthaar abzuschneiden. »Und jetzt«, schloß sie, »war das alles umsonst.«
Da blickte der Heiler die Frau an und lächelte sanft. »Es war nicht umsonst. Du hast deine Sache gut gemacht. Ruf dir in Erinnerung, welche Schritte du unternommen hast, um den Tiger zu zähmen und sein Vertrauen zu gewinnen. Und jetzt versuch das gleiche bei deinem Mann.«

Für viele Frauen erscheint ein Leben ohne die Besessenheit mit Essen, Übergewicht und Diäten so unerreichbar wie das Barthaar eines Tigers. Selbst wenn sie wüßten, wo ein lebendiger Tiger zu finden wäre, könnten sie sich nicht vorstellen, ihm tatsächlich ein Barthaar auszureißen. Sie malen sich vielleicht ein Leben ohne Obsessionen aus, aber dies tatsächlich durchzusetzen scheint völlig illusionär. Sie glauben nicht an die Möglichkeit, alles essen zu können, was sie wollen, ohne dick zu werden, und verlassen sich lieber auf Zaubertränke, die eigentlich wertlos sind – auf Diäten, Abführmittel und Fitneßübungen, die zwar eine gewisse Gewichtsabnahme erzielen, aber nicht die Befreiung von ihrer Obsession.
Das wichtigste für die Erlangung der wahren Freiheit ist das Bewußtsein, die genaue Wahrnehmung, wer wir wirklich sind und was wir wirklich wollen. Dazu reicht kein allgemeines, verschwommenes Gefühl über unser Leben, unsere Beziehungen oder unseren Beruf. Wir müssen uns unserer Empfindungen und Wünsche schon beim Entstehen bewußt sein, und wir müssen sie akzeptieren und respektieren. Wir müssen bereit sein zu tun, was getan werden muß.
Das Führen eines Tagebuchs ist eine der besten Methoden, die ich kenne, um ein solches Bewußtsein zu erlangen. Man verfolgt seine innersten Gedanken und Gefühle vom ersten Aufkeimen an, noch ehe sie der Welt mitgeteilt werden. Es gibt uns einen

Freiraum vor den Urteilen und Reaktionen der anderen und hilft uns, den Zusammenhang zwischen Gedanken, Gefühlen und unserem Eßverhalten zu beleuchten.

Ein Tagebuch, das unser Eßverhalten mit dem in Verbindung bringt, was in unserem Leben und in unseren Gedanken und Gefühlen vor sich geht, kann den Mythos vertreiben, daß uns der Zwang zu essen aus keinem besonderen Grund überfällt. Wenn wir die Situationen finden, in denen wir uns aus Frustration vollstopfen, unsere Einsamkeit mit Eiskrem versüßen, finden wir auch die verborgenen Gründe für unser gestörtes Eßverhalten und können die Bereiche in unserem Leben ausmachen, die ins Gleichgewicht gebracht werden müssen.

Das Tagebuch sollte die folgenden Informationen enthalten:

- Datum
- Zeitpunkt, wann gegessen und getrunken wurde
- Was gegessen wurde
- Was man kurz davor getan hat
- Was man kurz davor gedacht hat
- Was man kurz davor gefühlt hat
- War man wirklich hungrig?
- Hat man sich anschließend erbrochen oder das Essen auf andere Art wieder ausgeschieden?

Es ist wichtig, die Eintragungen so bald wie möglich nach dem Essen vorzunehmen, denn wenn zuviel Zeit verstreicht, erinnert man sich nur schwer an das, was man vor dem Essen gedacht und gefühlt hat. Aus diesem Grund finden viele Frauen es nützlich, ein kleines Notizbuch mit sich zu führen, das in der Handtasche Platz findet.

Dieses Tagebuch braucht nicht ausführlich zu sein, aber es muß so regelmäßig wie möglich geführt werden. Wie die Frau in der

Geschichte sich mit Beständigkeit und Konsequenz dem Tiger nähern konnte, muß die Frau, die frei von ihrer Eßobsession sein will, beständig und konsequent die wahren Probleme hinter ihrer Eßstörung herausfinden wollen.

Es ist nicht ungewöhnlich, daß Frauen zu Beginn ihres Tagebuchführens feststellen, daß sie viele negative Urteile über ihr Eßverhalten mit sich herumtragen. Sie sagen sich vielleicht: »Oh, ich kann es nicht glauben, daß ich so viel gegessen habe! Ich bin ein richtiger Vielfraß! Wie ekelhaft!« Und diese Schuldgefühle und Scham hinsichtlich ihres Eßverhaltens können ihre Fähigkeit beeinträchtigen, offen und konsequent ihr Tagebuch zu führen. Vielleicht hilft es da, die Aufgabe mit der Haltung einer Detektivin, einer Journalistin oder einer Wissenschaftlerin anzugehen und sich zu sagen, daß wir einfach Daten zusammentragen, die zu einem späteren Zeitpunkt ausgewertet werden. Selbst wenn man sich jeden Tag überißt, ist es in Ordnung.

Da das Führen eines Tagebuchs den Versuch darstellt, das Unbewußte ins Bewußtsein zu rücken, kann der Widerstand dagegen sehr heftig sein. Wir wollen uns bestimmte Verhaltensmuster nicht bewußt machen, wenn es beängstigend oder verwirrend ist, sie genauer unter die Lupe zu nehmen. Widerstand ist aber nicht »schlecht«, und wir sind nicht »faul« oder »widerspenstig«, wenn wir nicht in unser Tagebuch schreiben. Unser Widerstand gibt uns eine weitere Gelegenheit zu untersuchen, was hinter unserer Eßstörung liegt. Statt uns zu schelten oder zu ermahnen, sollten wir neugierig und ohne Vorurteil fragen: »Warum will ich nicht aufschreiben, was ich esse und was ich dabei fühle? Was versperrt mir den Weg zu meiner Beobachtung, wie ich mit Essen umgehe? Welche Gefühle will ich nicht empfinden? Wovor habe ich am meisten Angst?« Wie die Frau in dem Märchen müssen wir mit sanfter, ermutigender Stimme sprechen, um unsere Ängste zu beschwichtigen, wenn wir der

Wahrheit immer näher rücken. Und dann müssen wir still sitzen und zuhören. Wenn wir diese Fragen mit sanfter Neugier aussprechen, wird die weise Frau in uns antworten.
Viele Frauen schreiben zwar auf, was sie essen, finden es aber schwer, in Kontakt mit den dabei empfundenen Gefühlen zu treten. Wenn sie hartnäckig bleiben und zumindest irgend etwas über ihren emotionalen Zustand aufschreiben, wie »Ich bin nicht sicher, was ich fühle« oder »Ich bin verwirrt«, entwickeln sie mit der Zeit ein klareres Bewußtsein ihrer Gefühle. Je häufiger sie sich fragen: »Wie fühle ich mich?«, um so leichter wird es für sie, ihre Gefühle klar zu beschreiben. Die Frau in »Das Barthaar des Tigers« entdeckte erst, als sie immer wieder auf den Berg stieg, daß sie ihr Ziel erreichen konnte.
Nach mehreren Wochen Tagebucheintragungen tauchen allmählich Muster auf. Gibt es zum Beispiel bestimmte Tageszeiten, an denen du deine Essenszufuhr einschränkst oder an denen du häufiger zuviel ißt? Gibt es lange Phasen ohne Essen und dann Heißhungerattacken? Gibt es Tätigkeiten oder Gefühle, die den Wunsch nach Essen auslösen, obwohl man nicht hungrig ist? Oder gibt es Situationen, in denen du dir das Essen nicht erlaubst, obwohl du Hunger hast?
Eine Frau entdeckt zum Beispiel, daß sie häufig um vier Uhr nachmittags zuviel ißt. Bei näherer Betrachtung erkennt sie, daß es die Zeit ist, in der sie in ihr leeres Haus zurückkommt. Sie will ihre Einsamkeit nicht spüren und geht direkt zum Kühlschrank, ohne sich überhaupt zu fragen, ob sie Hunger hat oder nicht. Eine andere Frau stellt vielleicht fest, daß sie an den Tagen, an denen sie sehr beschäftigt und gehetzt ist, das Abendessen in Völlerei ausarten läßt, weil das Essen sie beruhigen soll. Wieder andere Frauen erkennen, daß sie bei Erschöpfung anfangen, ununterbrochen etwas zu knabbern, oder ihnen wird deutlich, daß ein Zusammenhang zwischen ihren Eß-Brech-Episoden und

Streit mit dem Freund oder den Eltern besteht. Die meisten Frauen stellen fest, daß sie oft aus emotionalen Gründen essen: weil sie entweder einsam, wütend, gelangweilt oder nervös sind.
Viele Frauen entwickeln ein viel besseres Verständnis für ihren Stoffwechsel, wenn sie sich ihre Tagebucheintragungen genauer ansehen. Eine Frau entdeckt vielleicht, daß sie die Tendenz hat, sich zu überessen, wenn sie länger als vier Stunden nichts zu sich nimmt. Eine andere findet heraus, daß der Versuch, möglichst viele Kohlehydrate aus ihrem Eßplan zu streichen, gerade dazu führt, daß sie sich in wahre Kohlehydratorgien stürzt. Und wieder eine andere entdeckt vielleicht, daß sie sechs kleine Mahlzeiten statt drei große täglich braucht.
Das Führen eines Tagebuches hilft, genau die Fähigkeiten zu entwickeln, die man braucht, um seine scheinbar unüberwindbaren Probleme in den Griff zu bekommen. Die Frau in der Geschichte mußte lernen, in ihrem Streben, ihren Mann zu heilen, nicht zu wanken, und mußte ihrer Fähigkeit vertrauen, sich dem Tiger mit Mut und geduldiger Zusprache nähern zu können. Auch die Frau, die sich von ihrer Eßstörung befreien will, muß hartnäckig und geduldig nach ihren verborgenen Gefühlen forschen und geduldig gegenüber ihren Widerständen sein, wenn sie sich der Wahrheit nähert. Der Prozeß des Tagebuchführens, mit dem man sich hartnäckig, Tag und Nacht, an seine Gedanken und Gefühle heranpirscht, ohne sie zu verurteilen, ist nötig, um an das Barthaar, die innere Wahrheit, die die ersehnte Heilung bringen kann, zu kommen.
Der weise alte Heiler in der Geschichte weiß es: Die Geduld und die Hartnäckigkeit bei der Selbstbeobachtung schenken einem das Vertrauen und die Zuversicht in die eigene innere Freiheit, und das wird einem für den Rest des Lebens nützlich sein, selbst wenn man das Problem der Eßstörung schon lange gelöst hat.

19
Heilung
Der Rückweg aus dem Labyrinth

Bei der Heilung von einer Eßstörung geht es darum, sich in seiner Gesamtheit zu akzeptieren, Respekt vor all seinen Gefühlen, Gedanken und Wünschen zu haben, selbst denen, die man nicht mag und die einem unangenehm sind. Dazu gehört die Erkenntnis, daß bestimmte Eigenschaften, die man bisher für eher negativ gehalten hat, in Wirklichkeit Vorteile sind, daß deine Sensibilität zum Beispiel Teil deiner Einzigartigkeit ist. Und deine Einzigartigkeit führt nicht notwendig zu Isolierung, Ablehnung oder Einsamkeit.

In der Geschichte vom »Häßlichen Entlein« von Hans Christian Andersen geht es um diese Erfahrung.

Es war Sommer, eine Zeit, in der alles in der Natur schön war. Die Sonne schien warm auf das alte Bauernhaus, das von tiefen Kanälen umgeben war, wo die Klettenbüsche so hoch wuchsen, daß die Kinder aufrecht unter ihnen stehen konnten. An dieser Stelle, so wild und einsam wie im tiefsten Wald, hatte eine Mutterente ihr Nest gebaut. Sie hatte so lange auf den Eiern gesessen, daß die Freude, die sie anfangs dabei empfunden hatte, fast ganz verschwunden war.

Endlich begannen die Eier aufzubrechen, und eines nach dem anderen spähten die kleinen Entenküken zum ersten Mal in die Welt hinaus. Die Entenmutter war stolz auf ihre Kükenkinder und prahlte mit ihnen vor den anderen Enten, wie hübsch sie seien.

Gerade als die Mutterente dachte, alle Küken seien geschlüpft, bemerkte sie, daß das größte Ei immer noch in ihrem Nest lag. Mit einem erschöpften Seufzer setzte sie sich wieder hin und wartete. Nach einer Weile watschelte eine alte Ente vorbei, untersuchte das Ei und verkündete, es stamme von einem Truthahn. Sie schlug der Mutterente vor, es zu verlassen und sich besser darum zu kümmern, daß ihre Entenküken schwimmen lernten.

Die Mutterente aber blieb, und endlich begann das große Ei aufzubrechen: Neues Leben purzelte in die Welt hinaus.

»Oh«, dachte die Mutterente, »das ist doch ein schrecklich großes Entlein! Keins von den anderen sieht so aus. Es wird doch wohl kein Truthahnküken sein!«

Am nächsten Tag führte die Mutterente ihre neue Familie zum Teich. Alle Entenküken hopsten ins Wasser und schwammen gleich recht gut – auch das große, häßliche.

»Na, ein Truthahn ist es nicht«, dachte die Mutterente. »Es ist zwar nicht so hübsch wie meine anderen, aber irgendwie hat es etwas Besonderes. Ich werde es annehmen und ihm beibringen, was es zu lernen gibt.«

Aber die anderen Enten waren nicht so duldsam und tolerant wie die Mutterente. Sie bissen, traten und hackten nach dem kleinen Wesen und verspotteten es gnadenlos. Selbst die Geschwister des häßlichen kleinen Entleins benahmen sich sehr unfreundlich und sagten ständig: »Soll dich doch die Katze fressen, du häßliches Ding.« Schließlich war selbst die Mutterente die Probleme mit dem häßlichen Küken so leid, daß sie es lieber loswerden wollte.

Das arme Entlein war überwältigt von all der Ablehnung und rannte davon. Es wußte nicht, wohin es sich wenden konnte, aber es sehnte sich verzweifelt nach besserer Behandlung. Müde und traurig gelangte es zu einem großen Sumpf, wo ein paar

Wildenten lebten. »Du bist aber häßlich«, sagten sie, »doch du kannst hier bleiben, solange du nicht in unsere Familie einheiratest.« Das arme Entlein hatte noch nicht einmal an Heiraten gedacht!

Kurz darauf kamen ein paar wilde Gänse zum Sumpf geflogen. Sie warfen einen Blick auf das sonderbare Entenküken und sagten zu ihm: »Du bist so häßlich, daß du uns gefällst. Warum kommst du nicht mit uns zum nächsten Sumpf? Da hast du vielleicht Glück und findest jemanden, den du heiraten kannst.«

Während das Entlein diesen Vorschlag überdachte, hallte die Luft plötzlich von Schüssen wider, und die Gänse lagen tot am Boden. Aus den Binsen erhob sich ein ganzer Schwarm Wildgänse, und die Jäger spritzten mit ihren Hunden durch den Morast.

Dann stand das erschrockene Entlein plötzlich vor einem wilden, knurrenden Hund, der es anstarrte und dann, ohne es anzugreifen, fortspritzte. »Oh, gottlob«, seufzte das Entlein erleichtert. »Ich bin so häßlich, daß mich nicht einmal ein Hund beißen mag.«

Und so lief das Entlein immer weiter durch den heftigen Sturm, über Felder und Wiesen, und gelangte bei Anbruch der Nacht zu einer elenden Hütte, die kaum noch aufrecht stand. Auf der verzweifelten Suche nach Schutz vor dem Sturm, der immer schlimmer wurde, kroch es erschöpft in die Hütte.

In dieser Hütte wohnte eine alte Frau mit ihrem Kater und ihrer Henne, die sie liebte wie ihre eigenen Kinder. Am nächsten Morgen begannen der Kater und die Henne, als sie den neuen Gast erblickten, zu miauen und zu gackern. Die alte Frau, die nicht mehr gut sehen konnte, hielt das ziemlich große Entlein für eine fette Ente, die sich verlaufen hatte.

»Das ist ja ein angenehmer Fang«, sagte sie. »Wenn es kein Erpel ist, werde ich Enteneier haben. Warten wir es ab.«

Der Kater aber hielt sich für den Herrn des Hauses und die

Henne für die Herrin. Sie sahen sich beide als die Hüter der Wahrheit. Aber das Entlein fand, daß man auch eine andere Meinung haben könne, doch das duldete die Henne nicht.

»Kannst du Eier legen?« fragte sie.

»Nein«, erwiderte das Entlein.

»Dann solltest du auch den Mund halten«, sagte sie darauf verächtlich.

»Kannst du schnurren?« fragte der Kater.

»Nein.«

»Ja, dann sollst du auch keine Meinung haben, wenn vernünftige Leute reden!«

»Aber ich schwimme gern«, sagte das Entlein. »Es ist wunderbar, wenn das kühle Wasser einem über den Kopf fließt und man bis auf den Grund stößt.«

»Das ist aber ein seltsames Vergnügen«, gab die Henne zurück. »Du mußt verrückt sein.«

»Ich habe das Gefühl, ihr versteht mich nicht«, sagte das Entlein.

»Wie? Du hältst dich für klüger als wir? Du solltest dankbar sein für unsere Freundlichkeit und es schätzen, Freunde zu haben, die dir die Wahrheit sagen, gleich, wie unangenehm sie für dich ist.«

Das Entlein erkannte, daß es auch hier nicht willkommen war, und ging fort. Der Herbst kam, und die Blätter färbten sich golden und braun. Der Wind wirbelte sie herum, und es wurde immer kälter. Eines Abends, als das Entlein zitternd vor Kälte und einsam auf einem Teich saß, stieg ein Schwarm großer Vögel aus dem Gebüsch auf. Was für prachtvolle Vögel es waren! Ihr Gefieder war glänzend weiß, und sie hatten lange, schlanke Hälse. Es waren Schwäne. Sie stießen einen lauten Schrei aus, breiteten die prachtvollen Flügel aus und flogen fort. Als das Entlein sie sah und hörte, spürte es etwas Seltsames in der Brust, und ob-

wohl sie im nächsten Moment verschwunden waren, blieb ihm die Erinnerung an die edlen Vögel im Gedächtnis haften.

Der Winter war bitter kalt, so kalt, daß das arme Entlein ständig im Kreis schwimmen mußte, um nicht zu erfrieren. Jede Nacht wurde das offene Wasser in der Mitte des zufrierenden Teichs kleiner, und schließlich brach das Entlein erschöpft zusammen. Am nächsten Morgen kam zufällig ein Bauer vorbei und fand das halbtote Entlein. Er brach das Eis auf und trug das Entlein nach Hause zu seiner Frau. Als es wieder gesund war, wollten die Kinder mit ihm spielen, aber es lief ängstlich vor ihnen davon, weil es nur weitere Belästigungen erwartete. Zuerst flog es in die Milchkanne, dann ins Butterfaß und dann in die Mehltonne, während die Bauersfrau hinter ihm herschrie. Das Entlein bekam Angst und flüchtete sich in den nächsten Sumpf.

Dort schien die Sonne, die Vögel sangen, und die Apfelbäume blühten. Der Frühling war wieder da. Alles war schön, frisch und voller Hoffnung.

Da kamen aus dem Schilf drei wunderschöne Schwäne. Sie spreizten stolz ihre Federn und glitten lautlos über das Wasser. Das Entlein empfand das gleiche Gefühl wie damals im Herbst und beschloß: »Ich muß zu diesen wunderbaren Wesen hinausschwimmen. Aber sie werden mich sicher auch angreifen, weil ich so häßlich bin.«

Die Schwäne sahen, wie das häßliche Entlein auf sie zu schwamm, und drehten sich um, um das traurige, verängstigte kleine Tier zu begrüßen. Das Entlein verbeugte sich und sah verblüfft das Abbild eines weiteren Schwans im Wasser! Es war kein plumper, häßlicher grauer Vogel mehr, sondern ein wunderschöner Schwan!

Die anderen Schwäne schwammen heran und strichen dem neuen Freund mit den Schnäbeln übers Gefieder, und das Entlein – ich meine, der Schwan – spürte eine grenzenlose Freude. Dann

kamen Kinder zum Teich, warfen den Schwänen Brotkrusten hin und sagten: »Seht mal, da ist ein neuer Schwan, ein ganz junger, schöner!«
Das Herz des jungen Schwans glühte bei diesen Worten. »Als ich noch ein häßliches, verachtetes Entlein war, hätte ich mir niemals ein solches Glück träumen lassen.«

Wie das häßliche Entlein wissen auch Frauen, die mit einer Eßstörung kämpfen, genau, wie man sich als Ausgestoßene fühlt. Als Kind hatten sie oft das Gefühl, nicht dazuzugehören, anders zu sein als die anderen und deshalb ausgeschlossen zu sein. Da der Ausdruck ihrer intuitiven, instinktiven Natur oft nicht den Gepflogenheiten unserer Gesellschaft entsprach, wußten ihre Familien oft nicht recht, was sie mit einem so frühreifen, wißbegierigen Kind anfangen sollten, das drohte, die Dinge aus dem labilen Gleichgewicht zu bringen. Da diese Kinder sich verzweifelt danach sehnten dazuzugehören, versuchten sie entweder die »beste Ente« zu sein, indem sie ihr Anderssein verleugneten oder verbargen, oder sie rebellierten und versuchten, sich von ihren Familien zu lösen, die sie nicht zu verstehen schienen. Wie auch immer, es verlangte ihnen einen hohen Preis ab: Diejenigen, die ihren inneren Kern verleugneten, entwickelten die Sucht, ihre wahren Gefühle mit Essen hinabzuwürgen, oder warfen sich auf strenge Diäten, die sie von ihrer Intuition ablenken sollten. Andere rebellierten versteckt, drückten ihre Wut durch die Verweigerung von Nahrung aus und brachten so ihr Leben in Gefahr. Und wieder andere rebellierten offen und stellten fest, daß der Stachel der Ablehnung durch zwanghaftes Essen oder andere Nahrungsobsessionen besänftigt werden konnte, was aber auch ihnen schließlich zur Falle wurde.
Die Heilung von gestörtem Eßverhalten erfordert, daß die Frau die Einzigartigkeit ihres Wesens akzeptiert. Wie das häßliche

Entlein muß sie sich auf eine Reise begeben, um sich selbst und ihren Platz in der Welt zu finden. Obwohl es nicht schlimm ist, eine Ente zu sein, ist es sehr frustrierend und qualvoll, sich wie eine Ente zu verhalten, wenn man in Wirklichkeit ein Schwan ist. Egal was man auch anfängt, es ist nie richtig, und man hat ständig das Gefühl, nicht gut genug zu sein.

Eine Frau auf einer solchen Reise muß selbst angesichts großer Schwierigkeiten so hartnäckig bleiben wie das Entlein. Sie muß sich Situationen, in denen sie mißhandelt und Spott und Scham ausgesetzt wird, entziehen. Genau wie das Entlein gehen mußte, als der Kater und die Henne darauf bestanden, daß ihre Weltsicht die einzig richtige war, darf sich eine Frau auf der Suche nach sich selbst nicht mit jenen einlassen, die Konformität von ihr verlangen. Sie darf sich nicht verkaufen, indem sie Sicherheit gegen Akzeptanz eintauscht. Sie muß weiterdrängen, bis sie Menschen findet, die sie so erkennen und akzeptieren, wie sie wirklich ist, die sich genauso gern wie sie tief in die Wasser ihrer Emotionen stürzen. Sie muß ihr Ziel hartnäckig verfolgen, bis sie in ihrem Spiegelbild die eigene Schönheit erkennt.

Wenn eine Frau auf den labyrinthischen Wegen zur Heilung ins Zentrum ihres Wesens vorstößt, entdeckt sie, wer sie ist, und legt alles ab, was andere oder sie selbst von ihr als »Muß« verlangen. Sie gewinnt die Aspekte ihres Selbst zurück, die sie vor langer Zeit verloren oder abgelegt hat, und findet zu einer neuen Ganzheitlichkeit. Dann besteht ihre Aufgabe darin, den Weg zurück zu finden und dieses neue Selbstwertgefühl in ihr Leben einzubringen.

Wenn eine Frau sich immer stärker der Gefühle bewußt wird, die sie abgeblockt hatte, wenn sie sich erlaubt, die volle Kraft ihrer Wut, ihrer Traurigkeit und Einsamkeit zu empfinden, erscheint es ihr vielleicht zuerst so, als ginge es ihr schlechter, weil sie sich schlechter *fühlt*. Sie erkennt möglicherweise nicht, daß sie einfach nur *mehr* fühlt. Die Emotionen, die zuerst an die Oberfläche steigen, sind für sie die unangenehmsten, aber oft diejenigen, die bewußtgemacht und ausgedrückt werden *müssen*. Es ist wichtig, diese ersten Gefühle nicht harsch zu beurteilen oder dem Urteil anderer auszusetzen. Sie müssen empfunden, akzeptiert und ausgedrückt werden, damit sie vorbeigehen und nicht als Hindernisse den Weg versperren.

Wenn die lange vergrabenen Gefühle aufzutauchen beginnen, will die Frau, die es sich lange Zeit zur Gewohnheit gemacht hatte, ihre Gefühle mit zwanghaftem Essen oder Hungern abzublocken, vielleicht öfter hungern oder noch mehr essen und dann erbrechen. Das kann sie sehr erschüttern, und sie gerät vielleicht in Versuchung, ihren Heilprozeß abzubrechen. Aus diesem Grund ist es unter Umständen ratsam, die Unterstützung eines Therapeuten oder einer Selbsthilfegruppe zu suchen, einen Ort, an dem Gefühle ausgedrückt werden können und akzeptiert werden.

Wenn eine Frau die nötige Unterstützung findet, um ihre Gefühle zu erleben, braucht sie sich keine Sorgen mehr zu machen, ihre Eßstörungen könnten sich verschlimmern. Sie wird erkennen, daß es oft eine Zeitverzögerung gibt zwischen dem Auftauchen ihrer Gefühle und der Entwicklung neuer Fertigkeiten im Umgang mit ihnen. Aber während sie lernt, auf ihre Gefühle auf neue Art zu reagieren, wird der Drang, sich zu überessen, zu hungern oder eine neue Diät auszuprobieren, nachlassen.

Man muß als Teil dieses Prozesses lernen, daß es einen großen Unterschied zwischen Denken und Verhalten gibt; beide müssen respektiert werden und brauchen Zeit, um sich umzustellen. Eine Frau begreift zum Beispiel recht schnell, was Essen für sie bedeutet, kann aber immer noch nicht anders auf emotionale Probleme reagieren. Wir brauchen Zeit und Übung, um anders auf Gefühle zu reagieren, und müssen darauf gefaßt sein. Harte

Verurteilung wie »Ich hätte es besser wissen sollen« und »Was stimmt nur mit mir nicht?« helfen dabei überhaupt nicht. Mehr als je zuvor ist dies eine Phase der Freundlichkeit und des Mitgefühls gegenüber uns selbst.

Ehe der Heilungsprozeß abgeschlossen ist, müssen alle Stadien des Selbst-Bewußtseins durchlaufen werden, genau wie das Entlein alle Jahreszeiten durchleben muß, um die Kraft und Reife zu entwickeln, die es brauchte, um seinen Platz in der Welt zu finden.

Es beginnt damit, daß wir Muster erkennen. Wenn eine Frau ein paar Wochen lang ihr Tagebuch geführt hat, wird sie erkennen, daß sie nach Telefongesprächen mit ihrer Mutter gewöhnlich zuviel ißt. Dieses Muster wird ihr erst klar, als sie ihr Verhalten eine ganze Weile lang beobachtet und aufgezeichnet hat.

Beim Weitergehen auf dem Weg der Heilung wird ihre Selbstwahrnehmung immer deutlicher. Sie fängt an, die Zusammenhänge zu erkennen, und trägt in ihr Tagebuch ein: »Ich weiß, warum ich gerade so viel gegessen habe. Mutter hat mich wieder so aufgeregt.«

Schließlich wird sie sich ihrer Gefühle genau in dem Augenblick bewußt, in dem sie versucht, sie hinunterzustopfen: Sie hatte ein Gespräch mit ihrer Mutter, regt sich über etwas auf, das diese sagte, hängt den Hörer ein und fängt an zu essen. Mitten beim Essen erkennt sie: »Ich tue das nur, weil ich Wut auf meine Mutter habe.« Aber sie kann nicht mit dem Vollstopfen aufhören, denn die Räder sind bereits in Bewegung gesetzt und haben zuviel Schwung. Statt sich nun zu verurteilen, weil sie nicht mit dem Essen aufhören kann, muß sie an diesem Punkt einfach ihr neues Bewußtsein anerkennen. Sie hat es sich mühsam erarbeitet.

Geht sie ihren Weg konsequent weiter, stellt sie bald fest, daß sie sich ihrer Gefühle bewußt wird, *ehe* sie zu essen anfängt. Sie spricht am Telefon mit ihrer Mutter, hängt den Hörer in Wut und Frustration auf und greift nach etwas zu essen. Sie ist sich in dem Moment bewußt, daß der Grund, warum sie essen will, die Wut auf ihre Mutter ist und nicht körperlicher Hunger. Sie entschließt sich vielleicht, trotzdem zu essen, aber weiß sehr gut, daß es sie nicht nach körperlicher Nahrung verlangt.

Und wieder ist es nicht der richtige Zeitpunkt für Selbstvorwürfe. Sie sollte statt dessen anerkennen, wie weit sie schon gekommen ist. Sie ist an einer Kreuzung angelangt, an der sie sich entscheiden muß. Wenn sie sich zum Essen entschließt, statt der Wut auf die Mutter Ausdruck zu verleihen, ist das in Ordnung. Ihre Fähigkeit, mit ihrer Wut umzugehen, ist vielleicht noch nicht voll entwickelt. Aber sie ist an einem Punkt angelangt, an dem sie sich bewußt entscheiden kann, wie sie auf ihre Gefühle reagieren will.

Es mag eine Weile dauern, bis dieses Stadium überwunden ist. Es gibt Augenblicke, in denen ihr völlig klar ist, daß sie aus emotionalen Gründen ißt, aber sich sagt: »Ist mir egal. Ich esse jetzt.« Wenn sie beginnt, ihre Gefühle besser zu akzeptieren, und es lernt, sie direkter auszudrücken, entdeckt sie, daß sie viel mehr Reaktionsmöglichkeiten hat als zuvor. Sie ruft vielleicht eine Freundin an und spricht mit ihr darüber, wie sie sich fühlt. Sie schreibt ihrer Mutter einen bitterbösen Brief, in dem sie ihren Gefühlen freien Lauf läßt, ohne ihn nachher abzuschicken. Sie geht unter die Dusche und brüllt obszöne Schimpfwörter, oder sie ruft die Mutter zurück und läßt sie wissen, wie deren Bemerkungen auf sie wirken (entsprechend der Anleitung in Kapitel 16).

Schließlich gelangt sie auf eine Ebene, wo ihr die wütenden Gefühle *während* des Gesprächs mit der Mutter bewußt werden. Dann sagt eine leise Stimme in ihr: »Wenn ich jetzt nichts sage, fange ich bestimmt sofort zu essen an, nachdem ich den Hörer aufgelegt habe.« Wenn man dann schon genug Erfahrung hat, um Gefühle selbstsicher auszudrücken, fällt einem sofort ein, wie man reagieren kann. Man sagt vielleicht: »Weißt du, wenn du dieses oder jenes sagst, rege ich mich immer auf, weil ich den Eindruck habe, daß du mich belehren willst.«

Die Frau ist nun fähig, das Eßverhalten schon vor dem Einsetzen abzubiegen. Da sie ihre Gefühle im gleichen Augenblick wahrnimmt, in dem sie entstehen, und sie sie direkt ausdrückt, können diese vorübergehen. Sie braucht sich nicht mehr vollzustopfen, um die Gefühle aus dem Bewußtsein zu verdrängen.

Das alles erwartet eine Frau, die durch das Labyrinth ihrer Eßstörung hinausirrt. Sie entdeckt, daß es nicht reicht zu wissen, daß die Unterdrückung von Gefühlen zu zwanghaftem Essen führen kann. Sie muß dazu lernen, sich jener Gefühle in dem Augenblick bewußt zu sein, in dem sie nach einem Plätzchen oder einem weiteren Stück Pizza greift. Es reicht nicht, den Konflikt benennen zu können, der ihrer Diätensucht zugrunde liegt – sie muß vielmehr alles versuchen, um diesen Konflikt zu lösen. Es reicht nicht, die Gefühle zu identifizieren, die ihr Eß-Brech-Verhalten auslösen, sondern sie muß auf jene Gefühle so reagieren, daß ihre Bedürfnisse befriedigt werden.

Im weiteren Verlauf der Heilung wird die Frau vielleicht zuweilen mutlos, wie langsam alles vor sich geht. Sie sucht nach greifbaren Anzeichen für ihren Fortschritt und sieht keine deutliche Veränderung in ihrem Aussehen oder ihrem Eßverhalten, und es scheint so, als gelange sie nirgendwohin. Sie muß sich dann in Erinnerung rufen, daß sie im seelisch-emotionalen Bereich schon viel erreicht hat, was sich aber noch nicht greifbar niederschlägt. Aber das wird mit der Zeit kommen.

Stell dir vor, du gehst regelmäßig durch eine Straße, in der ein neues Haus gebaut werden soll. Tag für Tag, monatelang, gehst du an dem leeren Grundstück vorbei. Und eines Tages, ganz plötzlich, werden die Gerüste aufgebaut, und noch ehe du dich versiehst, steht da ein großes Haus.

Ähnlich läuft der Heilungsprozeß einer Eßstörung. Lange sieht es so aus, als würde nichts passieren. Es wird keinerlei Fortschritt erzielt. Doch in Wirklichkeit geschieht viel – nur findet es im Reich des Unsichtbaren statt. Wie bei dem Gebäude verbringt man viel Zeit bei der Vorbereitung und Planung, schließlich soll das neue Haus auch stehen bleiben und nicht zusammenbrechen. Wenn man die Fundamente legt, indem man den Grund für die Eßstörung erkennt und die nötigen Fähigkeiten entwickelt, um mit dem Streß des Lebens besser fertig zu werden, folgt daraus bald auch eine neue Art, mit dem Essen umzugehen. Man kann niemanden dabei drängen. Wenn eine Frau langsam in sich selbst hineinwächst, braucht ihr Körper Zeit, sich anzupassen. Wenn sie lernt, ihre Gefühle zu erkennen, zu akzeptieren und auszudrücken, und ihrem Körper erlaubt, ihr zu sagen, wann und was sie essen, wann sie sich körperlich betätigen und wann sie ausruhen soll, wird ihr Körper schließlich sein richtiges Gewicht finden. Das Gewicht, das am besten die natürliche, weibliche Schönheit dieser Frau ausdrückt.

20
Drei Frauen erzählen ihre Geschichte

Märchen bedienen sich der Sprache der Metaphern. Sie erzählen uns eine Wahrheit, die nicht wortwörtlich zu nehmen ist, sondern symbolisch. Wenn wir solche Geschichten nur mit dem »äußeren« Ohr aufnehmen, können sie absurd und lügenhaft erscheinen, aber wenn wir mit dem »inneren« Ohr lauschen, vermitteln sie uns eine innere Wahrheit, die wir auf einer sehr persönlichen Ebene verstehen und in uns aufnehmen. Die Märchen helfen so, uns in Kontakt mit unserer Innenwelt zu bringen, unserer eigenen mythischen Realität.

Wir erkennen, daß unsere innere Wahrheit oft von der äußerlichen Realität verdeckt wird und unsere tieferen Sehnsüchte oft hinter handgreiflichen Zwängen versteckt sind. Essen kann eine Metapher für emotionale und spirituelle Nahrung sein und einen Versuch darstellen, auf den inneren Hunger nach Zuwendung, Anerkennung, Zuneigung und Wertschätzung zu reagieren.

Da die Geschichte unseres Lebens zu unserem Leben wird, ist es für eine Frau mit Eßstörungen wichtig, ihre Lebensgeschichte neu zu betrachten und mit neuem Verständnis von sich selbst in einen neuen Rahmen zu stellen. Mit dem Erzählen ihrer Geschichte kann sie anfangen, die inneren Wahrheiten zu hören, die hinter den Oberflächendetails versteckt liegen. Sie kann erkennen, daß ihr besessener Wunsch, schlank zu sein, ihr Hunger auf Schokolade, ihr Bedürfnis, sich vollzustopfen, Symbolwert hat. Sie kann von ihren Konflikten, ihrer Identitätssuche und ihren Wünschen sprechen, aber nicht im harten Licht der Rationalität, sondern im Licht des Mondes, das sanft und weich ihre Wahrheit beleuchtet.

Die drei folgenden Geschichten stammen von Frauen, deren gestörtes Eßverhalten inzwischen der Vergangenheit angehört. Es sind Geschichten von Familienproblemen und Familienglück, Geschichten von Trauer und großer Freude. Lausche mit dem inneren Ohr auf die Wahrheit, die sich in deiner eigenen Geschichte widerspiegelt.

Eine Frau von Anfang Dreißig, die heute als Therapeutin arbeitet, erzählt uns die Geschichte von ihrem langen Kampf um Anerkennung und Wertschätzung. Im Gegensatz zum häßlichen Entlein war das »Anderssein«, das sie als Kind empfand, für sie kein großes Rätsel. Man hatte kein Geheimnis aus der Tatsache gemacht, daß sie adoptiert war. Ihr wurde zwar gesagt, daß sie etwas ganz Besonderes sei, weil sie von dieser Familie »ausgewählt« worden war, aber sie lernte schon sehr früh, daß dieses besondere Geschätztwerden in den Augen der Mutter nur mit ungewöhnlichen Leistungen erkauft werden konnte.

Sie wurde zu einer ausgezeichneten Schwimmerin. Im Schwimmbad lernte sie, sich vor dem Wettkampf zu übergeben, um nicht vor Aufregung »Schmetterlinge« im Bauch zu haben und um alle Gefühle auszuschalten, die vielleicht ihre Leistung beeinträchtigen konnten. Es sollte sie auch von den Gefühlen hinsichtlich des Brustkrebses der Mutter ablenken und von dem Gefühl, niemals gut genug zu sein.

»Seit ich vierzehn war, lag meine Mutter angeblich immer im Sterben, was mir völlig den Weg verstellte, einmal meine Wut auf sie auszudrücken. Es hieß immer nur: ›Deine arme, kranke

Mutter. Du kannst ihr nicht die Wahrheit sagen, was du wirklich denkst und fühlst, denn sie könnte morgen schon tot sein.‹ Damit mußte ich mein ganzes Leben lang umgehen.«

Mit einem Schwimmstipendium ging sie zum College, und die gelegentlichen Eß-Brech-Phasen bildeten sich zu einer regelrechten Eßstörung aus.

»Zuerst fühlte ich mich so frei, als könnte ich alles sein, was ich nur wollte, aber ich wußte nicht wie. Ich wußte nicht, wie ich ich selbst sein konnte.«

Sie wußte nicht, wohin sie sich bei dieser Suche nach ihrem eigenen Selbst wenden sollte, konzentrierte sich auf ihr Äußeres und wurde besessen von ihrem Körpergewicht.

»Ich wog zwar nur fünfzig Kilo, fühlte mich aber so, als müßte ich ständig bis zum Umfallen daran arbeiten, mein Gewicht zu halten. Ich hatte das Gefühl, ich müßte damit irgend etwas in Schach halten. Wenn ich die Dinge einfach laufen ließ, würde mich irgend etwas Schlimmes heimsuchen.«

Rückblickend erkannte sie, daß das vage »Schlimme«, das sie damals nicht verstand, das Auftauchen ihrer Sexualität war. Essensentzug war die einzige Methode, die sie kannte, um den starken Trieb zu kontrollieren, der sie zu überwältigen drohte.

»Ich hatte so starke Triebe. Ich wollte einfach mit jedem gutaussehenden Mann schlafen, der mir begegnete. Aber mich interessierte daran eher das Gefühl von Macht als alles andere. Ich glaube, irgendwie war bei mir alles leicht verzerrt, denn ich hatte die Vorstellung, ich könnte jemanden mit meiner Sexualität ›bekommen‹. Ich versuchte, mich wie ein Mann zu verhalten – indem ich meine Sexualität einsetzte, um Macht zu erlangen und jemanden zu gewinnen. Ich flirtete und redete über Sex, als sei das überhaupt nichts Besonderes für mich. Gerade mit diesem Schockeffekt versuchte ich, die Männer zu entwaffnen und mich gleichzeitig an sie zu binden, als wäre ich einer von ihnen. Als ich begann, sexuell aktiv zu werden, geriet meine Eßstörung völlig außer Kontrolle.

Ich war die erste Frau, die einer männlichen Studentengruppe angehörte und keiner weiblichen. Ich lehnte alles Weibliche ab, weil ich erkannte, daß die Männer die Macht haben, und ich wollte auf der Seite stehen, die die Macht hat. Ich habe mich selbst sehr verletzt, da ich mich selbst abgelehnt habe.«

Sie stürzte in eine Depression. Sie suchte nach sich selbst, ohne ihre Weiblichkeit zu achten. Diese wurde unter männlichen Eigenschaften wie Leistung, Rivalität und Erfolgsstreben begraben. »Macht über andere« war die einzige Macht, die sie kannte.

In ihrer Verzweiflung suchte sie Hilfe bei einer Therapie und begann die Reise ins Labyrinth. Sie erkannte bald, daß der Kampf ums Essen in Verbindung zu »meiner verstrickten Beziehung zu meiner Mutter stand und ich damit versuchte, mich von dem verhaßten Weiblichen zu trennen. Ich hatte soviel Wut auf meine Mutter in mir, daß ich niemals so sein wollte wie sie. Sie war mir gegenüber so kontrollierend und gemein, und ich fand es damals furchtbar, überhaupt in irgendeiner Verbindung mit ihr zu stehen. Sie zeigte mir manchmal ihre Liebe, aber sobald ich darauf reagierte, entzog sie sie wieder. Daher fühlte ich mich immer so, als würde ich bei jedem Versuch, ihr näherzukommen, einen Tritt in den Hintern bekommen. Ich mühte mich ab, gut zu sein, damit sie mich akzeptierte, aber irgendwie war es nie genug. Nie, nie, nie. Ich hatte niemals das Gefühl, daß sie mir vertraute oder mich respektierte. Ich glaube, daher habe ich mich so stark gegen alles Weibliche gewandt.«

Auf ihrem Weg zur Heilung, als sie verlorene und abgelehnte Aspekte ihres Selbst wiedergewann, gelangte sie schließlich an einen Punkt, wo sie in den tiefsten Kern ihres Seins vordringen mußte.

»Ich begann, meine Inzesterfahrung aufzuarbeiten. Als ich neun, zehn und elf war, besuchte mein Bruder die High School. Er war damals in der Pubertät und hatte keine Freundin, daher ließ er seine Sexualität an mir aus. Ich hatte all die Jahre eine große Wut auf meinen Bruder, und er hörte endlich auf, als ich zwölf wurde und meine Wut sich Bahn brach. Es ist interessant, daß meine Eßstörung ein Jahr später begann. Mir war der Inzest mit meinem Bruder immer bewußt. Es war etwas im Hinterkopf, das niemals verschwand. Aber ich habe es meiner Familie erst erzählt, als ich mit der Therapie begann. Mein Bruder gab alles zu und half mir mit den Kosten für die Therapie.«

Auf dem gewundenen Weg in und aus dem Labyrinth lernte sie die Sprache der Metaphern.

»Ich erkannte allmählich, daß meine Eßstörung mir etwas sagen wollte, daß jedesmal, wenn ich erbrach, etwas gesagt werden mußte, ich aber nicht die richtigen Worte finden konnte. Das war eine sehr wertvolle Erkenntnis für mich. Ich weiß noch, wie ich in meiner Wohnung auf- und abging. ›Okay, was ist es?‹ Ich mußte damals laut sprechen und ständig in der Wohnung auf- und abgehen, auf und ab, auf und ab, auf und ab, stundenlang. Ich stellte fest, wenn ich mich überaß, geschah es stets mit Eiskrem, Kuchen, Plätzchen – süßen, sahnigen Sachen –, einem Symbol für die süße, nährende Mutter, die ich mir wünschte, aber eigentlich meinem Gefühl nach nicht haben konnte.«

Sie begann, auf ihren Körper zu hören.

»Ich lernte, ganz bewußt zu essen und einfach nur meinen Körper zu fragen, was dort vor sich ging. Lernte, wie ich alles verlangsamen und bewußt wahrnehmen konnte. Ich war sonst immer viel herumgerast. Jetzt begann ich zu meditieren. Ich konnte kaum glauben, was das für ein Gefühl war, gelassen zu sein. Meine Gedanken waren niemals gelassen und ruhig gewesen. Ich hatte mir ständig Vorwürfe gemacht. ›Ich begreife nicht, daß du tatsächlich gerade in den Laden gegangen bist und dir ein Eis gekauft hast! Ich dachte, das wolltest du nie wieder tun!‹ Als ich zu meditieren lernte, war das wie ein Stück Himmel. Und dieses Stück Himmel war soviel befriedigender als alle Kuchen und Plätzchen.

Ich wandte mich mehr und mehr an die Große Göttin und den Glauben, daß Kraft im Weiblichen liegt, in der Stille des bloßen Seins und Fühlens. Vorher mußte ich immer irgend etwas tun. Ich mußte rennen. Ich war sehr ehrgeizig.«

Als sie immer mehr ihre intuitive und emotional sensible Seite akzeptieren lernte, konnte sie auch auf die Konflikte mit der Mutter eingehen, die eine emotional sehr zurückhaltende Frau war und das Leben eher praktisch anging.

»Natürlich war die Auseinandersetzung mit meiner Mutter sehr schwer. Ich mußte selbstbewußt auftreten und sie ständig darauf ansprechen, wenn ich spürte, wie sie mich ablehnte oder versuchte, mich zu kontrollieren. Immer wieder mußte ich die ›kaputte Platte‹ abspielen. Drei Monate vor ihrem Tod, nachdem sie siebzehn Jahre gegen den Krebs gekämpft hatte, sagte sie schließlich: ›Ich mache mir um dich keine Sorgen mehr.‹ Das war das größte Geschenk, das sie mir machen konnte. Ich spürte, daß daher all ihre Wut gekommen war. Sie hatte kein Vertrauen in mich, weil ich alles immer anders gemacht hatte als sie. Sie hatte immer das Gefühl, mich beschützen zu müssen, und wurde immer wütend, wenn ich alles so machte, wie ich wollte.«

Diese Frau lernte auf ihrem Weg der Heilung, ihre weibliche Seite zu achten und anzunehmen, ihre Sexualität zu akzeptieren, auf ihren Körper zu hören, die Konflikte mit dem Bruder und der Mutter zu lösen und ihr wahres Selbst zu finden.

»Und ich habe es geschafft! Als ich diese Probleme vor sieben Jahren gelöst hatte, war ich ziemlich fertig. Aber ich habe es nie bereut.

Ich weiß, daß ich vollständig geheilt bin, denn als meine Mutter vor kurzem starb, setzte ich nicht mehr Essen ein, um meine Gefühle zu verdrängen oder um etwas zu bewältigen. Ich setzte Essen nun bewußt ein. Ich aß Schokoladenplätzchen, weil sie mich an sie erinnerten. Sie hat immer Kekse und Kuchen gebacken. Ich war völlig verzweifelt und fühlte mich überfordert, als ich meine Mutter verlor, aber das ist normal. Vorher saß ich, wenn mich etwas stark belastete, immer an einem unbewußten Ort und aß, statt mit den Dingen umzugehen, die anstanden. Es war für mich ein großer Triumph, direkt mit meinen Gefühlen umzugehen und nicht Essen als Vehikel zu benutzen, sie zu verleugnen und zu unterdrücken.«

Eine andere Frau, eine junge Mutter, erzählt uns die Geschichte ihres Hungers, für den sie keinen Namen wußte, einer Sehnsucht nach Zuwendung, Anerkennung und Wertschätzung, die so groß war, daß es sie fast umbrachte.

»In meiner Familie führte jeder sein eigenes Leben. Wenn ich zu Hause war, war ich immer allein. Ich saß in meinem Zimmer und sah fern. Ich kann mich kaum an irgendwelche Situationen mit meinen Eltern erinnern. Ich kann mich nicht erinnern, daß sie mir Fragen stellten oder ähnliches. Ich habe mich wohl sehr einsam gefühlt. Aber ich war daran gewöhnt. Der einzige, mit dem ich mich verbunden fühlte, war mein Bruder, der ein Jahr älter war. Wir haben immer über alles geredet.«

Schon als kleines Kind hatte sie eine Leidenschaft für Musik.

»Ich brachte mir auf dem Klavier eines Nachbarn selbst das Spielen bei. Ich spielte, wo ich nur konnte, zum Beispiel wenn ich die Kinder von Leuten hütete, die ein Klavier hatten. Manchmal ging ich abends in die Kirche, setzte meinen Walkman auf und hörte mir Lieder an, die mir gefielen, und hörte sie immer wieder, bis ich jede Note auswendig konnte.

Eines Tages brachte ich aus der Schule eine Flöte mit nach Hause. Man hatte sie mir im Musikunterricht geliehen. Sie war sehr schön – ich weiß noch, wie ich dachte, daß sie wohl mindestens hundert Dollar gekostet haben müsse. Ich übte in meinem Zimmer und wurde immer besser, und ich spielte immer lauter, weil ich wollte, daß die anderen die schöne Musik auch hörten, bis meine Mutter brüllte: ›Mach die Tür zu!‹«
Wie das Kind in dem Märchen »Des Kaisers neue Kleider« war diese Frau als Kind sehr aufmerksam und sensibel. Aber ihre Wahrnehmungen wurden nie bestätigt oder gar geschätzt. Und daher dachte sie bald, etwas stimme mit ihr nicht.
»Ich dachte immer, ich sei komisch, ich würde nicht richtig dazupassen, wie ein Eigenbrötler. Meine Eltern waren nette Leute und schienen glücklich zu sein. Sie sprachen nie über Probleme, aber ich hatte immer das Gefühl, etwas stimme nicht ganz mit meiner Familie. Mein Vater war oft launisch, aber es geschah nichts Bestimmtes, das ich mir als Auslöser für meine Eßstörung vorstellen könnte. Meine Eltern behaupteten immer, sie hätten nie etwas falsch gemacht. Sie seien ganz normal. Ich glaube, genau das war es.
Aber die Dinge waren nie richtig in Ordnung. Ich habe vor ein paar Jahren herausgefunden, daß meine kleine Schwester damals von einem Jungen aus der Nachbarschaft sexuell belästigt wurde. Ich weiß nicht, ob meine Eltern das wußten, aber da ich sehr sensibel war, habe ich vermutlich etwas gespürt.
In der Schule fühlte ich mich auch anders als all die anderen, und alles, was mir zustieß, war für mich eine Katastrophe. Mich überforderten schon ganz normale Dinge, zum Beispiel als ich mich am ersten Schultag in den Gängen verlief. Ich bekam eine Panikattacke. Ich wußte einfach, daß ich nicht normal war. Ich war sehr schüchtern und hatte vermutlich auch eine Lernstörung.

In der Junior High School lebte ich einfach in meiner eigenen kleinen Welt. Ich kann mich an viele Situationen erinnern, in denen ich dachte: ›Ich bin eben einfach komisch.‹ Beliebt war ich auch nicht, denn ich war zu schüchtern und wollte nie mit anderen Kindern spielen. Ich war immer sehr nett zu allen, die mich gemein behandelten.«

Ohne ein Gefühl für Zugehörigkeit wurde ihre Einsamkeit immer größer. Und als ihr Körper sich zu dem einer Frau veränderte, verlor sie den einzigen Bezugspunkt, den sie hatte.

»Damals brach die enge Beziehung zu meinem Bruder plötzlich ab. Ich weiß noch, als wir um die dreizehn Jahre alt waren, mußte mein Vater ihm ein Suspensorium kaufen und meine Mutter mir einen Büstenhalter. Wir haben sie verglichen und gekichert und gelacht. Wir blieben auch oft spät auf und sahen Videos an, redeten miteinander und aßen den Kühlschrank leer, weil meinen Eltern einfach alles egal war. Wir konnten immer so lange aufbleiben, wie wir wollten.

Aber dann wurde alles anders. Er hatte Freunde, in deren Gegenwart ich mir komisch vorkam. Wir verbrachten zwar immer noch viel Zeit zusammen, aber redeten nicht mehr richtig miteinander. Wir gingen zusammen einkaufen oder ins Kino, aber es war nicht mehr das gleiche.

Etwa um diese Zeit begann auch meine Eßstörung. Wie ich mich kenne, hatte ich vermutlich im Fernsehen davon gehört. Ich weiß noch, wie ich *Fame* sah: Ein Mädchen in dem Film hat eine Eßstörung und bekommt sehr viel Aufmerksamkeit. Ich fing damit an, nicht mehr so oft zu essen. Ich war von Natur aus sehr dünn, aber ich wollte so mager sein wie möglich. Ich wollte, daß alle wußten, daß ich krank war.«

Sie erlangte damit nicht die Aufmerksamkeit, die sie brauchte, und wußte nicht, was sie sonst anstellen konnte. Langsam wurde sie immer verzweifelter.

»Fast zwei Jahre habe ich so gehungert. Aber Aufmerksamkeit habe ich dafür nicht bekommen, doch eines Tages, nach der Schule, verlor ich auf meinem Bett das Bewußtsein. Meine Mutter kam in mein Zimmer, um mit mir zu reden, denn an dem Tag hatten zwei Freundinnen von mir bei ihr angerufen und ihr gesagt, ich sei krank, weil ich nie äße. Sie fragte, ob ich in Ordnung sei, und als ich keine Antwort gab, legte sie mir den Finger unter die Nase und merkte, daß ich nicht atmete. Da geriet sie in Panik und rief einen Krankenwagen. Mein Herz war stehengeblieben, und mein Vater mußte mich wiederbeleben.

Ich blieb eine ganze Weile im Krankenhaus und wurde dann in eine psychiatrische Abteilung verlegt. Meine Eltern besuchten mich oft, und es ging mir richtig gut, weil ich endlich Zuwendung bekam. Die Leute dort stellten mir alle möglichen Fragen, aber es half eigentlich nicht viel, weil ich bewußt versuchte, krank zu sein, aber mich so benahm, als wollte ich gesund werden. Ich beantwortete ihre Fragen nicht ehrlich, weil ich lieber krank bleiben wollte. Ich weiß noch, wie meine ganze Familie ein paarmal an diesen Sitzungen teilnahm, aber es ergab sich nichts daraus. Sie haben mich mit Essen vollgestopft, damit ich wieder zunahm, und entließen mich dann.«

Das Schicksal wollte es, daß sie bald darauf eine Liebesbeziehung fand.

»Kurz nach meiner Entlassung aus dem Krankenhaus traf ich Davis, einen Jungen, der zwei Jahre älter war als ich. Davis war in unserer Beziehung immer der Boß, und ich tat einfach, was er wollte, aber genau das brauchte ich damals. Er gab mir immer eine Menge Zuwendung.«

Aber es gab kein Happy-End, denn sie war schlecht gerüstet, mit den Gefühlen und Konflikten einer intimen Beziehung umzugehen.

»Ich gab die Magersucht auf und wurde bulimisch. Bald wurde

es mir zur Gewohnheit, alles zu erbrechen. Und so lebte ich mein Leben. Ich hatte keine Ahnung, wie ich sonst mit den Gefühlen fertig werden sollte, die in mir auftauchten. Ich wußte nicht, wie ich essen sollte, wenn ich hungrig war, oder aufhören, wenn ich satt war. Mit Davis hatte ich mein erstes sexuelles Erlebnis, und obwohl er der Junge war, den ich wollte, war mir das Sexuelle nicht angenehm. Ich glaube, meine Eßstörung hat damals alles ausgeblendet, was mir unangenehm war, und dazu gehörte auch Sex.«

Als Davis zum Militär ging, brach sie die Schule ab, um ihn zu heiraten, und sie zogen aus ihrer Kleinstadt fort. Dann bekam sie die Nachricht, daß ihr Bruder bei einem Autounfall ums Leben gekommen war. »Da bin ich einfach zusammengeklappt und habe nur noch geweint und geschrien. Ich konnte es nicht fassen.« Doch als sie zur Beerdigung nach Hause fuhr, benahm sie sich, als sei sie »in Ordnung«, und weinte nicht. Sie hatte gelernt, ihrer eigenen Sensibilität zu mißtrauen und ihre Gefühle zu verleugnen. Sie wußte, wie sie sich gegenüber ihrem Leid abstumpfen konnte. Sie sprach nie mehr über ihren Bruder und weigerte sich sogar, seinen Namen auszusprechen.

Kurz darauf bekam sie ein Baby und stürzte ab in eine tiefe Depression. Sie spürte nur noch große Benommenheit. Weder Trauer noch Wut, keine Freude, kein Vergnügen, keine Liebe – nur Erschöpfung.

»Ich blieb oft lange auf, putzte das Haus, wusch ab und saugte, und dann konnte ich nicht schlafen. Ich war einfach völlig fertig. Es war niemand da, mir zu helfen. Ich dachte, ich würde verrückt. Ich glaubte, vor Müdigkeit zu sterben, und ich konnte es meiner Familie nicht sagen, weil sie es mir nicht geglaubt hätte. Sie hätten bloß gedacht, ich versuchte, Aufmerksamkeit zu erlangen.

Um mir Erleichterung zu verschaffen, begann ich zu essen, damit ich erbrechen konnte – nicht wie vorher, wo ich mich nur übergeben habe, wenn ich zuviel gegessen hatte. Davis hatte keine Ahnung von meiner Bulimie. Nicht einen Schimmer, obwohl wir sechs Jahre lang verheiratet waren. Ich habe es immer geheimgehalten.«

Sie erinnert sich an ihre ersten Schritte auf dem Weg zur Heilung. Sie begann damit, die Wahrheit auszusprechen, die Worte zu finden, um das Unaussprechliche zu sagen.

»Eines Morgens wollten Davis und ich spazierengehen, und da geschah etwas mit mir. Es war so, als würde ich nicht selbst reden. Ich hörte zwar meine Stimme, aber sie schien jemand anderem zu gehören. Ich sagte: ›Ich glaube, ich brauche Hilfe.‹ Und er sagte: ›Warum?‹ Und ich sagte: ›Weil ich immer noch krank bin.‹ Er sagte: ›Wie meinst du das?‹ Und ich sagte: ›Mit dem Essen. Ich bin immer noch krank.‹ Er sagte: ›Was machst du denn? Ißt du nicht richtig?‹ Und ich sagte: ›Ich esse zuviel, und dann erbreche ich es wieder.‹ Ich konnte kaum glauben, daß ich das gesagt hatte! Bei diesem Spaziergang stellte er alle Fragen, und ich erzählte ihm alles, aber wie ein Automat. Ich wußte, daß ich Hilfe suchen müßte, nachdem ich es ihm erzählt hatte.«

Sie begann ihre Reise zu sich selbst, indem sie ihre Lebensgeschichte mit neuem Verständnis betrachtete und ihre intuitive, sensible Art akzeptierte.

»Ich nannte meiner Therapeutin jeden einzelnen Grund, warum ich komisch war, warum ich mich nicht für einen normalen Menschen hielt. Schließlich sah und empfand ich die Dinge doch anders. Und eins nach dem anderen wurden diese Dinge betrachtet, und ich stellte fest, daß ich gar nicht so komisch und inakzeptabel war. Ich wußte, daß ich unter einer Eßstörung litt, hatte aber geglaubt, ich hätte dazu keinen Grund, weil meine Familie so normal war.«

Von dieser Basis des Akzeptierens aus begann sie ihr Lied zu singen, das süße Lied der Wahrheit.

»Das Reden mit Davis nützte mir sehr. Er war sehr offen und ehrlich. Wenn ich es schwer fand, ihm zu sagen, wie ich mich fühlte, hörte er mir einfach zu oder stellte mir Fragen, bis er sagen konnte: ›Okay, jetzt verstehe ich es. Was kann ich tun?‹ Ich mußte lernen, ihm die Wahrheit über alles zu sagen, was mir zu schaffen machte, und aufhören, ihn immer nur zu schonen. Ich mußte meine Angst aussprechen, daß meine Tochter vielleicht entwicklungsmäßig hinterherhinkte, weil ich eine nachlässige Mutter war, und meine Wut, daß ich mehr zu bewältigen hatte als nur die normalen Kindheitsprobleme. Manchmal mußte ich ihm widersprechen, wenn ich spürte, daß er unrecht hatte.«

Zuweilen fühlte sie sich überfordert von dem Versuch, die Gefühle wiederzufinden, die sie unterdrückt hatte, von all den Problemen, die aufzuarbeiten waren. Aber sie setzte hartnäckig immer einen Fuß vor den anderen.

»Zu Beginn der Therapie hatte ich große Angst. Wie sollte ich jemals alles herausfinden, was nicht mit mir stimmte? Es schien eine so ungeheure Aufgabe. Ich hatte so viele Probleme, und es machte mich schon fertig, einfach nur darüber nachzudenken. Woher sollte ich wissen, was alles nicht stimmte? Mir machten so viele Dinge auf einmal zu schaffen. Doch heute ist es keine Belastung mehr für mich, zu überlegen, was nicht stimmt, weil ich mich mit all den alten Gefühlen auseinandergesetzt habe. Jetzt liegt kein großer Berg mehr vor mir. Ich brauche mir keine Sorgen mehr zu machen, daß ich ein Problem überwinden muß, um zum nächsten zu gelangen, und dann kommt schon wieder ein anderes. Jetzt geht es nur noch um das Alltägliche, und ich kümmere mich, wenn es auftritt, und brauche nicht mehr zu zaudern.«

Sie konnte sich bald auf ihre Intuition verlassen und die Perlen der Weisheit annehmen, die ihre Gefühle ihr schenkten.

»Ich lernte, mir selbst und meiner Wahrnehmung zu trauen. Ich zweifle nicht mehr an meinen Gefühlen, weil ich weiß, daß ich ihnen trauen kann. Ich brauche kein Essen mehr, um mich von dem Wissen abzulenken, das ich habe. Ich geh nicht mehr so unbewußt durch meinen Tag. Ich bin hellwach und höre genau, was die Leute zu mir sagen. Meine Sensibilität ist eine Stärke, die ich einsetzen kann, um mich vor anderen Leuten zu schützen, die mich nicht mögen.
Ich habe gemerkt, daß Menschen, die sagen: ›Du bist zu sensibel‹, sich bloß ärgern, weil ich so scharf beobachten kann. Es ist auch egal, daß ich übersensibel bin, denn das hat auch sein Gutes. Ich mache mir keine Sorgen mehr, daß mich andere deswegen verurteilen, denn ich kann es in mir selbst respektieren. Es ist deshalb egal, wenn jemand sagt: ›Du bist so sensibel‹, weil ich das eben bin, und ich bin stolz darauf, weil es mir Sicherheit gibt und mich sehr ehrlich macht.
Ich habe gelernt, daß alle meine Gefühle in Ordnung sind, weil es meine sind. Außerdem kann ich sie nicht kontrollieren. Ich muß sie einfach nur empfinden und ausdrücken. Ich habe gelernt zu akzeptieren, wer ich bin, Grenzen zu setzen und mich zu behaupten. Es klingt vielleicht einfach, aber es war harte Arbeit.«
Auf ihrem Weg war ihr Tagebuch ein nützlicher Begleiter.
»Das Tagebuch hat mir wirklich geholfen, mir meine Gefühle klarzumachen und auf vielerlei Art bewußter zu werden. Wenn ich in mein Tagebuch schrieb, konzentrierte ich mich darauf, was ich dachte und fühlte. Ich erkannte, daß ich lebte, ohne Zugang zu mir selbst zu haben. Ich war mir meiner nicht bewußt. Es ist schwer zu erklären, aber irgendwie bin ich so konditioniert worden, etwas zu tun, zu denken, zu fühlen und zu handeln, ohne auf meine innere Stimme zu achten, mein inneres Wissen. Irgendwie wurde das umgangen. Ich handelte und aß und er-

brach mich, ohne mir bewußt zu sein, wer ich war und was ich wollte.
Beim Tagebuchschreiben konnte ich immer üben, auf mich zu achten und mir bewußt zu sein, was ich dachte und fühlte. Ich schrieb zum Beispiel darüber, als ich klein war und nicht viel Liebe abbekam, und das machte mich traurig. So lernte ich, bewußt wahrzunehmen, wie sich Traurigsein anfühlt. Dann wieder fühlte ich mich sehr gestreßt und schrieb über dieses Gefühl, statt Kuchen oder Pizza zu essen. Pizza war für mich eine wichtige Sache, und ich habe gelernt, daß ich immer, wenn ich Heißhunger auf Pizza habe, eine Menge Zuwendung brauche.«
Indem sie darauf achtete, welche körperliche Reaktion ihre Gefühle hervorriefen, lernte sie die Weisheit ihres Körpers zu schätzen.
»Ich lernte zu erkennen, wann ich wirklich Hunger hatte, indem ich immer zwei Bissen aß und dann mit meinem Körper Rücksprache hielt und wartete, bis mein Magen mir sagte, weiter zu essen. Das war eine ungeheure Erkenntnis, daß ich mit dem Essen warten konnte, bis mein Magen mir Bescheid gab! Ich kann mich genau an das erste Mal erinnern, als ich das spürte. Es war nicht gerade ein Knurren, aber ein deutliches Gefühl in meinem Magen. Nun ist es kein Problem mehr, wenn mein Magen mir sagt: ›Ich habe Hunger.‹ Ich brauche nicht mehr die ganze Zeit zu denken: ›Mein Gott, ich muß bald etwas zu essen haben!‹ Essen macht mir jetzt Spaß. Es ist eine ganz normale Sache.
Manchmal kommt es immer noch vor, daß ich eigentlich keinen Hunger habe, aber an Essen denke, und dann sage ich mir sofort: ›Warte mal, mein Magen knurrt nicht, warum denke ich an Essen?‹ Es ist nicht sehr schwer, dann festzustellen, daß etwas anderes läuft – ich habe vielleicht emotionalen, aber keinen körperlichen Hunger.«
Mit dem neugewonnenen Vertrauen in sich selbst, ihren Körper

und ihre Gefühle kehrte sie auf die Schulbank zurück, machte ihre Abschlußprüfung und trat einer Frauen-Therapiegruppe bei.

»Als ich mit der Gruppe anfing, hatte ich große Angst, denn ich bin sehr schüchtern. Ich war es nicht gewohnt, mit anderen Menschen zu reden. Es dauerte fast sechs Monate, bis ich das schaffte. Aber nachdem ich einmal in der Gruppe etwas gesagt hatte, merkte ich, daß niemand über mich lachte. Sie fanden mich nicht dumm, weil ich auf meine Art und Weise redete. Ich war immer davon ausgegangen, daß ich nicht richtig reden kann, daß ich immer dummes Zeug von mir gebe. Das hatte ich mir jeden Tag meines Lebens gesagt. Es war einfach furchtbar. In der Gruppe fand ich heraus, daß ich eigentlich ganz schön clever bin.

Ich dachte: Gut, ich bin jetzt in Therapie und lerne, wie man Essen nicht einsetzt, aber ich erbrach mich immer noch ab und zu. Ich beschloß, mich nicht mehr zu erbrechen, weil ich in der Gruppe viel lernte. Aber manchmal ging ich nach Hause und brach trotzdem. Es war schwer, das zu lassen, weil ich es so lange gemacht hatte. Dann beschloß ich, mir einen Termin zu setzen, weil das für mich schon immer gut geklappt hatte, auch schon als Teenager, nur sagte ich mir damals immer: ›Bis zu dem und dem Termin habe ich soundsoviel abgenommen.‹ Aber mit all den neuen Dingen, die ich gelernt hatte, konnte ich das auch zu einem anderen Zweck einsetzen.

Ich setzte mir den 1. Januar, 00 Uhr 01 als Termin. Davor habe ich mich eigentlich nicht mehr oft erbrochen, aber ich sagte mir: ›Ich bringe das jetzt endlich ganz hinter mich.‹ Und dann erbrach ich kurz vor zwölf ein paar Süßigkeiten, und damit hatte es sich. Der Groschen war endlich gefallen.

Anschließend setzte ich mich hin und schrieb in mein Tagebuch. Ich war allein. Niemand außer mir wußte, was ich tat. Ich hatte mein ganzes Leben immer nur für andere gelebt, aber das hier, das gehörte mir ganz allein. Es war mein eigenes, ganz besonderes Ritual. Das habe ich nur für mich getan, und ich brauchte es niemandem zu erzählen.«

Sie entdeckte, wie sie die Botschaften ihrer Heißhungergefühle entschlüsseln konnte.

»Ehe ich wieder mit der Schule anfing, aß ich manchmal, auch wenn ich keinen Hunger hatte. Einmal hatte ich Appetit auf vier verschiedene Dinge gleichzeitig und versuchte, all diese Gelüste zu stillen. Später merkte ich, daß ich mitten in dem Entscheidungsprozeß steckte, ob ich zu Hause bleiben und mich ausschließlich um unser Kind kümmern sollte, ob ich zurück aufs College gehen, mir Arbeit suchen sollte oder ob ich ein weiteres Kind wollte. Vier verschiedene Wege, vier verschiedene Gelüste. Meine Entscheidung, was ich essen wollte, war in Wirklichkeit die Entscheidung, was ich mit meinem Leben anfangen wollte. Ich merkte damals, daß ich nun die Mittel hatte, um das ganz allein für mich herauszufinden.«

Sie verließ das Labyrinth und schrieb sich für Erwachsenenbildungskurse ein. Auf dem Weg zur Heilung hatte sie ein neues Bild von sich selbst gewonnen und hatte nun Respekt vor ihren innersten Gedanken, Gefühlen und Wünschen. Und sie fand die Aufmerksamkeit, nach der sie sich ihr ganzes Leben gesehnt hatte.

»Ich achte nun jeden Tag darauf, wer ich bin, und lerne, was ich mag. Ich mache mir keine Gedanken mehr, was andere Leute denken. Ich habe gelernt, mich auf mich selbst zu konzentrieren und gleichzeitig anderen Aufmerksamkeit zu schenken. Es geht überhaupt nicht mehr ums Essen. Ich hatte mir selbst einfach nie die Zeit gegeben, darüber nachzudenken, was ich wirklich wollte. Früher dachte ich immer, ich wollte Kuchen, aber in Wirklichkeit wollte ich umarmt werden. Und jetzt kann ich den Unterschied genau erkennen.«

Eine dritte Frau, die eine Spitzenposition im Bereich Public Relations innehat, erzählt uns eine Geschichte, die dem Märchen »Die Prinzessin und die ewige Mutter« ähnelt. Im Alter von zwölf Jahren verlor sie ihre Mutter – die zwar nicht starb, aber alkoholabhängig wurde.

»Ich habe damals, als meine Mutter Alkoholikerin wurde, praktisch aufgehört, emotional zu reifen. Bis dahin hatte ich eine wunderbare Kindheit. Ich war ein frühreifes Kind und sehr gescheit, und das wußte ich auch. Mein Aussehen hätte mir kaum gleichgültiger sein können. Das war damals nie ein Thema.

Als meine Mutter zu trinken anfing, begann sie mich anzugreifen. Sie wußte nicht, was sie mit ihren Gefühlen anfangen sollte, und ließ ihre gesamte Wut an mir aus. Das lief immer so ab: Sie trank jeden Abend, und beim Essen griff sie mich mit dem an, das sie sich an diesem Tag in den Kopf gesetzt hatte. Ich machte etwa einen grammatischen Fehler oder war nicht pünktlich um vier Uhr zu Hause gewesen. Nie ging es um wichtige Dinge – etwa darum, daß ich nie Hausaufgaben machte –, sondern immer um Kleinigkeiten: daß ich etwa nicht gelächelt oder jemandem nicht richtig die Hand gegeben hatte. Und darauf versteifte sie sich dann und redete den ganzen Abend über nichts anderes. Dabei verfolgte sie mich durchs ganze Haus, von einem Zimmer zum anderen, immer mit diesem verzerrten Gesichtsausdruck. Ich war normalerweise ein ruhiges Kind, aber sie hämmerte so lange auf mich ein, bis ich einen Wutanfall bekam und sie wie wahnsinnig anschrie – jeden Abend.«

Wie im Märchen: Ihre Mutter war nicht mehr die freundliche, liebevolle Königin und sie keine Prinzessin mehr.

»An allem hatte sie etwas auszusetzen. Sie hatte eine ganz genaue Vorstellung von der Tochter, die sie wollte, und ich entsprach überhaupt nicht diesem Bild. Wenn ich mir große Mühe gab, ging es gerade eben so, aber wenn ich einfach nur ich selbst war, konnte sie mich nicht akzeptieren.«

Um den Kummer über den Verlust der nährenden Mutter zu lindern, die sie einst gekannt hatte, wandte sie sich dem Essen zu.

»Ich weiß noch, wie ich oft in die Küche ging und mir komische Sachen zusammenbraute, wie Zucker, Zitronensaft und Sahne, und immer viel Essen in mein Zimmer schmuggelte.«

Sie fühlte sich isoliert und allein innerhalb der eigenen Familie. Und ihr wurden Vorwürfe gemacht, weil sie wütend über die Situation war und den Zorn auch ausdrückte.

»Mit meinem Bruder ging sie nie so um. Manchmal versuchte sie es bei meinem Vater, aber in seiner Gegenwart war sie eher mürrisch und versteckt aggressiv. Nur bei mir ließ sie alles heraus. Alle sahen, daß sie auf mir herumhackte, aber niemand sagte: ›Mama, hör auf‹ oder ›Mary, laß das doch.‹ Und irgendwann bin ich immer explodiert, und es hieß: ›Ach, schon wieder. Du bist ja völlig unkontrolliert!‹

Ich bekam allmählich Angst vor meiner Wut, weil ich nie gelernt hatte, sie angemessen auszudrücken. Die Leute sagten immer, wie nett ich sei und wie ruhig, und dann dachte ich: ›Ihr habt mich noch nicht richtig erlebt. Ich bin zu allem fähig.‹«

Im Gegensatz zu dem Kind im Märchen »Des Kaisers neue Kleider« wurden ihre Versuche, die Wahrheit zu sagen, weder vom Vater noch vom Bruder unterstützt.

»Ich sagte immer wieder: ›Das ist doch verrückt! Mama ist betrunken. Sie hat die Kontrolle verloren!‹, und die anderen meinten: ›So ist es eben. Wir müssen damit fertig werden.‹ Da ich sehr sensibel war, spürte ich, daß das nicht in Ordnung war und daß meine Familie ziemlich verkorkst war. Aber wenn ich versuchte, darüber zu reden, machten alle nur mir Vorwürfe, weil ich solche Sachen immer ansprach. Bis heute haben sie das Gefühl, etwas sei mit mir nicht richtig in Ordnung.

Ich fing daher an, mich mit Essen zu betäuben. Essen und Fernsehen waren meine Drogen. Mein Verhaltensmuster war so: Ich setzte mich mit irgendwelchem Junk food in die Ecke – Kartoffelchips oder Pizza –, und das war der einzige Frieden, den ich finden konnte. Es war immer nur Junk food. Als ich auf die High School kam, stürzte ich mich ins andere Extrem und aß kaum noch.«

Sie begann zu hungern, weil sie so den Schmerz und die Scham, nicht gut genug zu sein, fernhalten konnte.

»Als Kind hatte ich immer Normalgewicht, aber als Teenager wurde ich sehr mager. Ich aß kein Frühstück. Ich aß nicht zu Mittag. Wenn ich mittags etwas aß, dann war es Salat ohne Dressing, und wenn ich abends nach Hause kam, überaß ich mich völlig. Als ich anfing zu hungern, wurde ich von meinem Aussehen und meinem Gewicht wie besessen. Ständig stellte ich Vergleiche an. Ich besuchte eine sehr anspruchsvolle Schule, auf der sehr viel Druck ausgeübt wurde, und ich ließ mich auf diesen ständigen Wettbewerb ein. Ich war gut in Sport und Leichtathletik und sehr aktiv, aber ich fühlte mich einfach wahnsinnig dick. Als ich zum College ging, schaffte ich alles ganz gut und behielt mein Gewicht auch bei. Ich glaube, von zu Hause und von meiner Mutter fortzuziehen tat mir sehr gut.«

Aber jenem Teil von sich selbst, der sich schämte, nicht gut genug zu sein, konnte sie nicht entkommen.

»Als ich ins Berufsleben trat, begann ich zwanghaft zu essen. Ich hatte immer das Gefühl, nicht klug genug zu sein, weil ich auf der High School und auf dem College nicht genug getan hatte. Meine Freunde hatten alle immer gute Noten gehabt, während ich immer gerade eben so durchgerutscht war. Ich habe damals tatsächlich meine Intelligenz in Frage gestellt. Und dann trat ich mit diesen Durchschnittsnoten, für die ich mich so schämte, hinaus in die Welt. Das war wirklich eine große Schande für mich,

und ich fühlte mich von Anfang an minderwertig. Damals begann ich mit dem zwanghaften Essen, und es wurde immer schlimmer. Um meine Minderwertigkeitsgefühle zu bewältigen, wurde ich einfach besessen von Essen.
Nachdem ich etwa ein Jahr gearbeitet hatte, beschloß ich, mich weiterzubilden. Ich suchte mir einen der besten Kurse für Kommunikation aus und war entschlossen, alles perfekt zu machen, um die vergangenen Fehler auszubügeln. Da wurde es mit dem zwanghaften Essen nur noch schlimmer.
Ich war innerlich völlig verängstigt und schüchtern, merkte aber, daß ich mich behaupten konnte, wenn ich auf eine bestimmte Art und Weise auftrat. Jeder dachte von mir, ich sei sehr selbstbewußt und immer in Topform. Ich wurde sehr stark von meinem Aussehen abhängig. Hinsichtlich meines Äußeren war ich ein absoluter Profi und sah immer so perfekt aus wie ein Topstar. Damals begannen mein Inneres und mein Äußeres auseinanderzufallen. Ich war vom Essen besessen, was mir die Möglichkeit gab, meine innere Schüchternheit und Unsicherheit auszublenden, die nicht zu meinem selbstbewußten Äußeren paßten.«
Je mehr sie versuchte, der Außenwelt nur die eine Seite ihrer Person darzubieten, um so schwieriger wurde es, die Schattenseite, die verleugneten Gefühle von Minderwertigkeit, Scham und Schmerz in der »Unterwelt« zu halten. Diese Gefühle wollten nicht vor allen Blicken verborgen bleiben. Die Schattenschwester gewann an Stärke und drohte ihr Leben zu überwältigen. In einem panischen Versuch, sie abzuwehren, »unternahm ich heimliche Touren zum Supermarkt oder zu irgendeinem Imbiß. Ich weiß noch, wie ich eines Abends auf dem Sofa lag und wie besessen an einen großen Eisbecher mit Caramelsoße dachte. Ich stand aber auf und fuhr in ein richtig schäbiges Stadtteil, weil es dort den nächsten Imbiß gab. Dort kaufte ich mir Pommes frites

und einen Eisbecher. Damals begann mein wirklich bizarres Verhalten, und ich weiß noch, daß ich kein Gefühl mehr hatte, wie ich diesen Kreislauf unterbrechen konnte.
Ich aß immer mehr. Ich hatte kein Gefühl für meinen Hunger. Ich war in jeder Hinsicht völlig verloren, und trotzdem wirkte ich jeden Tag, wenn ich das Haus verließ, so, als sei alles völlig in Ordnung. Ich stand unter ungeheurem, selbstfabriziertem Druck. Da endlich fand ich den Weg ins Beratungszentrum der Universität.
Damit begann mein Weg zur Heilung, obwohl es zuerst noch nicht ums Essen ging. Ich erkannte allmählich, daß der Alkoholismus meiner Mutter mich tief getroffen hatte. Mein zwanghaftes Eßverhalten ging die ganze Zeit weiter, während ich mich mit den Problemen abquälte, die für Kinder von Alkoholikern typisch sind: geringe Selbstachtung, das Gefühl, nicht gut genug zu sein – die üblichen Probleme.
Ich schloß das Aufbaustudium ab und ging zurück in meinen Beruf. Jetzt hatte ich ein teures Diplom – und die Schuldgefühle deswegen waren ungeheuer. Ich war entschlossen, mir durch meine Karriere meinen Wert zu beweisen, mir ein Gefühl von Selbstachtung zu verdienen. Währenddessen wurde mein Eßverhalten immer schlimmer, Heißhungerattacken waren an der Tagesordnung. Außerdem trank und rauchte ich. Essen war allerdings mehr als Alkohol zu etwas geworden, das ich nicht unter Kontrolle hatte. Den Alkohol konnte ich ganz gut kontrollieren.
Nach dem Aufbaustudium machte ich mit der Therapie weiter. Aber es ging mir vorwiegend darum, mit dem Frust bei der Arbeit fertig zu werden und mit meiner Ehe zurechtzukommen und die starke Opposition meiner Eltern gegen unsere Ehe zu bewältigen. Das war wieder ein Beispiel dafür, wie unangemessen und kontrollierend ihr Verhalten war. Sie versuchten, mich zu beein-

flussen, und akzeptierten einfach nicht, daß ich diesen Mann liebte und den Rest meines Lebens mit ihm verbringen wollte. Das war ihnen völlig egal.«

Sie hatte einen langen Weg vor sich, aber sie blieb hartnäckig und suchte nach einem Tor, das sie zur Befreiung von ihrer Besessenheit mit Essen und Übergewicht leiten würde. Sie fand es, indem sie die Wahrheit sagte und ihr Leid und ihre Scham über ihr Eßverhalten beschrieb.

»Ich sagte damals zu meinem Mann, daß ich in unserer Ehe keine Geheimnisse wollte. Ich sagte ihm, daß ich ein schlimmes Problem mit meinem Eßverhalten hätte, und von da an war ich immer ehrlich zu ihm. Ich aß zwar nicht vor ihm, sagte es ihm aber meistens später. Er reagierte ganz toll. Es tat ihm weh zuzusehen, wie ich mich selbst zerstörte, und er machte sich Sorgen und wollte mir helfen, aber er ließ es auch mein Problem bleiben. Er versuchte nicht, mich zurechtzubiegen, wofür ich ihm sehr dankbar war, denn ich mußte allein damit fertig werden, brauchte nur seine Unterstützung. Ich hätte es nicht geschafft, wenn er sich eingemischt hätte.«

Sie begann eine Diät, weil sie ihr außer Kontrolle geratenes Eßverhalten irgendwie in den Griff bekommen wollte. Und wie die japanische Frau, die hinter ihren Reiskuchen herrennt, war auch sie auf dem Weg zu der Höhle der Monster.

»Mit der Zeit konnte ich fünfunddreißig Pfund loswerden, indem ich eine Menge Nahrungsmittel einfach nicht aß, nur gesundes Zeug zu mir nahm und viel Sport trieb. Aber ich wußte, daß der Dämon immer noch lauerte, daß ich eigentlich nicht geheilt war. Damals erkannte ich zwar, daß ich kein so schlechter Mensch war, aber tief in mir war etwas stark verletzt worden – ich wußte nur nicht, was es war. Aber mir war klar, daß ich es herausfinden mußte, sonst würde es nie verschwinden. Ich betete immer zu Gott, daß ich es herausfinden würde.«

Sie konnte ihr Gewicht fast sieben Monate lang halten. In der Zeit suchte sie sich eine neue Arbeitsstelle. Und von da an nahm sie wieder zu. Wieder machte sie eine Therapie und trat einer Selbsthilfegruppe für Frauen, die unter Eßstörungen leiden, bei. Sie entdeckte die Verbindung zwischen ihrem zwanghaften Eßverhalten und ihrem Beruf.

»Da meine Mutter ein solcher Alptraum war, habe ich mich schon sehr früh an meinem Vater und dessen Werten orientiert. Ich erkannte, daß ich versuchte, eher wie ein Sohn zu sein statt wie seine Tochter, sein kleiner Protegé. Mein Vater war ein erfolgreicher Geschäftsmann, und ich wünschte mir sehnlichst seine Anerkennung, wollte so sein wie er, nicht wie meine Mutter. Ich bin nur zum College gegangen und habe das Aufbaustudium nur gemacht, um beruflich so erfolgreich wie mein Vater zu werden. Er hat oft mit mir darüber geredet, in welchen Berufen er mich gern sähe. Es waren alles hochdotierte, glanzvolle Positionen. So was wollte er für mich. Kinder zu haben und keinen Beruf war für meinen Vater die reinste Ketzerei. Da war er völlig dagegen. Sein Ehrgeiz hatte einen liebevollen Kern, war aber irgendwie fehlgeleitet. Ihm gefiel die Vorstellung: ich mit gestylter Frisur und einem Universitätsabschluß. Junge, das hat er mir hoch angerechnet. Mir wurde schließlich klar, daß es mir immer nur darum gegangen war, seine Liebe zu erringen und mich völlig auf seine Seite zu schlagen, weil das der einzig sichere Ort war. Das hatte mir mein Überleben garantiert.«

Damit stand sie ihrem Minderwertigkeitskomplex und ihrer Angst, nie gut genug zu sein, gegenüber.

»In der Therapie habe ich meine schlimmsten Ängste ausgesprochen und erkannt, daß meine Eßstörung einen bestimmten Wert für mich hatte. Das, was ich für so schrecklich hielt, hatte einen Sinn. Alle hatten immer gemeint: ›Schade, daß du so bist. Wie können wir dich davon befreien? Wir bringen dich in Ordnung, und dann geht es dir besser.‹ Ich war immer diejenige, die in Ordnung gebracht werden mußte. Jetzt hieß es plötzlich: ›Schauen wir einmal, worum es hier eigentlich geht, und nicht, wie werden wir das los.‹

Endlich gelangte ich an diese arme, verwundete Stelle und entdeckte, daß ich als Kind immer schrecklich beschämt worden war. Man hatte mir immer das Gefühl gegeben, wertlos zu sein, abgesehen vielleicht von meinem Aussehen. Ich war unendlich beschämt. Mein Wert beruhte nur auf Äußerlichkeiten und wie ich den Maßstäben anderer gerecht wurde. Meine Einsichten, meine Fähigkeit, Verborgenes zu erkennen, meine Sensibilität wurden in meiner Familie überhaupt nicht geschätzt.«

Sie entdeckte ihre tiefe, dunkle Scham und den Haß auf das verleugnete weibliche Selbst, das ihre Schattenschwester unermüdlich ans Licht zu bringen versucht hatte.

»Es war für mich in der Therapie ungeheuer wichtig, das Ungleichgewicht zwischen männlicher und weiblicher Energie in mir zu erfahren. Ich weiß heute, daß ich als kleines Mädchen Frauendinge unendlich haßte. Ich wollte ein Jungenfahrrad, ich wollte Jungenturnschuhe. Ich wollte kein Junge sein, sondern eine Frau, die mutig genug war, die Männerwelt zu betreten, um sie sich zunutze zu machen. Ich weiß, daß ich damals meinen beruflichen Ehrgeiz entwickelte – weshalb ich heute noch so sehr zögere, Kinder zu haben.

Erst als ich mein inneres, weibliches Selbst erkannte, bekam ich eine Ahnung von meinem eigenen Tempo und meinen eigenen Bedürfnissen. Das war für mich völlig fremd. Tagtäglich hatte ich Dinge zu erledigen, einen Plan zu erfüllen. Ich mußte immer allem gerecht werden, was der Tag von mir forderte, und wenn ich es nicht schaffte, bestrafte ich mich. Ich weiß nun, daß ich völlig aus dem Takt war mit meinem weiblichen Selbst, meinem Rhythmus, meiner Intuition. Alles war wie abgeschnitten. Kein

Wunder, daß ich mich so verloren und so hungrig fühlte. Und so verzweifelt. Heute sehe ich das ganz deutlich.«

Als sie begann, ihre weibliche Natur zu verstehen und anzunehmen, begann sie auch, ihre Traumwelt als eine riesige Schatzkammer innerer Weisheit zu schätzen.

»Das alles kam durch meine Träume zutage. Ich analysierte sie und benutzte sie besonders, um mein männliches und weibliches Selbst zu erkunden. Die Arbeit mit meinen Träumen war sehr wichtig. Immer wieder entdeckte ich, daß meine Träume eine unglaubliche Quelle von Informationen für mich waren. Ich freue mich jetzt immer, wenn ich träume.

Ich war immer sehr wütend über mich, weil ich es so schwer fand, morgens aufzustehen. Heute finde ich das immer noch schwer. Aber jetzt erkenne ich, daß die paar Minuten Herumdösen eine gute Zeit sind, um nachzudenken. Dann gibt sich meine Seele zu erkennen. Ich bin heute sehr dankbar, daß das so ist. Ich liege einfach furchtbar gern in diesem Zwielichtland. Das ist sehr wertvoll für mich.«

Und sie lernte, die Weisheit ihres weiblichen Körpers zu schätzen.

»Als meine Periode ausblieb, erkannte ich, wie stark meine männliche und meine weibliche Seite aus dem Gleichgewicht geraten waren. Eines der wichtigsten Dinge für mich war, meinen Zyklus schätzen zu lernen. Er unterstützt meine intuitive Seite, die sehr stark ausgeprägt ist und auf die ich vorher nie geachtet habe. Ich lernte, mich darauf zu verlassen und mich darüber zu freuen, einen Zyklus zu haben. Als meine Periode vorübergehend ausblieb, war das wohl das Beste, was mir passieren konnte, denn genau das führte mich auf den Weg zur Heilung.«

Sie konnte sich zwar nicht mit der Mutter aussöhnen, die nach wie vor Alkoholikerin war, aber eine starke innere Mutter entwickeln, die sie nährte und leitete, damit sie ihre eigenen Gefühle besser verstehen und akzeptieren konnte.

»Ich lernte, daß ich, wenn ich den Drang zu essen verspüre, nicht auf das eingestimmt bin, was in meinem Leben passiert. Ich hatte mir nie erlaubt, Gefühle zu empfinden, und es hat lange gedauert, bis ich begriff, daß Gefühle nicht gut oder schlecht sind, falsch oder richtig. Sie sind dazu da, mich zu leiten. Und wenn ich ein Gefühl habe und ignoriere, dann wird alles nur schlimmer.

Ich bemühe mich, nur zu essen, wenn ich Hunger habe. Und wenn ich Hunger habe, will ich kein Junk food. Diese Hungerattacken kommen nur, wenn ich gar keinen Hunger habe, aber emotional etwas brauche, das ich versuche mit Essen zu stillen. Komisch ist, daß ich heute öfter koche. Man würde meinen, daß jemand mit einer Eßobsession immer nur am Herd steht. Aber gekocht habe ich nie. Jetzt nehme ich mir oft die Zeit, ein schönes Essen zu kochen.«

Sie hatte die verlorenen, abgelehnten Teile ihres Selbst wiedergefunden und konnte den Weg aus dem Labyrinth heraus finden.

»Ich sehe heute, daß ich eine unglaubliche Reise hinter mir habe. Ich mag mich jetzt leiden. Ich schätze mich. Als ich aufhörte, mich auf die falschen Äußerlichkeiten zu verlassen, auf das Diplom und all die Versatzstücke meiner Karriere, wurde ich offen für alles, was das Leben mir zu bieten hat. Ich finde mich heute selbstbewußt. Ich bin stark und mutig. Und ich bin intelligent. All die Dinge, die ich der Welt vorzuspielen versuchte, waren eigentlich die ganze Zeit über schon in mir. Das finde ich sehr komisch.

Ich fühle mich heute mehr wie das kleine Mädchen mit sieben statt wie die Irre mit sechzehn oder das verschreckte Reh, das ich mit sechsundzwanzig war. Diese Ichs sind alle in mir, aber ich fühle mich am meisten wie das kleine Mädchen, das mit fliegen-

den Haaren rannte, das an sich glaubte und das Leben einfach lebte, ohne eine Radaranlage zu brauchen, um sich keine Verletzungen zuzuziehen.
Zum ersten Mal bei all der Arbeit, die hinter mir liegt, weiß ich, daß meine Heilung diesmal echt ist, denn ich bin zu der Wunde tief in mir drinnen vorgestoßen: Ich kann mich nun auf mich einstimmen, lauschen und mich entsprechend verhalten. Ich habe ein Gefühl für meine Ganzheit und meinen Selbstwert. Ich weiß tief in meinem Herzen, daß ich endlich angekommen bin.«

Das waren drei Berichte von Frauen, die das Labyrinth der Heilung hinter sich gebracht haben. Jede der Reisen brachte die Frau nicht nur hinaus in die Welt, um ihr Glück zu suchen, sondern auch in den dunklen Kern ihres Seins.
Sie begann ihre Reise nach innen, von einem Punkt voll großem Leid und Verwirrung. Sie reiste in ihrem eigenen Tempo, die alltäglichen Gefühle als vertraute Begleiter, und suchte sich den Weg über den gewundenen, spiralförmigen Pfad. Sie lernte, sich auf ihren Körper, ihre Instinkte und ihren natürlichen Rhythmus zu verlassen. Manchmal schleppte sie sich voran, manchmal rannte sie voraus, wartete, ruhte aus. Unterwegs lernte sie neue Fähigkeiten und gewann alte Kraft wieder, weil sie Teile ihres Selbst entdeckte, die sie abgelehnt oder verleugnet hatte. Sie begegnete gierigen Ungeheuern und gefräßigen Drachen, die gefüttert, nicht getötet werden wollten. Nur so konnte sie ihre Reise fortsetzen.
Um ihre Bürde auf diesem zuweilen langen und beschwerlichen Weg zu erleichtern, mußte sie alte Wahrnehmungen von sich selbst ablegen und ihren Umgang mit anderen Menschen ändern. Sie mußte den Mut finden, alte Eßgewohnheiten fahrenzulassen, die irgendwann einmal nützlich gewesen waren.
Als sie ihren Kern erreichte, traf sie auf die liebende, nährende

weise Frau, die in ihr lebt und deren süße, aber starke Stimme zu ihr spricht und sie lehrt, wie man seine Herzenswünsche erfüllt.
Auf dem Rückweg in die Welt, geleitet vom weichen Licht des Mondes, wurde sie immer stärker. Ihr Schritt wurde leichter und freier, und sie fühlte sich in der eigenen Haut immer wohler. Sie hat den Mut, immer wieder die Wahrheit zu sagen, und die Kraft, immer wieder Grenzen zu setzen, damit andere nicht auf ihrem neugefundenen Selbst herumtrampeln.
Und so fand sie den Weg nach Hause zurück.

Weiterführende Literatur

Butler, Pamela E.: *Self-Assertion for Women.* New York: HarperCollins, 1992.

Chernin, Kim: *The Hungry Self: Women, Eating and Identity.* New York: Harper & Row, 1985.

dies.: *The Obsession: Reflections on the Tyranny of Slenderness.* New York: Harper & Row, 1981.

Duerk, Judith: *Circle of Stones: Woman's Journey to Herself.* San Diego: LuraMedia, 1989.

dies.: I *Sit Listening to the Wind: Woman's Encounter Within Herself.* San Diego: LuraMedia, 1993.

Eisler, Riane: *Kelch und Schwert. Von der Herrschaft der Partnerschaft. Weibliches und männliches Prinzip in der Geschichte.* München: Heyne Verlag, 1993.

Estes, Clarissa Pinkola: *Die Wolfsfrau. Die Kraft der weiblichen Urinstinkte.* München: Heyne Verlag, 1993.

Gawain, Shakti: *Leben im Licht.* München: Heyne Verlag, 1989.

Gimbutas, Maria: *Die Sprache der Göttin. Das verschüttete Symbolsystem der westlichen Zivilisation.* Hamburg: 2001-Verlag, 1995.

Gray, John: *Mars, Venus und Partnerschaft. Vertrautheit, Nähe und Liebe durch offene Kommunikation.* München: Goldmann Verlag, 1996.

Mann, Judy: *The Difference: Growing Up Female in America.* New York: Warner Books, 1994.

Northrup, Christiane: *Frauenkörper, Frauenweisheit. Bewußt leben, ganzheitlich heilen.* München: Zabert-Sandmann, 3. Aufl. 1996.

Orbach, Susie: *Hungerstreik. Ursachen der Magersucht. Neue Wege der Heilung.* Düsseldorf: Econ Verlag, 1990.

Orenstein, Peggy: *School Girls: Young Women, Self-Esteem and the Confidence Gap.* New York: Doubleday, 1994.

Owen, Laura: *Her Blood is Gold: Celebrating the Power of Menstruation.* New York: HarperCollins, 1993.

Radcliff, Rebecca Ruggles: *The Enlighted Eating Newsletter* o.O.

Roth, Geneen: *Essen als Ersatz. Wie man den Teufelskreis durchbricht.* Reinbek: Rowohlt Verlag, 1989.

dies.: *Sehnsüchtiger Hunger. Wenn Essen ein Ersatz für Liebe ist.* München: Kösel Verlag, 2. Aufl. 1994.

Schwartz, Bob: *Diets Don't Work: The Secrets of Losing Weight Step-by-Step When All Else fails.* Houston/Texas: Breakthru, 1982.

ders.: *Diets Still Don't Work: How to Lose Weight Step-by-Step Even After You Failed at Dieting.* Houston/Texas: Breakthru, 1990.

Shuttle, Penelope/Redgrove, Peter: *Die weise Wunde Menstruation.* Frankfurt a.M.: S. Fischer Verlag, 11. Aufl. 1995.

Signal, Karen A.: *Wisdom of the Heart: Working With Women's Dreams.* New York: Bantam Books, 1990.

Sjoo, Monica/Mohr, Barbara: *The Great Cosmic Mother: Rediscovering the Religion of the Earth.* New York: Harper & Row, 1987.

Stone, Merlin: *When God Was a Woman.* New York: Harcourt Brace Jovanovich, 1976.

Walker, Barbara: *Feminist Fairy Tales.* San Francisco: HarperCollins, 1996.

Williamson, Marianne: *Frausein als Weg. Die Wiederentdeckung des Weiblichen.* München: Goldmann Verlag, 1995.

Wolf, Naomi: *Der Mythos Schönheit.* Reinbek: Rowohlt Verlag, 1991.

Woodman, Marion: *Heilung und Erfüllung durch die Große Mutter. Eine psychologische Studie über den Zwang zu Perfektion und andere Suchtprobleme als Folgen ungelebter Weiblichkeit.* Interlaken: Ansata-Verlag, 1988.

dies.: *Leben aus der Kraft der Göttin. Eine psychologische Studie über die Neugeburt des Weiblichen.* Interlaken: Ansata-Verlag, 1988.